嘉定区
嘉定双名工程
U0603390

超越语篇

基于要素融合的小学英语
单元整体教学实践与研究

顾敏敏　编著

上海教育出版社
SHANGHAI EDUCATIONAL
PUBLISHING HOUSE

图书在版编目（CIP）数据

超越语篇 / 顾敏敏编著. — 上海：上海教育出版
社，2024.5
ISBN 978-7-5720-2559-4

Ⅰ.①超… Ⅱ.①顾… Ⅲ.①英语课 – 教学研究 –
小学 Ⅳ.①G623.312

中国国家版本馆CIP数据核字(2024)第092378号

责任编辑　杜金丹
封面设计　金一哲　王纯华

超越语篇
顾敏敏　编著

出版发行　上海教育出版社有限公司
官　　网　www.seph.com.cn
地　　址　上海市闵行区号景路159弄C座
邮　　编　201101
印　　刷　启东市人民印刷有限公司
开　　本　700×1000　1/16　印张 18
字　　数　295 千字
版　　次　2024年7月第1版
印　　次　2024年7月第1次印刷
书　　号　ISBN 978-7-5720-2559-4/G·2252
定　　价　78.00 元

如发现质量问题，读者可向本社调换　电话：021-64373213

嘉定区第五届名师名校长培养工程成果书系
编委会

主　编：田晓余　管文洁

副主编：许敏杰　王巍清　李　娟　许晓芳

编　委：王冰清　李珊珊　颜晓莉　钱丽君

顾　问：凤光宇

总　序

　　嘉定区教育系统"名师名校长"培养工程至今已经圆满走过了五届。多年来,依托培养工程,持续发挥区域名师名校长的引领、辐射和示范作用,致力于培养一批师德高尚、教学与管理特色鲜明,在全区乃至全市有影响力的优秀人才,为建设高素质专业化创新型教师队伍,推进教育高位均衡发展提供有力保障。

　　一流的教育需要一流的人才。"双名工程"牢牢把握"人才是第一资源、创新是第一动力"的要义,将"成才"放在首位,一批具有教育情怀、仁爱之心、专业追求的工作室主持人以其人格魅力和教育智慧给学员以精神滋养,成为带动全区教师与校长成长成才的第一资源。与此同时,"双名工程"强调"成事"并重,通过打造基于共同愿景的学习共同体,激励教师与校长立足教育实践场域开展研习,创新解决教学和管理难题。由此,"成才"与"成事"相辅相成,理论与实践紧密结合,形成了螺旋式上升发展,为更好建设"名师名校长"培养工程提供了诸多宝贵经验。

　　一是遵循人才成长规律。"双名工程"分设特级教师与特级校长工作室、学科带头人学科高地和学科基地共 96 个。根据实际,以不同的目标和内容,分层培养优秀骨干教师、学科新星和青年教师,更加注重系统设计、分层培养,并聚合国内外最优质资源,统整多方力量,协力支持项目的高质量运行。既创新了高端教育人才的培养模式,又形成了系统的、相互衔接的后备教育人才储备与培养体系。

　　二是创新提升核心素养。学科核心素养是育人价值的核心体现,有助于学生形成正确的价值观、必备品格和关键能力,是新时代教育改革的要求。"双名工程"注重激发教师和校长的创新积极性,将培育学生核心素养作为课堂教学改革的重中之重。工作中,由浅入深地分解学科核心素养的内容和层次,提高认知;由表及里地改革教学方法,培养学科能力和核心素养;由此及彼地开展跨学科主题活动和项目化学习,创新培养学生学习方式。这种协同教学机制有助于教师综合素养的提升,同时也为学生提供了更全面的学习支持。

三是搭建人才展示平台。教育是动态生成的,为此,我们构建了更开放、更宽广的平台。"双名工程"坚持从实践中来、反思实践、服务实践的理念,形成了特有的、开放的学科文化交流圈,如教学和管理论坛、教学公开课、学术研讨会、区际交流会、发表论文、出版专著等,促进教师与校长在更高层面思考和解决问题,有力地推动专业进步,也提高了嘉定教育的影响力。

四是形成培养评价体系。培养工程借鉴了"教学研评一体"观点,从教师教学和校长管理出发,把学习作为过程,突出学以致用,再回到出发点评价教师与校长的变革,由此融合为一体。"教学研评一体"既重过程性评价,又重结果性评价,既有评价量表,又有评价描述,较好地解决了培养评价难题,保证了培养工程的顺利进行,具有创新意义。

第五届"双名工程"历时三年,硕果累累,各团队将实践上升为理论,梳理和提炼了一批优质成果,此次成果书系由上海教育出版社出版,可喜可贺。今天,当我们在为一件事做总结的时候,也就意味着又一件事的开始。衷心希望,成果书系能够发挥积极作用,给予教师与校长更多前瞻性的启示;更加希望,新一届培养工程继续砥砺前行,传承发展,为嘉定教育高质量发展再献力量!

上海市嘉定区教育局局长

2024 年 2 月

序

当我一口气读完《超越语篇——基于要素融合的小学英语单元整体教学实践与研究》书稿后，编著者顾敏敏老师的鲜活形象跃入眼前。顾敏敏老师从一线教师成长为校长，始终饱含对英语教学的热情和执着的爱。为了学生的发展、教师的发展和学科的发展，她和她所带领的学校、区域团队几十年如一日默默地坚守着课堂，这不禁让人感慨和感动。

如今，她以项目为抓手，以研究主题为切口，以教师发展为目的，引领团队成员共同编写了本书。我原以为本书的主要内容是案例解读，未承想这只是本书第二至四章的内容，第一章的内容为后面的实践研究提供了扎实的理论基础。这样的一种体例架构对于一线教师来说是需要勇气和专业底气的，很欣慰，他们这群人做到了。

第一章是"基于要素融合的小学英语单元整体教学的理论基础"。编著者基于建构主义教学理论、整体语言教学理论、交际语言教学理论阐释了单元整体教学的理论基础，同时结合《义务教育英语课程标准（2022年版）》的内容阐释了其对课程实施、教师发展、学生核心素养培育的现实意义，从而清晰界定了小学英语单元整体教学的概念、内涵和教学要素。

如果说第一章属于上位的阐释，那么，第二至四章则属于中下位的阐释。"实践研究"和"案例解析"既是深度教研的典型表现，又是理论实践化、实践理论化的具体体现,也是行动研究的一种实施路径和方式。编著者不仅从课程的视角,即目标、内容、过程和评价,也从教学的视角,以案例为依托,分节具体阐释了如何设计单元教学目标、话题、内容、活动、资源、板书、作业和评价。一位好的教师会把教学视为科学和艺术的融合体,换句话说,一位好的教师不仅需要具备理性思维,还需要具备感性思维,编著者通过本书将两者有机结合起来了。

　　祝贺本书的出版。我相信,这一定不是教学实践研究之路的结束,而是教研、教学再出发的新起点。衷心希望每位教师都能成为反思型实践者,共同开创一方专家型教师养成的沃土。

　　寥寥数语为序。

全国小学英语教研基地主持人

上海市英语特级教师

上海市英语教师专业委员会会长

2024 年 5 月

目 录

1 ▶ 第一章 基于要素融合的小学英语单元
整体教学的理论基础

第一节 单元整体教学设计的理论依据 / 3

第二节 单元整体教学设计的意义 / 11

第三节 小学英语单元整体教学的内涵 / 23

31 ▶ 第二章 基于教学要素融合的小学英语
单元整体教学的实践研究

第一节 目标导向,单元规划 / 33

第二节 话题统整,单课落实 / 47

第三节 内容整合,活动推进 / 64

第四节 语用体验,资源支持 / 76

第五节 过程推进,思创结合 / 89

第六节 板书设计,凸显语义 / 103

第七节 作业重构,提升素养 / 116

第八节 评价伴随,导教促学 / 127

143 ▶ 第三章 基于情感要素融合的小学英语
单元整体教学的实践研究

　　第一节 创设互动情境,关注学习情绪 / 145

　　第二节 基于核心素养,关注学科情感 / 159

171 ▶ 第四章 基于要素融合的小学英语单元
整体教学的案例解析

　　第一节 基于目标和话题,规划单元设计 / 173

　　第二节 基于学情和教材,整合教学内容 / 185

　　第三节 有序推进活动,增强语用体验 / 198

　　第四节 优化教学环节,评价伴随过程 / 212

　　第五节 梳理语义结构,板书支持学习 / 223

　　第六节 设计单元作业,提升思维品质 / 237

　　第七节 关注学习情绪,激发学习热情 / 253

　　第八节 培养学科情感,促进学科育人 / 264

273 ▶ 主要参考文献

276 ▶ 后记

第一章

基于要素融合的小学英语单元整体教学的理论基础

『本章核心内容』

结合国内外研究现状,我们发现,单元整体教学与建构主义教学理论、整体语言教学理论等是一脉相承的。单元整体教学符合学生语言学习的规律,能够促进学生理解、记忆和提取知识,促进学生语言综合运用能力的发展。

第一节　单元整体教学设计的理论依据

《义务教育英语课程标准(2022 年版)》(以下简称课程标准)中提出,要推动实施单元整体教学。教师要强化素养立意,围绕单元主题,充分挖掘育人价值,确立单元育人目标和教学主线;深入解读和分析单元内各语篇及相关教学资源,并结合学生的认知逻辑和生活经验,对单元内容进行必要的整合或重组,建立单元内各语篇内容之间及语篇育人功能之间的联系,形成具有整合性、关联性、发展性的单元育人蓝图;引导学生基于对各语篇内容的学习和对主题意义的探究,逐步建构和生成围绕单元主题的深层认知、态度和价值判断,促进其核心素养综合表现的达成。

单元整体教学思想是逐步形成的,受到很多理论和思潮的影响。本书选取了与英语教学相关的三种主要理论。

一、建构主义教学理论

建构主义教学理论的形成有一个过程。激进建构主义的主要代表人物恩斯特·冯·格拉塞斯费尔德认为,建构主义至少可以追溯到 18 世纪意大利哲学家詹巴蒂斯塔。维柯在《论意大利最古老的智慧》中清楚地描述了建构主义。他指出,人们只能清晰地理解他们自己建构的一切。而康德基于理性主义与经验主义的结合,拓展了建构主义思想。他认为,主体不能直接通向外部世界,而是利用内部建构的基本认知原则去组织经验,从而发展知识。瑞士哲学家、心理学家皮亚杰明确提出建构主义的概念。他认为,儿童在与周围环境相互作用的过程中逐步建构起关于外部世界的知识,从而使自身认知结构得到发展。以维果茨基的社会文化发展理论为基石的社会建构主义强调在认知过程中学习者所处的社会文化历史背景的作用,以及活动和社会交往在人的心理发展中的重要作用。简单地说,建构主义教学理论认为,知识不是完全靠教师传授得到的,而是学习者在一定社会文化背景下,借助他人(包括教师和学习伙伴)的帮助,利用必要的学习资料通过意义建构的方式获得的。该理论认为,学习是在一定情境下,借助他人帮助(即通过人际协作)而实现的意义建构过程,情境、协作、会话、意义建构是学习环境中的四大要素。

(一)建构主义教学理论的特征

1. 强调教学内容的开放性

建构主义教学理论主张采用多维的、非线性的、开放的教学文本,反对采用预先完全思考好的、明确计划好的、固定的教学内容去传播固定的知识和培养相关能力。学习是个体借助经验来认识世界的建构活动,使用完全固定的教学内容势必会割裂教学内容与学习者主观经验知识的联系,而不使用完全固定的教学内容则有利于师生从不同角度去探讨相关文本或客观世界,获取广阔的思维空间。

2. 重视学习者的主体性

只有当学习者原有的知识和能力平衡状态被打破而欲建立新的平衡状态时,学习者的学习活动才会建立在自己对客观世界的解释、自己的理解和需要之上,这样的学习活动才是真正意义上的主动学习。借助这样的主动学习,学习者进一步思考,才能使新的知识和经验与其原有的知识和经验联系起来,即实现意义建构。教师要重视学习者的主体性,在选择教学内容时,必须基于学习者的立场和视角,尽可能关注综合的、贴近生活实际的内容。这不仅能激发起学习者的学习兴趣,更能促使他们产生主动建构知识的需要,从而提升学习者的积极性。

3. 强调教学情境的重要性

建构主义教学理论不赞成进行纯知识教学而不考虑情境的运用,因为这会导致学习者所掌握的大量知识仅仅是肤浅地累积起来的、死板的知识。其中的一些知识可能只有在考试和测验时才能暂时活跃起来,这就割裂了思维和学习与情境的联系。因此,建构主义教学理论认为学校中的学习必须更加明确地建立在可靠的、真实的问题情境基础上,让学生明显地体验到知识的应用价值,并主张把灵活运用知识作为目标,营造一种能导致知识迁移的学习环境,把学习和学习激励与具体的情境联系起来作为教学的主要原则。建构主义教学理论强调营造的学习环境(包括教学材料、教室、媒介和其他辅助工具,还有作为机构的学校)必须是真实可靠的、多方位的,应当从学习者的不同现状出发,使每个学习者顺利完成建构过程,并能学以致用。

（二）典型的建构主义教学模式

1. 支架式教学模式

支架的原意是建筑行业中使用的"脚手架"，这里用来比喻对学生解决问题和意义建构起辅助作用的概念框架。支架式教学模式是指通过提供一套适当的概念框架来帮助学习者理解特定知识，建构知识意义的教学模式。借助此框架，学习者能够独立探索并解决问题，建构意义。支架式教学模式是在著名心理学家维果茨基的理论基础上发展起来的。他提出了最近发展区理论，认为儿童心理发展存在两种水平：一是实际发展水平，这是儿童在独立解决问题过程中表现出来的心理发展水平；二是潜在发展水平，这是儿童在他人（如教师）的帮助下或与同伴合作的情况下解决问题时所表现出来的心理发展水平。儿童的实际发展水平与潜在发展水平之间的区域被称为最近发展区，正是在这两种水平动态交互作用的过程中，儿童心理不断由低级向高级发展。在支架式教学模式中，教师为学生提供的框架恰好植根于儿童的最近发展区，通过其支撑作用，儿童的认知发展不断由实际水平提升到潜在水平。

2. 抛锚式教学模式

抛锚式教学是情境教学的别称，抛锚式教学模式是指创设含有真实事件或真实问题的情境，让学生在探究事件或解决问题的过程中自主地理解知识、建构意义。该教学模式是由约翰·布朗斯福特领导温特比尔特认知与技术小组开发的，其目的是使学生在一个完整、真实的问题情境中产生学习需要，并通过学习共同体中成员的互动、交流（即合作学习），凭借自己的主动学习，生成学习亲身体验，涉及识别目标、提出目标、达成目标的全过程。该教学模式是帮助学生适应日常生活，独立识别问题、提出问题、解决真实问题的一个重要途径。该教学模式中的各种事件或问题是学生要完成的"真实性任务"，是教师和学生思想集中的焦点。这些事件或问题恰如一个个锚，把教师和学生的"思想之船"固定在知识的海洋之中，让他们在对知识的认识、多维探究中不断建构属于主体自己的意义。通过对这些事件或问题的探究，教学内容及其进程成为一个动态有机的整体。抛锚式教学是建构主义教学观的必然要求。通过整个探究过程，每个主体都能获得对知识的理解，建构出自己的意义。这就要求教师为每个主体提供开放的、充满选择机会的情境，让学习者在真实的情境中去感受、去体验。

3. 随机访取教学模式

访取是计算机科学的术语，在这里主要是指在互联网上对不同网站进行搜索、访问。随机访取即自由地、随机地从不同角度访问、探索、建构同一内容。这实际上是"换一个角度思考问题，换一种情境解决问题"的教学方式。随机访取教学是指基于不同目的，在不同时间、不同情境下，基于不同方面、用不同方式多次呈现同一教学内容，以使学习者对同一教学内容进行多方面的探索和理解，以便获得多种意义的建构。随机访取教学模式是基于认知弹性理论发展起来的。该理论认为，人的认知随情境不同而表现出极大的灵活性、复杂性、差异性。不存在统一标准普适的知识，同样的知识在不同情境中会有不同的意义。不仅不同主体对同样的知识会建构出不同的意义，同一主体在不同情境和条件下，对同样的知识也会建构出不同的意义。

二、整体语言教学理论

整体语言教学理论是 20 世纪 70 年代末 80 年代初以来西方语言教育界较为重要的一种理论思潮。古德曼是整体语言教学理论的主要倡导者之一。他指出，整体语言教学是一种以学生为中心的课程计划的教学观点，在语言学习方面体现为借助真实的言语事件和读写能力事件创设语境，让学生"拥有"学习过程，掌握学习主动权，从而提升和发展能力。整体语言教学是通过对学习环境的整体性、学习者的整体性以及语言本身的整体性的强调来界定自身的。[①] 整体语言教学理论认为，语言是一个整体。这就决定了语言教学必须树立整体观念。在语言教学中，听、说、读、写各环节是相辅相成、相互渗透的，不能人为地将语言教学的诸环节分裂开来。该理论强调学生要在自然环境中学习和运用语言，从而掌握语言。整体语言教学是一套互相支持的信念、教学策略和经验，让学生在一种自由自在的环境下学习阅读、写作、说话和聆听。[②]

（一）整体语言教学理论的特征

1. 整体性

整体性是整体语言教学理论的突出特点，是其区别于其他语言教学理论的

---

① 安桂清.西方"整体语言教学流派"述评[J].教师教育研究,2007(5).
② 戴炜华.关于整体语言教学[J].外语界,2001(1).

显著标志。整体性具体包含三个层次。其一,语言是整体的,不能将语言机械地划分为语音、词汇、语法、句型等要素。有学者指出,整体语言教学坚持从整体到部分的观点,强调从外部形式和内部意义两方面来剖析学习者语言发展的过程。从外部形式来看,学习者往往先说出单个的字,再说出词组、句子;从内部意义来看,语言是从整体走向部分的,从单一的字开始,学习者在特定的语言情境中完成了所要交流的特定意义。^① 其二,运用语言的环境是整体的,不能把学习与生活割裂开来,应该在生活中学习语言,在学习语言的过程中积累生活经验。正如有学者应用杜威的语言说,只有将学校与生活关联起来,将作为整体的学校与作为整体的生活关联起来,才能真正让儿童在运用语言中发展语言。^②其三,语言教学是整体的,语言教学所采用的听、说、读、写等训练环节要相互渗透、互相促进、和谐统一。语言教学应从整体入手,听、说、读、写是作为功能结构综合整体的语言的有机组成部分。^③

2. 主体性

人是语言的主人。整体语言教学理论强调,学好语言必须充分调动学生的积极性、主动性。在语言学习中,学生不仅是信号的接收者、记忆者,而且是探索者、创造者。为了确保学生在语言学习中的主体地位,教师必须要注意两方面。一是准确定位。整体语言教学理论认为,教师不是语言教学活动的控制者,而是教学组织者、引导者以及活动的促进者。教师要帮助学生充分开发他们丰富的语言潜质,及时给予学生鼓励和正面评价。二是调动每个学生的积极性。由于个体差异的存在,在语言学习中,学生势必会出现分层,教师要尊重个体差异,充分考虑每个学生的需要、兴趣、心理和生理特点,树立"有教无类"思想,使每个学生都得到关爱和教育。

3. 真实性

语言要在现实生活中运用,教师要选择真实的语言学习素材,让学生实际运用所学的语言。因此,教师在选择教学素材时要考虑素材的真实性,尽量选择贴近学生、贴近生活的素材。捷克教育家夸美纽斯认为,教材应当这样编排:"使学生先知道靠近他们的心眼的事物,然后去知道不大靠近的,随后去知道相隔较远的,最后才去知道隔得最远的。所以孩子们头一次学习什么东西,所用的解释不

①②③　谢芳.整体语言教学法对我国英语教学的启示[J].中国城市经济,2010(11).

应该从学生不能领会的学科,如神学、政治学之类去采取,而应从日常生活中去取用。否则孩子们既不会懂得规则,也不会懂得规则的运作。"①

4. 融合性

人的知识结构是立体、多维的。语言作为知识的一种传承载体,势必融合了很多门类的内容。因此,语言教学不能只关注语言本身的内容,还要注重培养学生认识世界的能力,注重整合数学、音乐、美术等学科的知识,以跨学科的方式,把听、说、读、写等语言教学环节与各科知识融合起来,以拓宽学生的知识面,完善学生的知识结构,让学生能思考、阅读、讨论社会科学和自然科学等方面的议题。

5. 互动性

杜威认为,语言不仅是一种逻辑工具,更是一种交际的工具和交往手段。整体语言教学理论强调,学生只有在不断交流中才会慢慢变得有事要讲、有话要说、有思想要表达,在这个过程中,他们的语言变得更优美、更完整。因此,教师在语言教学过程中要积极搭建交流平台,加强教师与学生、学生与学生的交流互动,促使学生在构建、传递意义时不断进行内部、外部对话,不断进行语义、句法处理,不断进行语言假设和验证,从而更好地进行语言表达。

(二) 基于整体语言教学理论的英语教学的内涵

整体语言教学理论源于语言活动的实践。因此,该理论强调与课堂实践紧密联系,要求教师最大限度地在真实情境中实施听、说、读、写等。基于以上认识,我们认为基于整体语言教学理论的英语教学的内涵应包括以下几方面。

一是把语音、词汇、语法(语言三个要素)作为一个整体。语言不是语音、词汇、语法三个要素的机械结合,教师在教学中应把语音、词汇、语法作为一个整体。

二是把听、说、读、写、看作为一个整体。在教学过程中,教师要把听、说、读、写、看作为一个整体,即通过听、看、说促进学生语言能力的全面发展,通过读、写促进学生语言能力的全面提高。

三是把学和用作为一个整体。语言交际能力应在语言的实践中培养。在教学过程中,教师要做到学用结合,重视结构和功能的关系。

---

① 夸美纽斯.大教学论[M].傅任敢,译.北京:人民教育出版社,1984.

四是把传授知识和培养能力作为一个整体。知识和能力是密切相关的。能力是在掌握知识的过程中形成和发展的,而掌握知识又以具备一定的能力为前提,两者互为条件、互为因果、互为手段、互为目的,在教学过程中,教师要努力实现学生知识和能力的同步发展。

三、交际语言教学理论

交际语言教学理论源于 20 世纪 60 年代末 70 年代初的欧洲经济共同体国家,中心在英国。欧洲经济共同体组建之后,语言不通成为妨碍组织有效运转的主要问题,自 1971 年起,许多语言学家开始研究解决方法。有学者于 1972 年提出"交际能力"的概念,包括在特定情境中运用语言的能力、心理语言知识与能力、社会文化知识与能力等。^① 他强调交际能力的观点,即语言学习不仅仅包括语言知识与结构的学习,还会受到社会环境、心理因素等影响,语言作为一种工具,其最终目标是实现交际活动,因此,语言教学不仅仅是掌握语言结构,更是培养语言能力。很多学者都认可这一观点。有学者把语言划分为两种意义结构^②,即概念结构(包括时间、结果等)和交际结构(包括细节、要求、提议等),并于 1976 年将此设想修订为《概念纲要》,这在当时成了较具权威性的交际语言纲要,并对欧洲交际活动和交际教学产生了重要影响。1978 年,《交际英语教学》一书出版,为交际教学法的迅速发展奠定了良好的基础。1981 年,《课堂中的交际》一书出版,它系统地阐述了交际语言教学的理论知识和实践途径,为任课教师提供了有益的参考。从此,英语教学中开始强调真实情境的创设和交际活动的开展,交际语言教学逐渐普及。

（一）交际语言教学理论的特征

1. 以"功能—意念"为纲

交际语言教学理论主张以学习者要表达的内容为基础,以语言使用者最需要和最常用的功能项目为线索来组织教学大纲。

2. 教学过程交际化

交际语言教学理论强调课堂本身就是一种具体的社会交往环境,课堂教学

---

①②　L. S. Vygotsky. Mind in society：the development of higher psychological process［M］. Cambridge：Harvard University Press,1978.

以活动为中心,教师在课堂上模拟现实生活中的各种真实场景,如虚拟场景、角色扮演、信息传递、语言游戏等,并选用真实、自然的语言材料,使学生在各种真实的活动中学习语言。

3. 把学生作为学习主体

教师要把学生作为学习主体,通过角色扮演、讲故事、小组讨论等活动,调动学生的积极性,激发他们的学习动机,使他们充分参与到课堂学习中来。

4. 强调语言的流畅性

学生在学习过程中出现语言错误是不可避免的,交际语言教学理论认为,教师不必见错就纠,应明白学生只有在错误中才能吸取教训,不断前进。在不影响流畅性和理解性的前提下,对学生的语言错误持宽容态度,消除学生的紧张情绪,能够使他们大胆地开口说英语。交际语言教学不以孤立的词、句为单位进行教学,而是以话语为教学单位,通过交际活动的设计使学习者在各种逼真的活动中综合运用语言、词汇、语法、句型等知识来发展交际能力。教师要允许学生犯一些语言错误,鼓励学生积极、大胆地开口说英语,以提高英语表达水平。交际语言教学理论注重实用性,强调培养交际能力才是外语教学的出发点和归宿。

(二) 交际语言教学理论的现实意义

1. 强调学习者的互动和教学过程的交际化

交际语言教学理论认为,教师教学的重点是从语言的形式转向语言的内容和意义,从单向的语言知识的传授转向双向的、互动式的语言实践。在人们的社会交往中,语言交流是一种相互活动[①],这种活动是双向的、相互联系的言语行为。在教学过程中,教师需要体现语言的基本功能,发挥语言交流的互动作用,将教学的重点从掌握语言的形式及语法规则转到培养学习者语言交流的能力上来。

2. 重视教学环境的真实性和语言实践的模拟性

交际语言教学理论使我们强烈地意识到只引导学生掌握语言结构是不够的,学生还必须掌握在真实的环境中运用这些语言结构的策略。[②] 在英语教学中,教师需要积极为学习者创造良好的语言交流环境,使他们能够在较真实的、

---

① H. G. Widdowson. Abstraction, Actuality and the Conditions of Relevance[J].外语教学与研究,1986(4).

② 刘瑞.交际语言教学及其发展趋势[J].赤峰学院学报(汉文哲学社会科学版),2011(8).

模拟性的交流活动中使用和掌握语言。在课堂上为学习者创造较真实的交际环境以及在课后为他们营造使用语言的氛围是目前英语教学需要进一步完善的内容。

3. 以学习者为中心组织教学

以学习者为中心开展的课堂活动一般被看作一种主动的学习过程。[①] 在这一过程中,学生需要扮演积极的角色来学习新的语言内容,同时运用所学语言去表达自己的思想。以学习者为中心组织教学并不意味着教师作用的削弱。教师在这种教学模式中需要发挥有效组织的作用,并通过开展以学习者为中心的语言交流活动,真正培养学生语言使用的能力。

4. 重视教学内容的真实性

交际语言教学理论提倡以任务为基础的、以解决问题为基础的、以专题为基础的语言活动。为了培养学生的语言交流能力,教师需要选取相对真实并尽可能贴近学习者现实生活的教学内容。这些教学内容包括购物、求职、谈判、旅游等。围绕任务,要求学习者掌握在不同语境下的语言运用方法。

5. 重视教学方式的真实性

为了使学习者能够参与各种语言实践活动,教学的具体组织形式也需要做出相应的调整。经常采用的方法包括角色扮演、小组讨论、双人活动、模拟等。[②]这些形式在一定程度上保证了交际性教学内容和活动的实施与完成。

第二节　单元整体教学设计的意义

单元整体教学设计是指小学英语教师依据英语学科的课程目标、课程内容,在明确小学英语教材的单元功能、主题(话题)特点后,基于教材的每个单元,探究其主题意义,挖掘育人要素,解析教材内容,了解学生的生活背景与生活体验,在此基础上围绕教学目标、教学内容、教学过程、教学资源等一系列要素所进行

①② 焦扬.交际性口语测试与中学英语互动式口语教学[J].校园英语,2012(24).

的教学设计。它有利于促进课程的有效实施,促进教师的专业发展,促进学生英语学科核心素养的形成。单元整体教学设计的流程见图1-1。

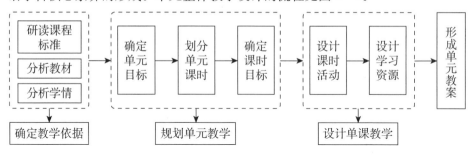

图1-1　单元整体教学设计的流程

下面以《英语》(牛津上海版)教材 4BM2U3* Home life 这一单元为例进行阐述。

一、促进课程有效实施

(一) 有利于学科育人的落实

英语教材是教师开展教学的基础内容,是教师对学生开展思想品德教育的主要载体。教材的内容体现了英语课程的育人价值。教师要引导学生形成积极、健康的情感态度,以及正确的人生观和世界观。

本单元在内容选取时以家庭生活为主题,以不同时刻的家庭日常生活为语境。教师在进行单元整体教学设计时可以从学科育人的角度出发,结合"Home life"这一主题,让学生从探究美好的家庭生活出发,对比他人的家庭生活和自己的家庭生活,学会关注自己的家庭生活,从而热爱家庭生活,在点点滴滴的事件中感受父母、长辈对自己的关爱与家庭生活的幸福,同时学会表达自己对父母、长辈的爱。

(二) 有利于主题意义的探究

课程标准中指出,教师应秉持在体验中学习、在实践中运用、在迁移中创新的学习理念,倡导学生围绕真实情境和真实问题,激活已知,参与到指向主题意

---

　　* 为了使表述相对简洁,本书中统一使用"年级＋上下册(A指代上册,B指代下册)＋模块名称及序号(Module＋序号,简写为M＋序号)＋单元名称及序号(Unit＋序号,简写为U＋序号)"的方式标注文本所在位置,如4BM2U3代表四年级下册第二模块第三单元。如有类似情况,不再另外说明。

义探究的学习理解、应用实践和迁移创新等一系列相互关联、循环递进的语言学习和运用活动中。本单元旨在让学生探究美好的家庭生活。

第一课时以"My daily home life"为话题，引导学生通过学习 Kitty 一家日常生活的对话语篇来梳理语言知识，让学生在模仿 Kitty 说一说"My daily home life"的活动中内化所学语言知识与技能，加深理解并模仿应用，感受 Kitty 一家日常生活的和谐。

第二课时以"My sweet home life"为话题，创设为爸爸过生日的语境，让学生初步运用所学语言知识，以 Kitty 的身份说一说家庭生活的甜美，感受家庭生活的温馨。

第三课时以"Home life on Earth Hour"为话题，让学生模仿记者进一步运用所学语言采访 Kitty 一家在特殊时刻的生活场景，感受特殊时刻家庭生活的温暖。

第四课时以"My happy home life"为话题，以阅读教材语篇 Summer holiday 为依托，让学生运用所学语言较熟练地表达相关内容，体验暑假和家人一起到三亚海滩游玩的快乐，进一步感受家庭生活的幸福。

第五课时（复习课）以"Our home lives"为话题，回顾 Kitty 一家日常生活的和谐、幸福，引导学生熟练运用所学语言知识与技能说一说自己的家庭生活，进而感受家庭的幸福来自家人间的关爱，学会表达自己对父母、长辈的爱。

单元整体教学设计加深了学生对于"Home life"这一主题的理解，促使学生用正确的态度看待家庭生活，懂得美好的家庭生活离不开每个成员的付出。

（三）有利于教学活动的设计

单元整体教学设计过程中，教师要围绕主题，选择适切的语篇材料，设计有利于学生体验、感知、学习、运用语言的教学活动。

本单元设计中规划了以"Home life"为主题的五个分课时话题，制定了明确的单元教学目标和分课时教学目标，使得每个课时的教学活动目的明确，设计层次清晰。

第一课时"My daily home life"侧重于引导学生在家庭成员的对话中学习相关词汇。活动设计以模仿 Kitty 一家人之间的对话为主，引导学生通过文本朗读、信息寻找、问答模仿来理解语篇内容，获取相关信息，使用所学核心语言了解 Kitty 及其家人所在的房间和正在开展的活动，尝试介绍 Kitty 家中的房间及

Kitty 的家人在房间中的活动。

第二课时"My sweet home life"以 Kitty 的家人在她爸爸生日上的对话为语境,引导学生通过对话朗读、问答交流、角色扮演、看图说话等形式学习本单元的核心句型,并初步运用所学语言说一说自己甜美的家庭生活。

第三课时"Home life on Earth Hour"引导学生通过对话朗读、阅读理解、角色扮演来获取相关信息,让学生运用所学语言以记者和 Kitty 家人的双重身份演绎采访对话,感受特殊时刻家庭生活的温暖。

第四课时"My happy home life"依托阅读教材语篇 Summer holiday,引导学生通过文本视听、信息梳理、问答交流等形式,以看图说话及第一人称的形式描述暑假和家人一起到三亚海滩游玩的快乐,让学生进一步感受家庭生活的幸福。

第五课时"Our home lives"为复习课,引导学生通过看图角色扮演、看图完成对话等形式回顾 Kitty 一家日常生活的和谐、幸福,提升语言的正确性,同时引导学生熟练运用所学语言知识与技能来说一说自己的家庭生活,从而感受自己幸福的家庭生活。

本单元五个课时整体教学活动的设计有利于学生围绕"Home life"这一主题,用英语交流和表达自己的家庭生活,将语言知识的学习融入语言实践活动,并在家庭生活的不同语境中学习语言知识,以完成特定任务的形式理解语言表达的方式,通过范例的学习归纳表达家庭生活的语言结构,提升语言表达技能。

(四)有利于教学资源的整合

教材是英语教学的主要资源。它不仅包括教材单元主题对应的非教材内容的其他学习资源、媒体资源和教学语境,还包括人的资源,如与学生相关的人的生活背景、知识结构、人生经历、情感体验等。

本单元设计中不仅使用了教材资源,还根据话题、语境和内容的真实性,补充了贴近学生生活的教学资源。在教学中,教师根据学生的学习能力、学习需求有效使用和组合教材资源,基于家庭生活这一主题来激发学生的学习兴趣,拓宽学生的视野,启发学生的思维。

1. 合理使用教材资源

本单元教学设计中,教师在分析教材栏目内容的基础上,围绕五个关联话题,对教材资源进行了如下设计。

第一课时使用了教材栏目 Look and say(部分)和 Look and learn。

第二课时使用了教材栏目 Look and say、Look and learn、Think and write 和 Learn the sound。

第三课时使用了教材栏目 Say and act。

第四课时使用了教材栏目 Look and read。

第五课时使用了教材栏目 Look and say、Look and learn、Think and write、Say and act、Look and read、Listen and enjoy、Learn the sound。

2. 合理补充有效资源

首先,在单元整体教学设计时,教师要善于使用、合理组合教材资源,基于单元主题合理补充有效资源。其次,在选择相关单元英语课程资源时,教师要尽可能选择具有正确价值观的素材,让育人导向的理念得以落实。最后,教师要选用基于学生生活背景的、相对易于理解的、地道的语言素材,如与教材单元主题语境相匹配的英语绘本、相关的英语歌曲和影片等。

第一课时在使用了教材栏目 Look and say(部分)和 Look and learn 的基础上对教材内容进行了开发,增补了 Kitty 与奶奶打电话的语境,并注明了通话时间;增补了爸爸回家的时间。这是出于用现在进行时表达的合理性需要。这一课时的资源开发侧重反映 Kitty 一家的常态生活。

第二课时在使用了教材栏目 Look and say、Look and learn、Think and write 和 Learn the sound 的基础上增补了今天是爸爸的生日的语境,依据 Look and say 的内容进行了语境优化处理。

第三课时使用了教材栏目 Say and act,未进行调整。

第四课时使用了教材栏目 Look and read,未进行调整。

第五课时涉及教材全部栏目,增补了任课教师、学生的家庭生活照片,便于师生讲述自己的家庭生活。

3. 合理开发学生资源

学生资源包括每个学生的生活经历、学习体验及其丰富的思想和情感。以本单元的第五课时为例,教师和学生一同展示了日常生活中的照片,以在每张照片背面写一段话的方式进行交流与分享,让学生体验家庭生活的幸福。这一教学设计有利于师生、生生的交流与表达,能引起学生对美好家庭生活的共鸣。

教师在单元整体教学设计中注重各类资源的有机整合,引导学生关注自己家庭生活的美好细节,从而达成"爱自己家庭"的育人目标。

二、促进教师专业发展

单元整体教学设计对教师提出了更高的要求。教师要精准把握教学基本要求,提升文本解读与设计能力,提升学科专业素养,提高教研活动效益。

(一)精准把握教学基本要求

课程标准中提出的学段目标是对本学段结束时学生学习本课程应达到的学业成就的预设或期待,是总目标在各学段的具体化。教师在单元整体教学设计时需要把学段目标细化到特定年级单元的语音、词汇、语法(词法、句法)、语篇和语用知识中,即精准把握教学基本要求,制定教学目标。义务教育英语课程分为三个学段,各学段目标设有相应的级别,其中,一级建议为三至四年级学段应达到的目标,二级建议为五至六年级学段应达到的目标,三级建议为七至九年级学段应达到的目标。各学段目标之间具有连续性、顺序性、进阶性。以本单元4BM2U3 Home life为例,其学段目标界定为一级,教学基本要求设定见表1-1。

表1-1 教学基本要求设定

项目		内　　容		学习要求
主题		☑人与自我　□人与社会　□人与自然　(单元主题：Home life)		
功能		☑交往　□感情　□态度　(语言功能：Introduction 介绍)		
育人价值		引导学生关注和热爱自己的家庭生活,感受家庭生活的幸福		
教材板块定位	核心板块	Look and learn	核心词汇：bedroom、living room、bathroom、kitchen、homework、model plane、wash、dinner	运用
		Look and say	核心句型： Where are you? ... am/is/are ... (doing)	理解
		Learn the sound	语音：字母组合-oy、-oi的读音规则	知晓
	次核心板块	Say and act	语篇：Earth Hour	理解
		Look and read	对话：Summer Holiday	理解
	辅助板块	Think and write	问答：The Chens' Home Life	理解
		Listen and enjoy	儿歌	知晓

（二）提升文本解读与设计能力

单元整体教学设计提升了教师对于教材文本的解读能力。以 4BM2U3 Home life 的 Look and say 栏目为例进行说明。

这一栏目中有四段配图的对话。第一段是爸爸回到家，在家门口与 Kitty 的对话。第二段是爸爸在卧室与 Ben 的对话。第三段是在客厅的爸爸与在卫生间的妈妈的对话。第四段是 Ben 在卧室与爸爸的对话。这四段对话与配图就上下文的衔接与图意对于主题"Home life"而言并不完整。第一，家人之间的问候语不完整。第二，爸爸坐在客厅沙发上休息的同时询问妈妈在哪里，妈妈先回到家，在晚饭时间没有做晚饭，而是在卫生间洗头发，缺乏合理性，也无法体现家人之间的关爱。第三，Ben 邀请爸爸去打篮球，爸爸在做晚饭，忙得不可开交，请 Ben 帮忙，Ben 却没有应答。在教学设计时，教师有必要对教材文本内容进行单元整体规划，根据分课时的话题与语言功能适当调整与补充。在教学设计时，教师可以把 Look and say 拆分成两个部分，作为第一课时和第二课时的文本基础，分别进行内容与语境的补充，使之更符合常理。

第一课时的话题为"My daily home life"，文本内容如下。

It's four o'clock on Friday afternoon.

Grandma：Hello. Is that Kitty?

Kitty：Yes, Grandma. How are you?

Grandma：I'm great. I'm watching TV with your grandpa in the living room. What are you doing?

Kitty：I'm doing my homework in the living room.

Grandma：Good girl! Is Ben doing his homework?

Kitty：No, he isn't. He is making a model plane in his bedroom. And he is very happy.

Grandma：Wow, how fun! How about your mum and dad?

Kitty：Mum is washing the clothes in the bathroom. And Dad is not at home now.

It's five o'clock.

Dad：I'm back.

Kitty&Ben：Hello, Dad.

Dad：Kitty, where are you?

Kitty：I'm in the living room. I'm doing my homework.

Dad：Ben, where are you?

Ben：I'm here, Dad. I'm in my bedroom. I'm making a model plane.

Dad：Where are you, Maggie?

Maggie：I'm in the kitchen. I'm cooking dinner. Can you come and help me, please?

Dad：Oh, sure! I'm coming!

Ben：Dad, where are you? Let's go and play basketball.

Dad：Sorry. I'm in the kitchen. I'm cooking dinner. Can you come and help me, please?

Ben：Oh, sure! Let me help you.

教师在第一课时的文本内容中增加了两个时间点：第一个是周五下午四点，第二个是下午五点。周五下午，很多学生是提早放学的，这样设计符合学生的生活实际。教师还增补了语境与内容。文本中增补了周五下午四点奶奶给 Kitty 打电话的语境。在这一语境中，奶奶和 Kitty 相互问候，询问对方在做什么，体现了家人的相互关心。文本中把妈妈在卫生间洗头发改为在厨房做晚饭，更加符合常理。第二个时间点是下午五点。文本中增加了爸爸回家后家人之间的问候，同时创设了妈妈在厨房做晚饭并邀请爸爸一同做晚饭的语境，使得家庭更显和谐。文本最后修改了爸爸与 Ben 的对话，体现了 Ben 乐意做力所能及的家务。这样的文本修改使得"My daily home life"这一话题的语言内容更贴近实际生活。

第二课时的话题为"My sweet home life"，文本内容如下。

Dad：I'm back. Kitty, Ben, Maggie, where are you?

Kitty：I'm in the living room.

Dad：What are you doing in the living room, Kitty?

Kitty：I'm doing my homework, Dad.

Dad：Oh. You're doing your homework. Good girl!

Dad：Where are you，Ben?

Ben：I'm in the bedroom.

Dad：What are you doing in the bedroom，Ben?

Ben：I'm making a model plane.

Dad：OK. You're making a model plane. Good boy!

Dad：Where are you，Maggie?

Maggie：I'm in the bathroom.

Dad：What are you doing in the bathroom，Maggie?

Maggie：I'm washing my hair. Can you cook dinner，my dear，only a bowl of noodles?

Dad：Sure，I'd love to.

Dad：I'm cooking dinner in the kitchen. Hmm … It's nice.

Kitty & Ben & Maggie：Surprise!

Maggie：Happy Birthday，my dear! Shall we sing and dance?

Ben：Here's a model plane for you，Dad. Happy Birthday!

Kitty：Here's a card for you，Dad. Happy Birthday!

Dad：…

Today is my dad's birthday.

I'm not doing my homework in the living room. I'm making a birthday card for him.

Ben is making a model plane in the bedroom. It is a gift for Dad.

My mum is washing her hair and dressing herself up in the bathroom. So she can sing and dance with Dad.

My dad is cooking dinner in the kitchen. He's kind and great.

We are all very happy. This is my sweet home life. It's full of love.

第二课时主要创设了爸爸过生日的语境。爸爸到家的时候，妈妈已经基本上做好晚饭了，只剩下长寿面没有煮。此刻，妈妈正在卫生间洗头发打扮自己，请爸爸来煮一碗面。这样的构思符合常理。文本以 Kitty 自述"This is my sweet home life"结尾,凸显了家庭生活的甜蜜。

(三)提升学科专业素养

单元整体教学设计不仅需要教师具有扎实的专业本体知识和丰富的教学理论知识,具有熟练的信息化技术应用能力和较丰富的跨学科知识,还需要教师具有良好的英语课程意识。

1. 成为课程开发的参与者

单元整体教学设计要求教师具有强烈的英语课程意识,创造性地使用教材,用教材教学生,让教材贴近学生的生活,让教师成为课程实施的开发者。本单元第一、第二课时的教学文本设计也是基于这一观点实施的。

2. 以评价促进学生的学习

单元整体教学设计要求教师采用合理的评价方式促进学生的学习。在评价学生的学业成绩时,教师要更多地关注学生对于英语学科的情感,不能仅关注学生对于知识的掌握情况。评价方式发生了变化,具体包括以下几方面:(1)评价维度从单一维度转向多个维度;(2)评价主体从教师评价转向教师、学生、家长评价;(3)评价内容从单一评价转向分项与综合评价;(4)评价形式从终结性评价转向过程性评价;(5)评价结果从分数评价转向等第制与评语相结合的评价。

3. 借助信息化技术创设生动的学习语境

当前的信息技术发展为教师创设生动的英语学习语境提供了保障。教师要学习各种信息技术,充分发挥其对英语教学的作用。在本单元中,教师使用了大量的数字技术,创设了关于家庭生活的生动语境,有利于学生感受家人之间的关爱和家庭生活的温馨。

4. 具有较丰富的跨学科知识

本单元中包含了一定的跨学科知识,如第四课时涉及在三亚的海滩度假。学生需要了解相关的地理知识,了解三亚的气候特征,知道三亚是夏天与家人度假的好地方之一。同时,教师可以引导学生思考在夏天还可以去哪些地方度假。教师还可以引导学生讨论在不同季节适合家庭度假的地方。这样才能做到迁移创新,引导学生更好地运用语言描述多姿多彩的家庭生活。

(四)提高教研活动效益

一是促进了教研团队的组建。单元整体教学设计对于日常开展教研活动提出了更高的要求。教师个体的时间、视野、能力等是有限的。单元整体教学设计的工作量非常大,这就需要发挥学校教研组团队的力量,以集体的智慧开展教学研究活动。因此,同年级组的备课组团队的建设尤为重要。

二是促进了教研主题的形成。教研活动是基于教学中的问题而开展的。单元整体教学设计时,教师要整理、归纳教学中的问题,设计系列化的研究活动,从而聚焦教研主题。这有利于教研团队有目标、有计划、有分工、有步骤地开展教研活动。

三是促进了教研内容的规划。开展基于单元整体教学设计的教研活动,有助于团队教师规划教研内容,结合分配的任务有针对性地设计教研工具,如教师教学活动观察表、学生反馈活动记录表等。

四是规范了教研流程。基于单元整体教学设计的教研活动更多指向课例类的研修活动,有助于优化教研活动的各个环节,提高教研活动的效率。

五是促进了对教研活动的反思。基于单元整体教学设计的教研活动强调对教研过程的梳理,有利于教师进一步发现问题,改进教研工具,在反思中改进教学设计,从而提升教研品质。

三、促进学生英语课程核心素养培育

核心素养是课程育人价值的集中体现,是学生通过课程学习逐步形成的适应个人终身发展和社会发展需要的正确价值观、必备品格和关键能力。英语课程要培育的学生核心素养包括语言能力、文化意识、思维品质、学习能力等方面。语言能力是核心素养的基础要素,文化意识体现核心素养的价值取向,思维品质反映核心素养的心智特征,学习能力是影响核心素养发展的关键因素。它们相互渗透,融合互动,协同发展。

（一）发展学生的语言能力

语言能力是指个体运用语言和非语言知识以及各种策略,参与特定情境下相关主题的语言活动时表现出来的语言理解和表达能力。本单元的语言能力要求如下:(1)能知晓字母组合-oy、-oi的读音规则,尝试根据发音规律正确朗读含有字母组合-oy、-oi的单词和儿歌;(2)能在语境中知晓并尝试使用核心单词bedroom、living room、bathroom、kitchen等,知晓其音、义、形;(3)能在语境中知晓动词现在分词的含义及其正确用法;(4)能在语境中理解、使用核心句型…am/is/are…(doing)简单介绍某人正在做的事情;(5)能在谈论家庭生活的语境中理解语篇内容,获取基本信息,并根据相关提示围绕话题进行表达。英语语言能力的提高有助于学生提升文化意识、思维品质和学习能力,发展跨文化沟通与交流的能力。

（二）培育学生的文化意识

文化意识是指个体对中外文化的理解和对优秀文化的鉴赏意识,是个体在新时代表现出的跨文化认知、态度和行为选择。本单元的文化意识要求如下:了解我们每天的家庭生活,感受家庭成员的陪伴和关爱,体会家庭生活的温馨和幸福。其中,第一课时旨在让学生感受 Kitty 一家日常生活的和谐。第二课时围绕 Kitty 一家为她爸爸过生日的事件,旨在让学生感受家人之间的关爱。第三课时旨在让学生以 Kitty 和自己的身份感受特殊时刻大家庭的温暖。第四课时旨在让学生以语篇 Summer holiday 为依托,进一步感受家庭休闲娱乐生活的幸福。第五课时以"Our home lives"为话题,旨在让学生回顾 Kitty 一家日常生活的和谐、幸福,借助语言支架说一说自己的家庭生活,感受幸福的家庭来自家人间的关爱,懂得表达自己对父母、长辈的爱。文化意识的培育有助于学生增强家国情怀和人类命运共同体意识,涵养品格,提升文明素养和社会责任感。

（三）提升学生的思维品质

思维品质是指个体的思维个性特征,反映了个体在理解、分析、比较、推断、批判、评价、创造等方面的层次和水平。本单元的思维品质要求如下:(1)第一课时引导学生观察 Kitty 一家的日常生活,通过家人之间的问候、关心等归纳出 Kitty 家庭生活的和谐,通过模仿朗读、儿歌吟唱、模仿扮演、小组合作等形式来表达相关内容;(2)第二课时引导学生观察 Kitty 爸爸生日的这一天,她与家人为其准备礼物,一家人和谐相处的景象,意识到家人相互关爱才能使家庭生活更甜蜜,通过文本视听、跟读模仿、看图说话、小组合作等形式来表达相关内容;(3)第三课时引导学生观察 Kitty 一家在特殊时刻的家庭生活,从而感受大家庭的温暖,在此过程中通过判断词义、理解语篇、对话、描述等形式来表达相关内容;(4)第四课时引导学生观察 Kitty 一家暑假外出休闲游玩时开展的活动,体验生活的多姿多彩,从而联想到自己家庭的快乐生活,通过对话朗读、问答交流、看图说话等形式来表达相关内容;(5)第五课时引导学生在分析与归纳 Kitty 一家快乐生活原因的基础上,通过文本朗读、信息寻找、问答交流等形式读懂语篇,借助语言支架,从日常生活、难忘一刻的角度说一说自己家庭的幸福生活,并根据信息、思维导图等相关提示进行表达。这五个关联场景的设计有助于学生发现家庭日常生活的细节,感受美好的家庭生活。思维品质的提升有助于学生发现问题、分析问题和解决问题,对事物做出正确的价值判断。

（四）提高学生的学习能力

学习能力是指个体积极运用和主动调适英语学习策略、拓展英语学习渠道、努力提高英语学习效率的意识和能力。本单元的学习能力要求如下：(1)第一课时引导学生通过模仿朗读、儿歌吟唱、模仿扮演、小组合作等形式来表达相关内容；(2)第二课时引导学生通过文本视听、跟读模仿、看图说话、小组合作等形式来表达相关内容；(3)第三课时引导学生通过判断词义、理解语篇、对话、描述等形式来表达相关内容；(4)第四课时引导学生通过对话朗读、问答交流、看图说话等形式来表达相关内容；(5)第五课时引导学生通过文本朗读、信息寻找、问答交流等形式来表达相关内容。学习能力的发展有助于学生掌握科学的学习方法,养成良好的学习习惯。

第三节　小学英语单元整体教学的内涵

2008 年,上海市小学英语学科启动"单元整体教学的研究与实践"课题,通过研讨和交流活动,提炼出单元统整(2019 年改为单元规划)、内容整合、语境带动、语用体验的教学设计方法原则,形成了关于教材分析、单元目标设计、语境设计、语用活动设计、课后活动设计等的大量案例,帮助教师体会单元中各课时的联系和教学各环节的联系,初步提升了教师的单元意识和教学各环节整体设计意识,提升了教师对学生英语学习过程的理解力和执行力。2017 年出版的《上海市小学英语学科教学基本要求》(以下简称教学基本要求)、2018 年出版的《小学英语单元教学设计指南》(以下简称教学设计指南)更是明晰了小学英语单元教学的具体内容,成为小学英语一线教师的实践指南。

一、概念界定

（一）单元

单元是指依据课程标准或课程纲要，围绕主题、专题、话题、问题和活动等选择学习材料，并进行结构化组织的学习单位。单元自成系统，相对独立，集目标、内容、过程、评价于一体。教学设计指南所指的单元为教材自然单元。

（二）单元整体教学设计

单元整体教学设计是指教师以教材内容为自然单元所开展的一种规范化、科学化的教学设计，具体包括在单元教材教法分析的基础上，依据学生的情况和特点，确立单元教学目标，开展单元学习活动，设计并实施单元作业，形成单元评价，并提供配套单元教学资源等一系列的教学设计。

（三）小学英语学科单元整体教学设计

小学英语学科单元整体教学设计是指教师依据课程目标、课程内容来认识教材单元功能和话题特点，从单元出发，在课时中有序教学并巩固词汇、语法等知识，以语言的运用为目标，带动语言知识的内化和能力转化，有效优化学生的学习过程。教师要在提升学生语言能力的过程中发展学生的学习能力、思维品质和文化意识。

二、设计原则

（一）单元整体教学设计的整体性

单元整体教学设计应强调整体性。教师既要关注单元知识内容的整体性，又要关注教学设计的整体性，即单元整体教学设计下的课时教学设计和单元目标导向下的教学活动、作业评价等环节的设计应具有整体性。教师要把学科核心素养的各要素融入单元设计，通盘考虑，体现整体性。

（二）单元整体教学设计的综合性

单元整体教学设计应具有综合性。单元整体教学设计的综合性体现在教学各个步骤和环节的综合，语音、词汇、词法等内容单元的综合，语言知识和技能的综合，语言教学和学科核心素养培育的综合。单元教学设计的综合性是实现英语学科工具性与人文性统一的基础。

（三）单元整体教学设计的可操作性

单元整体教学设计应具有可操作性。教师要立足教材和学生，合理设计教学活动，给学生活动提供支架和帮助，让学生积极参与课堂学习，习得新知识。

三、要素划分

这里的要素主要是指课堂教学要素。课堂教学要素是指课堂教学活动中涉及的各种主客观因素，包括教学活动的主体、课堂教学活动所凭借的条件、影响课堂教学活动顺利进行的因素等。国内外学者十分关注课堂教学要素，对课堂教学到底由哪几个要素组成也是看法不一。但基本上可以总结为三类：一是根据单维的排列方式，把与教学相关的要素归纳在一起；二是根据多维的方式，按照一定的标准对教学要素进行分类；三是把教学要素和具体的学科相结合，用理论来指导实践，理论和实践相结合。

（一）教学要素单维说

1. 教学的三个基本要素

南斯拉夫学者鲍克良在其著作《教学论》中指出，教师、学生、教学内容共同构成教学论的铁三角。[①] 我国学者刘克兰在其著作《教学论》中指出，教师和学生是教学活动的主要参与者，教材作为中介连接师生，促进教学活动的发展，教学的基本要素包括教师、学生、教材。日本的长谷川荣、苏联的达尼洛夫对此都持相同的看法。[②] 日本的广冈亮藏认为，教学过程是让学习者学会教材相关内容的过程，学生、教材、教学目标构成了教学的基本要素。[③] 我国学者王通与宣守国指出，教师个体、学生全体、学习资源是课堂教学必不可少的要素[④]，教师是学生高效学习的保证，学生是课堂问题的制造者，学习资源是教师和学生课堂活动的共同对象。

2. 教学的四个基本要素

由南京师范大学组织编写的《教育学》一书中把教师、学生、内容、教学手段

① 弗·鲍克良.教学论[M].叶澜,译.福州:福建人民出版社,1984.

② 李如密,苏堪宇.关于教学要素问题的理论探讨[J].当代教育科学,2003(9).

③ 刘志红.近年来教学因素分类研究的分析[J].高等继续教育学报,2011(4).

④ 王通,宣守国.课堂教学要素与反思性评价指标的设计[J].内蒙古师范大学学报(教育科学版),2006(8).

四个基本要素列入教学过程。① 谢艳梅从与传统教学系统相比较的角度阐述了教师、学生等教学要素的作用和地位：(1)教师是学生学习的指导者；(2)学生的主体地位应充分体现；(3)教学方式应多样化；(4)教学内容的结构发生了变化，应重视培养学生的学习能力。从表层来看，四个要素是在三个要素的基础上添加了一个要素，实际上，教学手段是教学实施的策略，教学环境是教学所处的时空，教学媒体是促进学生认知的工具。

3. 教学的五个基本要素

五要素研究者持不同的看法。第一种观点，教学目的、教学任务、教学手段、教学方法、教学内容五个要素共同组成教学的过程。第二种观点，把教学目标、教师、学生、媒介、检查视为教学的要素。第三种观点，教师、学生、教材、工具、方法共同构成教学要素。第四种观点，教师、学生、材料、环境、方法共同构成教学要素。第五种观点，教学过程中的五个基本要素是教师、学生、手段、内容、规则。

4. 教学的六个基本要素

德国柏林学派认为，教学意向、教学课题、方法、媒介、人类学、社会文化条件会对教学过程产生影响。② 郝恂和龙太国在教学活动主客体的基础上指出教学的基本要素包括教师、学生、教学内容、教学工具、时间、空间，这六种要素是缺一不可的。③

5. 教学的七个基本要素

美国的巴特勒根据教学的特点总结了七个基本要素，即情境、动机、组织、应用、评价、重复、概括。情境是影响获取新技能和新知识的情况；动机是诱因；组织是新知识的结构特征；应用是新技能和新知识的初步尝试；评价是新技能和新知识的初步尝试结果反馈；重复是新技能和新知识的练习；概括是把新技能和新知识迁移到各种新的情境中。这七个基本要素构成了教学过程中的七个阶段。

（二）教学要素多维说

1. 教学要素层次论

张楚廷在《教学论纲》的相关章节中专门论述了教学要素，把教学系统分为

---

① 南京师范大学教育系.教育学[M].北京：人民教育出版社,1984.
② 李如密,苏堪宇.关于教学要素问题的理论探讨[J].当代教育科学,2003(9).
③ 郝恂,龙太国.试析教学主体、客体及主客体关系[J].教育研究,1997(12).

四个层次。① 第一个层次,把教学系统分为平凡要素和特质要素两大维度,其中,平凡要素是指事物、活动普遍拥有的条件,特质要素是指某一活动特有的要素。第二个层次,把特质要素分为软要素和硬要素。第三个层次,把软要素分为主观软要素和客观软要素,把硬要素分为教师、学生、教材等。第四个层次,把主观软要素分为教学目的、教学方法、教学原则等,把客观软要素分为教学规律、教学过程、教学本质等,见图 1-2。

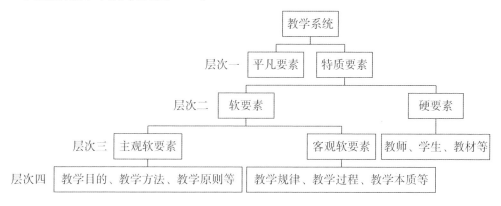

图 1-2　教学要素层次论示例

2. 教学要素结构论

吴文侃在《比较教学论》中把教学活动分为主体、条件、过程三个维度。② 活动的主体主要是学生和教师。活动的条件包括物质条件(如校舍、普通教具、现代教学手段、体育运动场地与设施、卫生设备等)和精神条件(如人际关系、校风、班风等)。活动的过程主要包括教学目的的确定、教学内容的组织、教学方法手段的选择、教学组织形式的设计和教学效果的检查评价。

3. 多维分析论

李如密、苏堪宇用多维分析的方式,从静态结构、动态过程、环境条件等角度来分析教学要素。③ 这是因为从静态角度能够看清其组成部分;系统不断运动,要求我们把握其动态过程;静态和动态都是在一定的环境下呈现的。静态结构往往是教学活动的"骨架",主要由教师、学生、教学内容组成。动态过程的四个

---

① 张楚廷,等.教学论纲[M].北京:高等教育出版社,1999.
② 吴文侃.比较教学论[M].北京:人民教育出版社,1999.
③ 李如密,苏堪宇.关于教学要素问题的理论探讨[J].当代教育科学,2003(9).

要素(即教学目的、教学方法、教学媒体、教学评价)相互作用,组成教学活动的"血肉"。物质环境和人文环境则构成了教学活动的大背景。

4. 要素系统论

董志峰在区分教学过程和教学活动的基础上指出,教学要素是教学活动的基本性要素,并非所有与教学活动有关的要素都可以归入教学活动系统。[①] 在他看来,教学目标、教学对象、教学内容、教学方法、教学环境、教学评价是构成教学活动并促进其良性运行的基本性要素。这六大要素中,各要素本身又是一个复杂的有机整体,包含着若干子要素、次子要素。其中,教学目标根据时间的长短分为长期的教学目标、短期的单元目标、课时目标;教学对象包括教师和学生;教学内容包括理论和实践两方面;教学方法是为了完成一定的教学任务,师生共同活动中采用的方法;教学环境包括教学物质环境、教学人际环境、教学社会环境;教学评价包括学生学业成绩评价、教师教学质量评价、课程评价。

(三) 教学要素与英语学科教学的融合

教学设计指南中明确了相关单元教学要素,其内涵如下。

单元规划建议是对小学英语学科单元的一种整体性、长期性的思考和设计。教师以研读课程标准、研读教材、研读学情为起点,通过目标分解、内容梳理、学习特点分析,并对照教学基本要求布局语言知识,最终完成单元规划。

单元教材教法分析是指教师基于课程标准研究教材,分析教材单元,确定单元学习内容、水平与基本课型的过程。单元教材教法分析是单元教学设计的起点,是实施课堂教学与评价的基础。单元教材教法分析的起点是研读课程标准和教学基本要求,终点是确定单元的主要学习内容和学习要求。

单元教学目标设计是指学生在完成相关单元内容学习后所要达到的要求和标准。它是课程目标在具体教学过程中的体现。单元教学目标设计的起点是分析教材和学情,终点是确定单元教学目标。

单元学习活动设计是指根据课程目标和教材内容,以学生为主体,让学生通过听、说、读、看、写等活动,在交流、合作、探究中学习和使用英语,以落实单元教学目标。单元学习活动设计的起点是设定活动目标,终点是反思活动的设计。

单元作业设计是指由教师基于单元教学目标和教学内容所设计的、由学生

---

① 董志峰.教学基本要素及其运行方式构建[J].教育理论与实践,2005(7).

在课堂外完成的、带有明确指向性的系列化思维和实践任务的集合。单元作业设计的起点是确定单元作业设计目标，终点是分析优化单元作业设计。

单元评价设计是指教师在单元教学过程中或在某个阶段教学结束后，根据课程标准要求和单元教学目标，运用可行的科学手段，通过系统地搜集信息资料并进行分析和整理，对学生在学习过程中以及某个阶段学习的表现和结果进行评定、分析并给予价值判断。单元评价设计的起点是确定单元评价目标，终点是设计单元评价内容。

单元教学资源设计是指教师搜集资料并经过一定的加工后提供给学生，以帮助学生获取知识和训练技能。单元教学资源设计的起点是研究设计怎样的资源来辅助单元学习活动（含作业）的开展，即明确单元教学资源的功能，终点是反思单元教学资源设计。

英语单元教学设计完全不同于传统的课时设计，教师要从整个教学单元出发对教学进行整体设计。《单元整体教学设计》一书中指出，单元整体教学设计是一种系统化的教学设计。为了保障单元整体教学设计的系统性，单元整体教学设计至少应包括教材内容、学生情况、教学要求、教学目标、教学内容、教学过程、教学评价、教学资源八个要素。

基于以上认识，本书从教学要素和情感要素两大维度出发进行小学英语单元整体教学的实践研究。

第二章

基于教学要素融合的小学英语单元整体教学的实践研究

『本章核心内容』

小学英语课堂教学要素涉及多个方面,从单元整体设计的角度分析,我们团队选取其中的几个要素(包括目标、话题、内容、语用、板书、作业、评价等)进行实践研究。这些要素相辅相成,贯穿小学英语教学整个过程。本章将围绕这些要素融合的设计与实施来介绍小学英语单元整体教学的行动研究。

第一节　目标导向,单元规划

　　教学目标是教学活动实施的出发点和最终归宿。英语单元教学目标指向学生语言能力、文化意识、思维品质、学习能力的发展,具有导向作用。它不仅决定着师生在单元教学或学习过程中的行为,还是单元教学评价的依据。单元规划不仅是组织教材内容呈现"单元"的过程,更是各课时围绕一个主题或话题,以整体认知结构连续建构系统的"单元"学习过程。在研读课程标准、分析教材和分析学情的基础上,单元整体规划包括以下几方面。

一、基于课程标准,确定单元教学目标

　　课程标准中指出,英语课程围绕核心素养,体现课程性质,反映课程理念,确立课程目标……英语课程的总目标是学生应通过本课程的学习,达到发展语言能力、培育文化意识、提升思维品质和提高学习能力的目的。基于课程标准,我们在确定单元教学目标时应该考虑相关要素,语言能力是核心素养的基础要素,文化意识体现核心素养的价值取向,思维品质反映核心素养的心智特征,学习能力是影响核心素养发展的关键因素,它们互相渗透,融合互动,协同发展。

(一) 确定单元教学目标的原则

　　单元教学目标是指学生要达到的相应单元的课程内容的学习要求与标准,也是课程目标通过教学实践环节得以充分展现的具体体现。从英语学科层面来看,单元教学目标主要表现为学生在语言能力、文化意识、思维品质、学习能力等方面呈现的发展与学习效果。英语单元教学目标设计要把相应的课程标准作为基础,同时深入剖析学生的具体学习水平与情况,把单元作为单位,对教材进行深度分析,体现教学目标的延续性,准确理解相应的教学内容,分析单元教学目标与课时教学目标的关系,从而明确教学需要呈现的科学性状态与效果。在相应的教学目标设计流程中,教师需要仔细研究与理解课程标准,并对教学活动所

涉及的学情、教材等展开深层次分析。确定单元教学目标时需要遵循以下几条基本原则。

1. 导向性原则

单元教学目标设计要体现课程教学目标的整体要求。课程教学目标是指学生在学完某一阶段的课程之后,在知识、能力、情感等方面所获得的发展。课程教学目标受经济、政治、文化、学科特点等因素影响,由教育部门或者教材编写者制定。英语课程围绕核心素养,体现课程性质,反映课程理念,确立课程目标。核心素养是课程育人价值的集中体现,是学生通过课程学习逐步形成的适应个人终身发展和社会发展需要的正确价值观、必备品格和关键能力。英语课程要培育的学生核心素养包括语言能力、文化意识、思维品质、学习能力等。

课程标准中指出,学生应通过本课程的学习,达到如下目标:(1)发展语言能力;(2)培育文化意识;(3)提升思维品质;(4)提高学习能力。学生英语学科核心素养的发展必须以单元整体教学的开展为依托,而单元整体教学的设计必须以学生英语学科核心素养的发展为导向,单元教学目标的确定必须以课程目标的核心内涵为导向。教师在目标确定的维度上要做到多元化,不仅要关注学生的知识能力,还要关注学生的过程体验和情感培养;不仅要关注学生的学业成果,还要关注学生的学习习惯和学习兴趣,做到显性目标和隐性目标相结合,体现全面的育人观。

2. 系统性原则

单元整体教学设计是一项系统工程,单元中的各课时教学目标、教学内容、教学评价等要素既相互独立,又相互依存、相互制约。在确定单元教学目标时,要遵循把单元作为有机整体进行系统设计的原则,立足单元这个整体,做到整体和要素、要素和要素之间的有机结合,达到单元整体教学设计的最优化。

英语单元教学目标设计是指根据英语课程标准以及所教学生的学习情况,以单元为单位分析教材,体现教学目标的延续性,把握教学内容,分析单元教学目标和课时教学目标的关系,明确教学所要达到的科学、合理的状态。有研究者认为,教学目标设计一般先要研读课程标准和进行教学分析,包括教材分析和学情分析。单元教学目标的设计是设计课时教学目标的前提,而课时教学目标又是单元教学目标的具体体现,两者相辅相成,既相互区别,又相互联系。教师在进行单元教学目标设计时,应注意课时教学目标与单元教学目标是统一的,课时教学目标应服从于单元教学目标,两者是局部与整体的关系;课时教学目标必定具有系统性、递进性和连续性,不同课时中语言知识能力的推进呈螺旋式上升的状态。教师还要注意系统设计小学英语教学目标,在确定每节课的教学目标时,一方面要逐级分解总体目标,使总目标、学段目标、学期目标、单元目标、课时目标都落实到具体的课堂教学中去;另一方面要注意同一层次内部不同目标之间的协调和配合,使它们共同促进教学目标的逐级实现。

3. 主体性原则

英语教学的出发点和归宿点都是学生的发展,单元教学目标的确定要遵循以学生为主体的原则。学生学习的基础和学习的特征是单元教学目标确定的依据。教师要通过单元教学目标的确定,构建一种适宜学生发展的教学模式,从而促进学生的发展。课程标准的理念是"素养导向,指向育人",教师要心中有学生,站在学生的立场考虑问题,充分了解学生的英语水平,合理把握学习的难度,让每个学生都能体验英语学习的乐趣。

(二) 确定单元教学目标的内容

1. 参照单元规划内容

课程标准中提出,英语课程内容由主题、语篇、语言知识、文化知识、语言技能和学习策略等要素构成。围绕这些要素,通过学习理解、应用实践、迁移创新等活动,推动学生核心素养的培育。小学英语学科单元规划就是对这些要素进行具体分析,对小学英语学科教材、教法、目标、学业活动、作业、评价、资源等内容的一种整体性、长期性的思考和设计。

小学英语学科单元规划的起点是研读课程标准、研读教材和研究学情。通过对课程标准中所列关于"课程内容分级"和"核心素养学段特征"的内容进行分析整理,对《英语》(牛津上海版)教材中自然单元相关内容进行梳理,对小学生英语学习特点进行具体分析,对教学基本要求中所列"语言知识"进行合理布局,完成一个教材自然单元的规划。

单元规划属性表(见表 2-1)依据单元规划流程而设计,帮助教师在"分解课程目标—梳理教材内容—分析学生特点—参照课程标准要求"的流程中完成对整个单元的规划。

表 2 - 1　单元规划属性表

规划流程	规划视角				
分解课程目标	☐语言知识	☐语言技能	☐情感态度	☐学习策略	☐文化意识
梳理教材内容	☐语言知识	☐语言技能	☐教材板块	☐学习活动	☐学习策略
分析学生特点	☐知识储备　☐技能储备　☐学习兴趣　☐学习习惯　☐学习策略 ☐文化意识				
参照课程标准要求	☐语音　☐词汇　☐语法　☐语篇　☐语用				

2. 确定单元教学目标的具体内容

根据课程标准要求、单元规划和教学基本要求,我们把单元教学目标分为知识与技能、思维与策略、文化与情感、单元语用任务四方面。知识与技能中,知识是指陈述性知识,技能是指程序性知识。陈述性知识是关于是什么的知识,包括各种事实、概念、原则和理论等,它在人脑中是以命题和命题网络的形式存在的。程序性知识是关于如何做的知识,包括完成各种活动所需的技能,它在人脑中是以产生式和产生式系统的形式存在的。小学英语单元教学目标中的知识与技能是指学生在一定的语境下先学习陈述性知识,再通过大量的练习,将其变成程序性知识,进而形成必要的基本技能。思维是指人脑借助语言对事物进行概括和间接反应的过程。策略的本义是指计策、谋略,也指根据形势发展而制定的行动方针和斗争方法。小学英语单元教学目标中的思维与策略是指学生在一定的语境下开展学习活动采用的方法和形成的思维能力。文化是相对于经济、政治而言的人类全部精神活动及其产品。情感是人对于客观事物是否符合自身需要而产生的情感体验。小学英语单元教学目标中的文化与情感是指学生在一定的语境下通过感知、参与和体验,对所学内容文化的一种认识和产生的情感体验。语用常常表现出人在话语交际时的真正的话语意图和交际目的。任务通常指交派的工作或担负的责任。小学英语单元教学目标中的单元语用任务是指学生通过学习,在一定的语境下正确、合理、恰当地进行表达,并将学过的知识与技能,根据语境的需要加以规范、恰当、个性地运用。

3. 案例呈现

以 5AM2U3 Moving home 单元规划和单元教学目标设计为例进行说明。

第一部分　单元规划

【课程标准要求】

表 2 - 2　语言能力学段目标

表现	5 至 6 年级/二级
感知与积累	能领悟基本语调表达的意义;能理解常见词语的意思,理解基本句式和常用时态表达的意义;能通过听来理解询问个人信息的基本表达方式;能听懂日常学习和生活中简单的指令、对话、独白、故事等;能理解日常生活中用所学语言直接传递的交际意图;能读懂语言简单、主题相关的简短语篇,获取具体信息,理解主要内容
习得与建构	在听或看发音清晰、语速适中、句式简单的音频或视频材料时,能获取人物、时间、地点、事件等基本信息;能识别常见语篇类型及其结构;能理解交流个人喜好、情感的表达方式;能口头描述图片中的人或事物;能关注生活中或媒体上使用的语言
表达与交流	能围绕相关主题,运用所学语言,与他人进行简单的交流,表演故事或短剧,语音、语调基本正确;在书面表达中,能围绕图片内容或模仿范文,写出几句意思连贯的话

表 2 - 3　文化意识学段目标

表现	5 至 6 年级/二级
比较与判断	对学习、探索中外文化有兴趣;能在教师引导下,通过听故事、对话、看动画等获取中外文化的简单信息;感知与体验文化多样性,能在理解的基础上进行初步的比较;能用简短的句子描述所学的与中外文化相关的具体事物;初步具有观察、识别、比较中外文化异同的能力
调适与沟通	对开展跨文化沟通与交流有兴趣;能与他人友好相处;能在教师引导下,了解不同文化背景下人们待人接物的礼仪;能注意到跨文化沟通与交流中彼此的文化差异;能在人际交往中,尝试理解对方的感受,知道应当规避的谈话内容,适当调整表达方式,体现出礼貌、得体与友善
感悟与内化	对了解中外文化有兴趣;能在教师引导下,尝试欣赏英语歌曲的音韵节奏;能理解与中外优秀文化相关的图片、短文,发现和感悟其中蕴含的人生哲理;有将语言学习与做人、做事相结合的意识和行动;能体现爱国主义情怀和文化自信

表 2 - 4　思维品质学段目标

表现	5 至 6 年级/二级
观察与辨析	能对获取的语篇信息进行简单的分类和对比,加深对语篇意义的理解;能比较语篇中的人物、行为、事物或观点间的相似性和差异性,并做出正确的价值判断;能从不同角度辩证地看待事物,学会换位思考
归纳与推断	能识别、提炼、概括语篇的关键信息、主要内容、主题意义和观点;能就语篇的主题意义和观点做出正确的理解和判断;能根据语篇推断作者的态度和观点
批判与创新	能就作者的观点或意图发表看法,说明理由,交流感受;能对语篇内容进行简单的续编或改编等;具有问题意识,能初步进行独立思考

表 2 - 5　学习能力学段目标

表现	5 至 6 年级/二级
乐学与善学	对英语学习有较浓厚的兴趣和自信心;能积极参与课堂活动,注意倾听,大胆尝试用英语进行交流;乐于参与英语实践活动,遇到问题时积极请教他人,不畏困难
选择与调整	能在教师引导下,制订简单的英语学习计划,及时预习和复习所学内容;能了解自己在英语学习中的进步与不足;能在教师引导下,初步找到适合自己的英语学习方法;能尝试根据学习进展调整学习计划和策略;能借助多种渠道或资源学习英语
合作与探究	能在学习活动中与他人合作,共同完成学习任务;能在学习过程中认真思考,主动探究,尝试通过多种方式发现并解决语言学习中的问题

【单元规划属性表】

表 2 - 6　单元规划属性表

规划流程	规划视角				
分解课程目标	☑语言知识	☑语言技能	☑情感态度	☑学习策略	☑文化意识

（续表）

规划流程	规划视角
梳理教材内容	☑语言知识　☑语言技能　☑教材板块　☑学习活动　☑学习策略
分析学生特点	☑知识储备　☑技能储备　☑学习兴趣　☑学习习惯　☑学习策略 ☑文化意识
参照课程标准要求	☑语音　☑词汇　☑语法　☑语篇　☑语用

【教材分析表】

表 2-7　教材分析表

项目	内容		
话题	☑人与社会　□人与自然　☑人与自我 （单元话题 Moving home）		
功能	☑交往　☑感情　□态度 （单元功能 Introduction，Inquiries）		
育人价值	了解搬家的理由,懂得人与动物搬家都是为了追求更美好的生活;学会欣赏自己和他人的家,感受家的温暖		
教材板块定位	核心板块	Look and learn	核心单词:east、south、west、north
		Look and say	核心词汇:study、a lot of 核心句型: —Why ...? —Because ... —Which room do you like? —I like ...
		Learn the sounds	/f/、/v/、/θ/、/ð/
	次核心板块	Say and act	对话
		Look and read	阅读
		Ask and answer	问答
	辅助板块	Listen and enjoy	儿歌

【学情分析表】

表 2-8　学情分析表

内容	知识要点	教材栏目	学生基础	活动选择
语音	国际音标： /f/、/v/、/θ/、/ð/	Learn the sounds	熟知□ 略知□ 新知☑	倾听、模仿、朗读、辨析、归纳
词汇	east、south、west、north、study、a lot of	Look and learn	熟知□ 略知□ 新知☑	文本视听、跟读模仿、朗读、拼读、抄写、背记
词法	连词： because 的意思和用法	Look and say Ask and answer Say and act	熟知□ 略知□ 新知☑	倾听、模仿、朗读、造句、表达
句法	特殊疑问句及其回答： —Why ...? —Because ...	Look and say Ask and answer Say and act	熟知□ 略知□ 新知☑	倾听、朗读、问答、交流
	特殊疑问句及其回答： —Which room do you like? —I like ...	Look and say	熟知□ 略知☑ 新知□	倾听、朗读、问答、交流
语篇	语篇阅读： Wild geese change homes	Look and read	熟知□ 略知□ 新知☑	文本朗读、自主阅读、问答、交流、提炼复述

第二部分 单元教学目标设计

一、单元教学目标

（一）知识与技能目标

知识与技能目标包括：（1）识别国际音标/f/、/v/、/θ/、/ð/，知晓含有音素/f/、/v/、/θ/、/ð/的字母与字母组合的读音规则，尝试根据发音规律正确朗读和认读单词;(2)知晓 east、south、west、north、study、a lot of 等词汇的发音和含义,能听、读、书写和背记,并在语境中正确理解和运用;(3)在语境中感知并理解 be happy with、share、through、move、wild goose(geese)、change homes、enough、miss 等词汇;(4)在语境中知晓和了解连词 because 的意思和用法;(5)在语境中运用核心句型"Which room do you like? I like ... Why ...? Because ..."询问喜欢的房间及原因并应答,知晓句型 It faces ... 的含义,并正确表达房间的朝向;(6)在语境中理解语篇内容,获取相关信息,进行简单复述,并以口头或书面的方式描述他人和自己的家。

(二) 思维与策略目标

思维与策略目标包括:(1)通过倾听、模仿、朗读、辨析、归纳等形式学习国际音标,掌握相关字母和字母组合的发音规律;(2)通过文本视听、跟读模仿、朗读、拼读、抄写、背记等形式学习相关词汇;(3)通过对话朗读、问答交流、看图说话等形式学习本单元的相关句型;(4)通过文本朗读、自主阅读、问答交流、提炼复述等形式读懂语篇,尝试进行话题表达与写作。

(三) 文化与情感目标

文化与情感目标包括了解搬家的理由,懂得人与动物搬家都是为了追求更美好的生活;学会欣赏自己和他人的家,感受家的温暖。

二、单元语用任务

在 Sally 介绍原本的家、一家人寻找新家和朋友参观新家的语境中,能借助房型图、实景图等资源,运用核心词句从房间数量、房间朝向、房间内的活动、喜欢的房间等方面以口头或书面的方式描述 Sally 家的情况,并能尝试谈论自己的家。此外,能简单复述大雁迁徙的过程和理由。做到语句相对通顺,语义相对连贯,表达基本正确。

三、案例说明

本案例面向的是小学高年级的学生。本案例能从纵向和横向上对单元学习内容进行比较详尽的学情分析,为单元教学目标的确定奠定了良好的基础;能参照课程标准要求,对一个单元的具体要求进行具体分析,从而精准确定单元教学目标;并能根据目标确定的导向性原则,从知识与技能、思维与策略、文化与情感、单元语用任务四个维度进行具体的描述。这体现了目标确定所要求的系统性和主体性原则。

二、单元统整,确定课时教学目标

确定课时教学目标时,教师要在单元教学目标的基础上进一步思考单元实施过程中课时之间学习内容的划分和复现、单元目标的细化落实等要素,使课时内容之间、课时目标之间既有关联,又有递进关系。

（一）确定课时教学目标的原则

1. 系统性原则

教师合理分解单元教学目标,并合理设置课时教学目标,才能尽可能地保证单元教学目标的落实。课时教学目标应与单元教学目标一脉相承,各课时教学目标之间是系统间递进的关系。教师在系统设计教学目标,确定每节课的教学目标时,不仅要关注"总体目标—学段目标—学期目标—单元目标—课时目标"的逐级分解,还要注意课时不同目标之间的协调和配合,使它们共同促进教学目标的实现。

2. 规范性原则

规范性原则是指确定课时教学目标时要遵循一定的标准或者原则。教师不仅要关注课程目标、单元目标,还要基于学生的实际情况等。确定各课时教学目标时,教师要进行教材分析、内容整合等。要素的完备是优质设计的基本保障,如对于学情的分析有利于教师开展基于学情的教学;对于教材内容的分析有利于教师合理安排教学内容。对于目标的表述也要规范和精准,建议教师参照课程标准和教学基本要求,准确判断和表述预期学习目标。

3. 全面性原则

全面性原则既指课时教学目标要面向全体学生,又指课时教学目标的维度要多元,不仅关注学生的学习结果,还关注学生的学习过程和方法、学习兴趣和习惯等,做到显性目标和隐性目标相结合,促进学生英语综合素养的提升。

（二）科学统筹,确定课时教学目标的内容

课时教学目标的内容与单元教学目标的内容大体一致,包括知识与技能、思维与策略、文化与情感、课时语用任务。确定课时教学目标时，每个内容和环节都要指向单元教学目标的达成。

案例：5AM2U3 Moving home 课时教学目标设计

以 5AM2U3 Moving home 为例，我们整合教材内容，将其划分为五个课时，各课时目标见表 2-9。

表 2-9　5AM2U3 Moving home 各课时教学目标

课时	话题	知识与技能	思维与策略	文化与情感	课时语用任务
第一课时	Our home	1. 能初步学习国际音标 /f/、/v/、/θ/、/ð/以及含有音素/f/、/v/、/θ/、/ð/的字母 f、v，了解字母组合-th 的读音规则，尝试朗读含有这四个音素的单词 2. 能在语境中知晓单词 east、south、west、north 以及 study 的发音和含义，能听懂、读懂和正确书写，并尝试表达 3. 能在语境中知晓句型 It faces ... 的含义，并模仿表达房间的朝向	1. 通过文本视听、跟读模仿、朗读等形式学习国际音标/f/、/v/、/θ/、/ð/，了解相应字母和字母组合的发音规律 2. 通过文本视听、跟读模仿、看图说话、拼读书写等形式学习核心词汇 3. 通过跟读模仿、朗读、看图说话、交流表达等形式学习相关句型 4. 结合朗读、看图说话、介绍等活动进行自主表达	能形成方向的概念；了解 Sally 一家想要搬家的理由	在 Sally 介绍原本的家的语境中，能借助房型图、实景图等资源，理解并初步运用核心词汇或句型从房间数量、房间朝向、房间内的活动等角度描述 Sally 家的情况。语句相对通顺，语义相对连贯，表达基本正确

（续表）

课时	话题	知识与技能	思维与策略	文化与情感	课时语用任务
第二课时	Looking for a new home	1. 能进一步学习国际音标/f/、/v/、/θ/、/ð/以及含有音素/f/、/v/、/θ/、/ð/的字母 f、v，了解字母组合-th 的读音规则，尝试朗读含有这四个音素的单词和儿歌 2. 能在语境中正确运用单词 east、south、west、north 以及 study 进行表达 3. 能在语境中运用核心句型"Which room do you like? I like ... Why ...? Because ..."询问喜欢的房间及原因并应答，能正确运用句型"It faces ..."对房间朝向进行表达	1. 通过跟读模仿、吟唱等形式学习国际音标/f/、/v/、/θ/、/ð/，了解相应字母和字母组合的发音规律 2. 通过文本视听、跟读模仿、语用表达等形式运用相关词汇 3. 通过看图说话、对话朗读、问答交流等形式学习核心句型 4. 通过文本朗读、情境体验、对话表演等形式理解文本，进行交流与表达	了解 Sally 一家寻找新家的理由，懂得人们搬家是为了追求更美好的生活	在跟随 Sally 一家寻找新家的语境中，能借助房型图、实景图等资源，依据 Sally 家人对新房的需求，判断每个人喜欢的房子，运用核心词汇或句型进行表达。语句相对通顺，语义相对连贯，表达基本正确
第三课时	Happy life in our new home	1. 能正确认读国际音标/f/、/v/、/θ/、/ð/，正确朗读含有音素/f/、/v/、/θ/、/ð/的单词 2. 能进一步理解方向类单词，并在语境中运用 3. 能在语境中感知、了解 far from、through、It takes ... by ... 的发音与含义 4. 能在语境中正确运用句型"Why ...? Because ..."进行询问和应答 5. 能在语境中理解文本，尝试描述 Sally 一家在新家的生活状况	1. 通过模仿朗读、归纳分类等形式了解相应字母和字母组合的发音规律 2. 通过文本视听、问答交流、看图说话等形式学习核心语言 3. 结合信息寻找、交流归纳等活动学习本单元的核心句型	感受 Sally 一家对新家的喜爱，享受在新家的快乐生活	能借助语言框架，以"Happy life in our new home"为题，用 7 至 8 句话来告知他人 Sally 一家在新家的快乐生活。语音准确，表达流畅

（续表）

课时	话题	知识与技能	思维与策略	文化与情感	课时语用任务
第四课时	I love my (new) home	1. 能正确认读国际音标/f/、/v/、/θ/、/ð/，正确朗读含有音素/f/、/v/、/θ/、/ð/的单词，并能根据发音规律进行正确归类 2. 能在语境中运用本单元核心词汇或句型进行交际和表达 3. 能在语境中理解语篇，提炼信息，用口头或书面的方式介绍自己的(新)家	1. 通过朗读、辨析、归纳等形式巩固国际音标，了解相应字母和字母组合的发音规律 2. 通过对话朗读、问答交流、看图说话等形式巩固核心词汇或句型 3. 通过阅读思考、提炼信息、书面描述等形式介绍自己的(新)家	学会欣赏自己和他人的家，感受家的温暖	能借助语言框架，以"I love my (new) home"为题，用7至8句话来描述自己(新)家的生活情况。语音准确，表达流畅
第五课时	Wild geese change homes	1. 能正确认读国际音标/f/、/v/、/θ/、/ð/，尝试根据发音规则正确朗读含有音素/f/、/v/、/θ/、/ð/的单词 2. 能在语境中感知、了解wild goose(geese)、change homes、enough、miss等的发音与含义 3. 能理解语篇内容，提取关键词，获取文本相关信息，借助板书，进行简单复述	1. 通过朗读、认读等形式巩固国际音标，了解相应字母和字母组合的发音规律 2. 通过视听欣赏、联系上下文推测词义等形式学习相关词汇 3. 通过文本试听、自主阅读、提炼信息等形式复述大雁的迁徙过程和原因	了解大雁"南来北往"的迁徙规律，简单了解人类搬家的原因	能借助语言框架，以"Wild geese change homes"为题，用7至8句话来描述大雁迁徙的过程和原因。语音准确，表达流畅

　　案例说明：本单元以"home"为话题展开学习，单元语用任务是"在介绍原来的家、选择新家、搬到新家并邀请朋友来新家做客的语境中，借助对话、调研等，从房间功能和朝向、在房间里可以开展的活动、房间给人的感觉等方面，利用核心语句，以口头或书面的形式描述关于家的情况，最后介绍动物迁徙的情况"。基于学情和对单元内容的整体认知，我们把本单元分为五个课时。从单课时话题中可以看出，各课时都有单元主题的因子，层层递进，符合学生的认知规律。

　　整个单元从对家的认识、对家的选择、快乐生活、动物的迁徙等角度进行设计,在课时活动推进过程中,学生对家的理解逐步深入,明白了"better home, better life"的道理适用于整个大自然。这种设计有利于学生思维品质的发展。

案例:1BM2U1 Toys I like 课时教学目标设计

表 2－10　　1BM2U1 Toys I like 各课时教学目标

课时	话题	知识与技能	思维与策略	文化与情感	课时语用任务
第一课时	At the toy shop	1. 能在语境中用降调朗读陈述句 2. 能借助图片和实物,朗读并正确理解核心单词 ball、doll、bicycle、kite 3. 能运用句型 I like … It's …简单描述自己喜欢的玩具 4. 能在语境中模仿范例进行购物的简单对话	1. 通过听读、跟读、仿读、儿歌吟唱等形式学习本单元中有关玩具的核心单词 ball、doll、bicycle、kite 2. 通过听读、模仿、角色表演、儿歌吟唱等形式巩固句型 I like … It's … 3. 通过听读、问答、模仿、表演等形式学习本单元的对话	能表达对玩具的喜爱之情,积极与他人沟通,表达自己的意愿	能在玩具商店购物的语境中,模仿范例进行简单的对话,理解核心单词 ball、doll、bicycle、kite 及句型"I like … It's …",描述玩具的特点,表达对玩具的喜爱之情
第二课时	At the toy party	1. 能在语境中用降调朗读陈述句 2. 能在语境中朗读并正确理解有关玩具的核心单词 ball、doll、bicycle、kite 3. 能在语境中正确理解 At the toy party 的语篇内容,获取信息 4. 能在语境中模仿范例,运用句型"I like my … It's … It's … I like …"向他人介绍自己喜爱的玩具	1. 通过倾听、模仿、跟读、扮演等形式学习陈述句的朗读语调 2. 通过文本视听、跟读模仿、文本朗读、儿歌吟唱等形式巩固本单元中有关玩具的核心单词 ball、doll、bicycle、kite 3. 通过听读、模仿、儿歌吟唱、角色表演形式巩固句型"I like my … It's … It's … I like …"	能主动向他人介绍自己喜爱的玩具并感受玩具带来的快乐	能在应邀参加玩具派对的语境中,模仿范例,尝试运用本单元的核心单词 ball、doll、bicycle、kite 及句型"I like my … It's … It's … I like …"主动向他人介绍自己喜爱的玩具,做到语音较正确、表达较流利

案例说明：

本单元的核心单词有 4 个，核心句型也不多，在内容方面略显单薄。为了让学生对学习的内容有更强烈的兴趣，我们结合教材文本语境创设了后续的情节，其中，第一课时为"At the toy shop"，第二课时为"At the toy party"，引入 2022年北京冬季奥运会吉祥物冰墩墩这个主线人物开展活动。学生不仅能在玩具商店选购自己喜爱的玩具，还能在玩具派对上与其他朋友分享各式各样新奇有趣的玩具。当然，在语境创设的过程中，教师如果能根据教学目标进行适当的引导，助推各类活动的开展，就能激发学生的探究欲望和学习热情，使学生的语用输出意愿更为强烈。

第一课时，在语用输出环节，通过板书资源的支持，引导学生分组进行角色扮演，使得学生在语境中有意义地操练核心语言，表达对玩具的喜爱之情。第二课时，在语用输出环节，学生分组讨论，在组内分享交流自己带来的玩具，并评选出每个小组的"toy star"，再由小组代表进行投票，评选出本课时的"toy star"，学生兴趣浓厚，参与感强。在"toy party"中，学生可以一起分享玩具，体会分享玩具的快乐。每个环节的教学活动都有序推进，且最终指向语用任务的达成。教师合理安排教学内容，组织多种形式的课堂活动，有序、有效地推进活动，不仅完成了核心单词和核心句型的教学工作，为学生完成语用任务积累了语言素材，还一步步帮助学生梳理完成语用任务的语言表达顺序，加深学生对语用任务的理解，提升学生的语用能力。

第二节　话题统整，单课落实

有效推进单元整体教学设计的基础是正确地解读单元主题、确立单课话题。教师要构建"主题—话题"式的单元整体设计模式，以主题为引领，以单元话题为核心，把教材内容串联成学习链，丰富课堂教学的内涵，打造整体、多元的课堂教学。教师要从单元整体教学设计出发，确立单课话题，整合教材，使得课堂既有单课的纵向推进，又有单元的横向推进。

在设计单元整体教学时，教师必须依托单元主题，以单元话题为核心，关注知识内容的连续性,关注主题、话题的前后联系,关注语境设计的合理性,促进学生技能的训练,凸显整体功能。

一、基于单元主题,确定课时话题

基于话题的单元整体教学设计,一方面要求教师准确把握教材,更深入地钻研教材,甚至能创造性地使用教材,从而全面提升教学能力;另一方面要求学生在真实语境中谈论身边的人和事,体验语感的真实性,围绕话题进行交流,最终提升语言综合运用能力。

(一) 确定课时话题的原则

课时话题的确定要基于单元主题。话题是内隐的,基于教材单元主题确定课时话题是实现语用价值的关键。主题与话题的设置要关注分课时话题的单元整体性、话题与文本内容的一致性、话题与语用任务的关联性等。

1. 分课时话题的单元整体性原则

以 3AM3 Places and activities 相关内容(见表 2 - 11)为例说明分课时话题的单元整体性原则。

表 2 - 11　3AM3 Places and activities 相关内容

单元	Unit 3 In the park		
课时	Period 1	Period 2	Period 3
话题	Beautiful things in the park	Fun in the park	In my favourite park

本单元的主题为"In the park",共分为三个课时,三个课时的话题紧扣单元主题。第一课时以"Beautiful things in the park"为话题,引导学生通过谈论公园中所见事物的颜色来感受公园的美;第二课时以"Fun in the park"为话题,创设 Miss Fang 和孩子们在公园游玩的语境,引导学生模仿文中三种性格的孩子,谈论在公园中参与的活动和游玩的感受等;第三课时以"In my favourite park"为话题,引导学生谈论自己在喜欢的公园中所见的美景及其给自己带来的美好感受。

单元话题是一个方向性和概念性的内容,单课话题源于对单元主题的解读,是课堂具体教学内容的高度概括和统领。单元话题与单课话题的关联体现在单课话题的确立要基于单元话题,与单元话题保持一致,不能超越单元话题范畴任意发挥,也不能直接由单元话题来充当。

2. 话题与文本内容的一致性原则

以 5AM4 The natural world 相关内容(见表 2 - 12)为例说明话题与文本内容的一致性原则。

表 2 - 12 5AM4 The natural world 相关内容

单元	Unit 3 Fire			
课时	Period 1	Period 2	Period 3	Period 4
话题	Fire is useful	Fire is dangerous	Fire safety	Fire escaping
文本内容	Hi，I'm Yaz. I live in the Stone Age. This is my family. We live in a cave, and we have a fire in our cave. Fire gives us heat and light. We always eat raw meat. My parents and my sister like raw meat but I hate it. It does not taste good at all. I do not want to eat any raw meat, so I throw it away into the fire. The meat smells very nice. We try the meat. It tastes great! Now we cook all our meat on the fire.	**Beginning** There is a big fire in the forest. Trees and grass burn in the fire. Thick smoke is everywhere. Many animals are hurt. **Middle** The big fire starts because it is always dry. And sometimes people start campfires, smoke or play with matches. Firefighters fight the fire bravely. They use a lot of water. Helicopters drop water on the fire. **Ending** At last, the fire dies down. Then firefighters put signs in the forest. Don't smoke! Don't start campfires! Don't play with matches! Fire is dangerous. Please be careful!	Fire can start anywhere. We must be careful. Fires can start in forests. Because sometimes people smoke or start campfires in forests. Fires can burn the trees, grass and plants. It's so dangerous. So for fire safety, we mustn't smoke. We mustn't start campfires. We know fire safety! We are safe!	If a fire starts，first，we must quickly go outside but never use the lift. It is dangerous inside. Next，if it is all smoky，we must cover our mouth and nose. Then，we must crawl out very fast and never stop for toys or clothes. Finally，we must listen to the firefighters and they can help us. Fires are useful but dangerous. Fires can start in forests. When a fire starts，we must call 119. We mustn't smoke. Fires can start in schools. When a fire starts，we must walk down the stairs quickly. We mustn't use the lift. Fires can start at home. When a fire starts，we must leave the room and go outside. We mustn't take toys or clothes. People must be careful with fire!

四个课时的话题不仅紧扣单元主题,还与文本内容保持一致。第一课时的话题是"Fire is useful",文本内容是了解火从古代到现代的用途,感受火与生活的密切联系;第二课时的话题是"Fire is dangerous",文本内容是了解森林火灾的起因、灭火过程、导致的后果;第三课时的话题是"Fire safety",文本内容是了解森林火灾和家庭火灾的起因及防火措施;第四课时的话题是"Fire escaping",文本内容是关注火灾的起因,了解逃生的常识。

3. 话题与语用任务的关联性原则

以 4AM1 Getting to know you 相关内容(见表 2-13)为例说明话题与语用任务的关联性原则。

表 2-13　4AM1 Getting to know you 相关内容

单元	Unit 1 Meeting new people			
课时	Period 1	Period 2	Period 3	Period 4
话题	A new classmate Jill	More about Jill	My new friends	I like my new friends
语用任务	能在语境中,借助板书来描述班级同学:This is my classmate. His/Her name is …. He/She is … years old. His/Her student number is … His/Her lucky number is …做到语音语调基本正确,表达基本流畅	能在语境中,借助板书,较熟练地运用核心词汇或句型来描述新同学:This is my classmate. His/Her name is …. He/She is … years old. His/Her student number is … His/Her lucky number is … He/She can … He/She likes (doing) …做到语音语调较正确,表达较流畅	能在语境中,借助板书,熟练运用核心词汇或句型来描述新朋友:This is my … His/Her name is … He/She is … years old. His/Her student number is … His/Her lucky number is … He/She can … He/She likes (doing) … I like my …做到语音语调正确,表达流畅	能在语境中,不断完善他人信息,丰富表达内容,借助板书,灵活运用核心词汇或句型,深入介绍新同学或新朋友的基本情况:I have a … Her/His name is … He/She is … years old. He/She lives … He/She goes to school … every day. He/She can … well. He/She likes (doing) …

第一课时希望引导学生借助板书,在语境中运用核心词汇或句型来介绍新同学 Jill,话题设定为"A new classmate Jill";随着教学的推进,第二课时希望引导学生在语境中更具体地描述新同学 Jill,话题设定为"More about Jill";第三课时希望引导学生介绍更多的新朋友,话题设定为"My new friends";第四课时希望引导学生更深入地了解新朋友,介绍新朋友,从而喜欢新朋友,话题设定为"I like my new friends"。

从中可以看出,教师围绕单元话题确立各课时的话题,设计基于话题的语用任务,并重视在单元目标下语用任务的关联性和递进性。

（二）话题属性

课程标准中提到,以主题为引领选择和组织课程内容。英语课程内容的选取遵循培根铸魂、启智增慧的原则,紧密联系现实生活,体现时代特征,反映社会新发展、科技新成果,聚焦人与自我、人与社会、人与自然三大主题范畴。

《英语》（牛津上海版）教材各模块都有一个主题,且各年级上、下两册教材中的模块主题纵向一致,随着年段的不断上升,每一模块涵盖的内容不断丰富。因此,单元主题围绕模块主题,单课话题围绕单元主题,聚焦人与自我、人与社会、人与自然三大主题范畴。

人与自我板块以 2AM2 Me, my family and friends 相关内容为例进行说明,见表 2 - 14。人与社会板块以 4AM3 Places and activities 相关内容为例进行说明,见表 2 - 15。人与自然板块以 2AM4 The natural world 相关内容为例进行说明,见表 2 - 16。

表 2 - 14　2AM2 Me, my family and friends 相关内容

单元	Unit 3 My hair is short		
课时	Period 1	Period 2	Period 3
话题	This is me	Better than you	We are special

表 2 - 15　4AM3 Places and activities 相关内容

单元	Unit 3 In the shop		
课时	Period 1	Period 2	Period 3
话题	Making a shopping list for a party	Shopping for Kitty's birthday party	A shopping story at Kitty's birthday party

表 2 - 16　2AM4 The natural world 相关内容

单元	Unit 1 In the sky	
课时	Period 1	Period 2
话题	Dora's exploration in the day	Dora's exploration in the evening

二、基于教材，划分单课话题

《英语》(牛津上海版)教材的编排结构为"模块—单元"，每个模块包含三个单元。在进行单元整体教学设计时，应以整体性为原则，围绕模块主题，以单元为基础，分析确定单课话题。为了使教学效益最优化，单课话题之间应具有逻辑性和关联性。

（一）单课话题划分的依据

基于单元整体设计的英语教学，从学生学习语言的整体性、应用性角度出发，使英语教学更加注重应用性和生活性，注重语言学习的情感体验和整体认知。单元整体设计的目的是实现整体大于部分之和，因此，单元不是单课的简单叠加。单课话题的划分基于对教材的分析，基于教学目标，基于学情，取决于对单元话题的解读、对单元语言材料和图片情境的分析、对单元各板块内容的功能定位等。

1. 基于对教材的分析

以 2BM3 Things around us 相关内容(见表 2 - 17)为例来具体说明，其教材分析见表 2 - 18。

表 2 - 17 2BM3 Things around us 相关内容

单元	Unit 1 The four seasons		
课时	Period 1	Period 2	Period 3
话题	Winnie's spring time	Seasons in my eyes	The season I like

表 2 - 18 2BM3 Things around us 教材分析表

项目	内容		
话题	☐人与社会 ☑人与自然 ☐人与自我 (单元话题 The four seasons)		
功能	☑交往 ☐感情 ☑态度 (单元功能 Inquiries，Introduction)		
育人价值	让学生感受到四季的不同气候特征以及四季的美丽,通过描述自己在喜爱的季节喜欢做的事来进一步激发热爱季节、热爱大自然、热爱美好生活的情感体验		
教材板块定位	核心板块	Look and learn	核心词汇：autumn、winter、cool、cold
		Look and say	核心句型：I like(doing) ... in/on ...
		Enjoy a story	阅读：The four seasons
	次核心板块	Learn the sounds	语音：了解辅音字母 s 和 z 在单词中的读音规则
		Do a survey	问答： Do you like ... Yes, I do. I like（doing）... in/on ... No，I don't. I like(doing) ... in/on ...
	辅助板块	Listen and enjoy	听说： spring—nice and warm summer—sunny and hot autumn—windy and cool winter—cloudy and cold

2. 基于教学目标

以 3BM3 Things around us 相关内容(见表 2－19)为例来具体说明。

表 2－19　3BM3 Things around us 相关内容

单元	Unit 2 Colours			
课时	Period 1	Period 2	Period 3	Period 4
话题	Colourful nature	Colourful spring	The ant and the grasshopper	Colourful seasons

【单元教学目标】

以下仅呈现知识与技能目标:(1)能知晓字母组合 cl-、pl-、gl-的读音规则,尝试根据发音规律正确认读和朗读含有字母组合 cl-、pl-、gl-的词汇及儿歌;(2)能在语境中用降调朗读特殊疑问句和陈述句;(3)能在语境中知晓并理解 sky、sea、mountain、river 等词汇,能听、读和拼写;(4)能在语境中知晓并理解 colourful、violet、light blue、dark blue、light green、dark green 等描述颜色的词汇,同时能借助语境尝试运用核心词汇等来描述不同季节、不同天气下大自然的颜色变化;(5)能在语境中运用句型"What colour is/ are … It's/ They're …",结合不同的季节、不同的天气就大自然的色彩进行问答和描述;(6)能在语境中理解语篇内容,获取相关信息,运用本单元所学的词句围绕"Colours"的主题进行表达。

【分课时教学目标】

表 2－20　3BM3U2 Colours 分课时教学目标

课时	知识与技能	情感、态度与价值观
第一课时	1. 能初步感知字母组合 cl-、pl-、gl-的发音规则 2. 能在语境中用降调朗读特殊疑问句和陈述句 3. 能在语境中知晓并理解 sky、sea、mountain、river 等词汇,能听、读和拼写 4. 能在语境中知晓并理解 colourful、violet、light blue、dark blue、light green、dark green 等描述颜色的词汇 5. 能在语境中运用句型 What colour is/are …进行询问,并运用句型 It's/They're …进行回答 6. 能在诗歌 Colourful nature 的文本中,感受大自然的色彩,并试着用诗歌的形式正确描述大自然中不同景物的颜色	感受大自然不同天气、不同季节的美丽

（续表）

课时	知识与技能	情感、态度与价值观
第二课时	1. 能准确朗读含有字母组合 cl-、pl-、gl-的单词,正确朗读相关句子、儿歌 2. 能在语境中正确运用 sky、mountain、river 等词汇 3. 能在语境中正确理解核心句型"What colour is/are … It's/They're …"并进行初步运用 4. 能正确描绘春天的色彩	感受多彩春天之美
第三课时	1. 能根据发音规则熟练朗读含有字母组合 cl-、pl-、gl-的词汇、句子、儿歌 2. 能借助故事进一步理解并尝试运用核心词汇或句型"I like … doing in（season）.　Look at the … It's/They're …（colour）"来描述不同季节大自然的颜色变化 3. 能在故事语境中,理解语篇内容,获取相关信息	感受自然之美,理解 "No pains, no gains"
第四课时	1. 能根据辅音字母组合 cl-、pl-、gl-的读音规则,尝试朗读拓展单词与儿歌 2. 在"问答"与"做调查"的语境中能进一步运用核心句型"What colour is/are … It's/They're …" 3. 能正确运用核心词汇或句型完成练习册中的相应练习 4. 能在 Colourful seasons 语境中,理解语篇内容,获取相关信息并尝试进行话题表达,描述不同季节大自然的颜色变化	感受大自然的四季所呈现出的不同色彩之美

3. 基于学情

以 1BM4 Things we do 相关内容（见表 2-21）为例来具体说明,其学情分析见表 2-22。

表 2-21　1BM4 Things we do 相关内容

单元	U1 Activities	
课时	Period 1	Period 2
话题	Activities I can do	Activities we can do

表 2-22　1BM4 Things we do 学情分析表

内容	知识要点	教材栏目	学生基础	活动选择
语音	陈述句的朗读语调、特殊疑问句的朗读语调	Listen and say Play a game Listen and enjoy	熟知☐ 略知☑ 新知☐	模仿、朗读
词汇	活动类单词:ride、skip、play、fly	Look and learn Listen and act Listen and enjoy	熟知☐ 略知☐ 新知☑	模仿、朗读、表演
句法	句型 —What can you/he/she do? —I/He/She can ...	Listen and say Play a game	熟知☐ 略知☐ 新知☑	倾听、朗读、问答

（二）课时话题划分的类型

课时话题的设定要基于单元主题,课时与课时的话题之间可以是并列式的,也可以是递进式的,可以是从部分到整体式的,也可以是从整体到部分式的。无论采用哪种方式,都应该体现逻辑性、关联性。

1. 并列式的话题

以 2AM1 Getting to know you 相关内容(见表 2-23)为例来介绍并列式的话题。这个单元的主题是"Hello",共划分为两个课时,话题分别为"Eddie's day"和"Alice's day"。这两个课时的话题是并列式的,分别创设 Eddie 和 Alice 的一天生活为语境,引导学生知晓、理解、朗读表示一天中不同时段的单词 morning、afternoon、evening、night,让学生在语境中感知、理解、模仿运用核心句型"Good morning ... How are you ..."问候他人,并能做出应答。

表 2-23　2AM1 Getting to know you 相关内容

单元	Unit 1 Hello	
课时	Period 1	Period 2
话题	Eddie's day	Alice's day

在 3BM3 Things around us 相关内容(见表 2－24)中,教师围绕单元主题
"Seasons",设定了三个并列式的话题,以凸显季节的三个维度。教师分别从四
季之美、四季之乐、走进自然三个角度来引导学生感受四季的魅力,让学生在一
定的语境中感知体验。

表 2－24　3BM3 Things around us 相关内容

单元	Unit 3 Seasons		
课时	Period 1	Period 2	Period 3
话题	Beautiful seasons	Fun seasons	Let's go outside

2. 递进式的话题

以 3AM4 The natural world 相关内容(见表 2－25)为例来介绍递进式的话
题。教师围绕单元主题"Plants",设定了三个递进式的话题,即植物的种子、小
植物、参天大树,不仅达成了教学目标,还通过对不同植物特征的分析,让学生感
受植物的魅力,培养学生对于大自然的热爱之情。

表 2－25　3AM4 The natural world 相关内容

单元	Unit 3 Plants		
课时	Period 1	Period 2	Period 3
话题	Seeds	A small plant	A big tree

3. 从部分到整体式的话题

以 5BM4 More things to learn 相关内容(见表 2－26)为例来介绍从部分到
整体式的话题。教师围绕单元主题"Western holiday",设定了四个话题。第一
课时谈论复活节,第二课时谈论圣诞节,第三课时谈论万圣节,第四课时谈论
我最喜欢的西方节日,让学生在语境中用核心结构描述西方节日的特色与
活动。

表 2 - 26　5BM4 More things to learn 相关内容

单元	Unit 2 Western holiday			
课时	Period 1	Period 2	Period 3	Period 4
话题	Happy Easter	Merry Christmas	Amazing Halloween	My favourite Western holiday

4. 从整体到部分式的话题

以 3BM3 Things around us 相关内容(见表 2 - 27)为例来介绍从整体到部分式的话题。教师围绕单元主题"Seasons",设定了三个话题。这三个话题从总到分,先让学生整体感知四季,再让学生进行过程体验,最后让学生介绍我最喜欢的季节,表达个人感受。通过本单元的学习,学生能从季节特征、活动、喜好等方面完整地介绍自己最喜欢的季节,关注语言表达的逻辑性。

表 2 - 27　3BM3 Things around us 相关内容

单元	Unit 3 Seasons		
课时	Period 1	Period 2	Period 3
话题	The four seasons	Different seasons, different fun	My favourite season

三、基于教学内容,重整单课话题

(一) 用话题贯穿教学过程

1. 基于话题确定语用任务

围绕单元目标对教材内容进行合理划分,明确核心板块和非核心板块在各个课时的呈现与推进;围绕单元话题确定各课时的话题,确定基于话题的语用任务,并重视在单元目标下语用任务的递进性。

以 4AM3 Places and activities 相关内容(见表 2 - 28)为例具体说明。教师在划分过程中应充分考虑学生的认知规律,基于单元目标和教材内容,体现话题、语用任务、教材板块在各课时推进过程中的关联性与递进性。教学内容的设定以话题为基准,教师在每个分课时话题下设定语用任务,再根据语用任务设定相应的学习内容。

表 2－28　4AM3 Places and activities 相关内容

单元	Unit 2 Around my home			
课时	Period 1	Period 2	Period 3	Period 4
话题	Choosing a neighbourhood	Showing around my neighbourhood	Knowing a famous road around my home	I love where I live
语用任务	能借助社区平面图,了解社区设施等情况,并为文中人物选择符合其需求的居住社区	能模仿文中人物和他人交流社区场所、设施功能等方面的信息	能扮演文中人物,简单介绍上海南京路的概况,并借助社区平面图,模仿文中人物介绍自己社区的一条路(街)	能借助社区平面图,从家庭住址、周边场所、设施功能等方面,以口头或书面的形式介绍自己居住的社区

2. 基于话题整合板块内容

话题具有联结和统领其他内容要素的作用。教师可以把一个课时的教材内容按照话题、功能进行整合,整合核心板块和非核心板块,使整合后的板块内容能够更好地为教学服务。

以 4AM3 Places and activities 相关内容(见表 2－29)为例具体说明。教师根据单元话题属性"人与社会"及语用任务,把本单元划分为三个课时,并确立了"Talking about the neighbourhood""Walking around the neighbourhood""Making a P-log of Nanjing Road"三个话题。学生通过三个课时的语言训练,能够借助互动问答、阅读文本、绘制地图等方式来获取信息,整理信息,在此基础上介绍自己家周围的场所。

表 2－29　4AM3 Places and activities 相关内容

单元	Unit 3 Around my home		
课时	Period 1	Period 2	Period 3
话题	Talking about the neighbourhood	Walking around the neighbourhood	Making a P-log of Nanjing Road

（续表）

课时	Period 1	Period 2	Period 3
内容重组	Look and say Look and learn Learn the sounds Listen and enjoy	Look and learn Draw and say Say and act Learn the sounds	Look and read Look and say

　　在5AM4 The natural world 相关内容（见表2－30）中，教师在确定话题与教学内容前先厘清教学板块之间的关系，再根据教学目标进行整合。教材核心板块的主要功能是呈现语言知识，非核心板块的主要功能是操练语言知识。本案例的核心板块是 Learn the sounds、Look and learn、Look and say。非核心板块是 Read a story、Read and match、Ask and answer、Listen and enjoy。

表 2－30　5AM4 The natural world 相关内容

单元	Unit 3 Fire			
课时	Period 1	Period 2	Period 3	Period 4
话题	Fire is useful	Fire is dangerous	Fire safety	Fire escaping
内容重组	Read a story Learn the sounds	Look and learn Read and match Learn the sounds	Look and learn Look and say Ask and answer	Listen and enjoy Learn the sounds
核心板块	Learn the sounds	Look and learn Learn the sounds	Look and learn Look and say	Learn the sounds
非核心板块	Read a story	Read and match	Ask and answer	Listen and enjoy

（二）整合与话题相关的内容

1. 基于话题整合语篇

　　《英语》（牛津上海版）教材分单元、话题编排，每个话题由不同的语段组成，形成一个完整的故事情节。教师可以依据教学目标选取其中一个关键的语段，基于教材进行再构，实现以点带面的教学效果。教师在挖掘教材内涵时要具有

话题意识,将文本放入一定的话题之中,盘活教学内容以激活学生的思维。

在 5BM3 Things around us 相关内容(见表 2-31)中,教师以主题为引领组织内容,以不同类型的语篇为依托,融入语言知识、文化知识、语言技能和学习策略等学习要求,以单元的形式呈现相关内容。

表 2-31　5BM3 Things around us 相关内容

单元	Unit 1 Signs			
课时	Period 1	Period 2	Period 3	Period 4
话题	Signs in the park	Signs in our school	Signs around us	A 'magic' sign
语篇	It is Sunday afternoon. Peter and Danny go to the park. A boy is riding his bicycle in the park. You can't ride your bicycle here. Why? Look at the sign. It says 'Don't ride your bicycle'. They are sitting on the bench. A girl is walking her dog. You can't walk your dog here. Why? Look at the sign. It says 'Don't walk your dog'. Peter and Danny are playing football. The park keeper comes. You can't play	Kitty: There are many places in our school. Where should we go first and find signs? Miss Fang: We can go to the library. It's near the gate. Kitty: What does this sign say? Miss Fang: It says 'Entrance'. Kitty: What does it mean? Miss Fang: It means we can get in from here. Kitty: We can see some signs in the library. What do these signs say? What do they mean? Miss Fang: Look at this sign. It says 'No talking'. It means we must be quiet. Look at that	Mary: Where can we get into the park? John: Here's a sign. It says 'Entrance'. Mary: The flowers are pretty. I want to pick some. John: But the sign means you mustn't pick the flowers. Mary: OK. Let's have our picnic on the grass then. John: But that sign means you can't walk on the grass. Mary: And what does that sign say? John: It says 'Exit'. It means we can get out from here.	Hansel and Gretel's stepmother does not like them. "I'll leave them in the forest." she says to herself. Hansel hears her. So he puts some stones in his pocket. The next day the stepmother takes the children into the forest. On the way to the forest, Hansel drops the stones. Soon they are in the middle of the forest. Their stepmother lets them stay in the forest. But she does not come back. Gretel is afraid. But Hansel isn't. He is clever. He drops some stones on the way. They can

（续表）

话题	Signs in the park	Signs in our school	Signs around us	A 'magic' sign
	football here. Why? Look at the sign. It says ' Don't play football'.	sign. It says ' No smoking'. It means we mustn't smoke. Kitty：What does this sign say? Miss Fang：It says 'Exit'. Kitty：What does it mean? Miss Fang：It means we can get out from here.		follow the stones back home. Hansel and Gretel find their way back home. Their father is very happy to see them again.

2. 基于话题整合语境

教材把结构、功能和情境紧密结合起来，按照"主题—话题—子话题"的体系设计，让语言知识内容的学习和使用反复循环且螺旋式上升。

设计单元整体教学时，教师必须依托单元主题，以单元话题为核心，关注知识内容的连续性、逻辑性，关注单元话题的前后联系，关注语境设计的合理性，进而促进学生语言知识技能的递进训练，凸显单元整体功能。

同一单元中的分课时在内容上会各有侧重，但这些分课时都是围绕该单元的话题展开的，因此，各课时之间必然存在关联。这些关联如同无形的纽带，把各课时的内容有机地联系在一起，使同一单元中几个课时的教学活动融为一体，让学生对整个单元的学习活动产生整体感，并围绕单元话题有效构建相关语言知识体系。所以，教师在明确单元课时的话题和功能及其内在关系的基础上，才能更好地对语境带动的单元教学进行整体设计。

以5AM4 The natural world 相关内容（见表 2-32）为例具体说明。教师着眼话题，构思语境。教师依据单元话题 Fire，确定话题所属类别为"人与自然"，依据学生所处的年段，进一步挖掘教学素材，紧扣主题，创设了故事语境、参观消防站的语境、一场火灾的语境、11 月消防安全月的语境。

表 2 - 32　5AM4 The natural world 相关内容

单元	Unit 3 Fire			
课时	Period 1	Period 2	Period 3	Period 4
话题	A story about fire (The use of fire)	A visit to the fire station (Fire equipment and signs)	A case of a big fire (Fire safety)	A poster about fire (Fire awareness)
语境和语用任务	在故事语境中,借助文本或图片描述火的用途,要求内容基本达意	在参观消防站的语境中,了解灭火设施的用途和防火标识,要求内容达意,表达较流畅	在一场火灾的语境中,口头描述火灾事件、防火注意事项和逃生要点,要求内容达意,表达流畅,语法正确	在"11 月消防安全月"的语境中,借助思维导图,完成消防主题月的小报制作和任务介绍,要求内容正确,有逻辑性,且画面美观,介绍流畅
内容重组	Read a story Learn the sounds	Look and say Look and learn Ask and answer	Read and match Listen and enjoy	Listen and enjoy Look and learn Look and say Read a story

教学内容和拓展内容的设计离不开整体语境。在单课话题语境下,教学内容和拓展内容应保持一致,围绕教学目标进行适度拓展,在语言知识上与教学目标保持一致,在语言技能上适当拓展。同一话题下,语言文化背景的拓展也是很常见的。

在进行单元整体教学设计时,教师应充分利用教学资源,充分分析学情,充分挖掘单元主题和单课话题的联系,整合材料,加强单元整体设计意识,突破知识局限,立足学科核心素养,基于单元整体视角,统整话题,单课落实,提升课堂效能。

第三节 内容整合,活动推进

《英语》(牛津上海版)教材的特点决定了教师必须突破单篇教学,围绕单元主题和单元教学目标、核心语言和学习能力等全面、系统地整合教学内容,并基于单元主题和学情划分课时,明确每一课时的话题,在此基础上对教材单元板块及相关内容进行合理调整。教学内容的整合体现了新课程在小学英语单元教学中所提倡的"用教材教,而不是教教材"的理念。而有效的教学活动要有明确的教学目标作为指引,要与单元教学中的教学内容紧密相关,即教学活动要与教学内容相统一,两者相互匹配。教师通过教学活动的不断推进就能促进教学内容的发展,同时也能达成单元教学目标。

一、基于单元整体设计,合理整合教学内容

所谓内容整合,是指教师用重组单元内容的方式,结合多种资源,使新知识和旧知识相互配合。这种整合在一定程度上丰富了学生的语言交流环境,让教学过程更加生动、鲜明、实在。教师在整合单元内容时,应注意以下几点。

(一)基于教学目标、教材内容、学情,保证一致性

内容整合的一致性原则主要是指教学内容与教学目标、教材内容、学情具有一致性。

1. 整体研读,与教学目标保持一致

教学目标对教学设计具有重要的导向作用,单元目标是单元教学实施的归宿,它规定着英语单元教学活动要达到的预期效果以及学生在单元学习中应该达到的要求。教师要保证内容整合与教学目标的一致性,使学生通过语篇学习能完成语言任务、达成学习目标。

如在《英语》(牛津上海版)教材中,4AM2U3 I have a friend 对应的模块主题为"Me, my family and friends"。通过对四年级学生相关情况的分析,教师制定了学情分析表(见表 2 - 33),从语音、词汇、词法、句法、语篇五方面明确了本

单元的知识要点、教材栏目、学生基础、活动选择。

　　通过学情分析表,可以清楚地看到学生熟知 big、small、long、short、white、pink 等描述物体特征的形容词,还不熟悉 coat、shirt、blouse、T-shirt、skirt、sweater、jeans、shorts 等词汇和"He/She has ..."这一句型。

　　明确本单元的学习内容、学习水平以及对应的学习要求后,教师确定了本单元教学目标:在语境中描述和介绍朋友的着装,能用表示着装的核心词汇或句型对朋友的着装特点进行准确描述,并分享收获友情的喜悦,做到语音语调正确,表达较为流畅。

　　根据单元教学目标,教师在仔细研读教学基本要求后,对照教材内容,从语音、词汇、词法、句法、语篇五方面确立了本单元的学习内容、学习水平与教学要求(见表 2 - 34)。

表 2 - 33　4AM2U3 I have a friend 学情分析表

内容	知识要点	教材栏目	学生基础	活动选择
语音	常见字母组合 br、cr 1.1.3 常见字母组合的读音规则	Learn the sounds	熟知□ 略知□ 新知☑	倾听、模仿、朗读
词汇	衣物类词汇 coat、shirt、blouse、 T-shirt、 skirt、sweater、jeans、shorts 2.1 核心词汇	Look and learn Think and write Play a game Look and say	熟知□ 略知□ 新知☑	模仿、朗读、造句、拼读、抄写
词法	形容词 big、small、long、short、white、pink 3.3 形容词	Look and say Play a game Read a story	熟知☑ 略知☑ 新知□	朗读、描述
句法	句型 He/She has ... 4.2.1 陈述句	Look and say Play a game Think and write	熟知□ 略知☑ 新知□	倾听、模仿、朗读、表演、描述
语篇	在理解语篇含义的同时提高听说和交际能力 5.1.2 基本结构	Look and say Think and write Look and read Listen and enjoy	熟知□ 略知□ 新知☑	倾听、朗读、阅读、问答、表演

表 2-34 4AM2U3 I have a friend 学习内容、学习水平与教学要求

学习内容		学习水平	教学要求
语音	1.1.3 常见字母组合 br、cr 的读音规则	A	知晓常见字母组合 br、cr 的读音规则
词汇	2.1 核心词汇 coat、shirt、blouse、T-shirt、skirt、sweater、jeans、shorts	C	背记、理解与运用核心词汇 coat、shirt、blouse、T-shirt、skirt、sweater、jeans、shorts
词法	3.3 形容词 big、small、long、short、white、pink	A	能正确朗读描述物体特征(如颜色、大小、长短等)的形容词 big、small、long、short、white、pink
词法	3.1.1 可数名词的数量表达 a pair of	A	能正确朗读描述物体数量的词组 a pair of
句法	4.2.1 陈述句 He/She has …	C	理解并应用陈述句 He/She has … 来合理表述他人的着装特点
语篇	5.1.2 基本结构:描述人或物	B	了解记叙文的基本结构,表达清晰且有逻辑

教学重点:

1. 核心词汇 coat、shirt、blouse、T-shirt、skirt、sweater、jeans、shorts 的背诵、理解与运用
2. 陈述句"He/She has …"的理解与表达

教学难点:

1. 运用相关形容词(如颜色、大小、长短等)对服饰进行描述
2. 通过人物(自己或他人)描述整合相关要素,关注人物与服饰之间的关系
3. 理解并正确运用 have/has 表述相关内容

2. 有效重组,与教材内容保持一致

内容整合是指教师对教材的有效重组,内容整合应当围绕单元主题展开,覆盖单元核心知识点,与教材内容保持一致。

如在《英语》(牛津上海版)教材 3BM3U1 Colours 中,有七部分内容,分别为:(1)儿歌 The rainbow;(2)核心语言图文;(3)Miss Fang 和 Kitty、Alice 之间

关于颜色的问答;(4)故事 The ant and the grasshopper;(5)关于周围事物颜色的问答;(6)常见字母组合 cl、pl、gl 在单词中的基本发音;(7)语音歌谣。这七部分内容相对独立,但又存在相关性。教师需要进行单元内容统整,把上述内容中的核心部分重组到各个课时中去,这样才能使学习的难度和进度更合理。教师把第一课时的教学内容设定为 Alice 和 Tom 在踏青的过程中谈论 sky、sea、mountain、river、rainbow 等自然景观的形态与颜色。第二课时的内容为 Alice 和 Tom 分享旅游照片,谈论不同季节和天气状况下自然景物的颜色。第三课时从蚂蚁和蚱蜢的视角谈论不同季节和天气状况下自然景物的颜色,以及它们喜欢的活动。三个课时的教学内容融合了核心单词、句型和音标的学习,完全匹配单元主题。

3. 合理调整,与学生的认知保持一致

内容整合时,教师不能脱离教材,更不能脱离学生的真实语言水平。只有符合学生语言水平的文本,才能真正促进学生的学习。教师不能一味追求语料的充实和丰富,而要紧扣教学目标,让对话文本和描述性文本贴近学生的生活,从而不断激发学生的学习热情,让学生体验知识的获得感。

如在一年级学习适应期第二课时"My bag"中,考虑到学生对英语学习还比较陌生,同时有着很强的好奇心与求知欲,教师应选择既贴近学生生活又有趣味性的教学内容。教师把教学内容设定为主人公 John 在家完成作业后收拾书包。该内容贴近学生生活,符合学生的认知范围和理解水平,能提升学生对于内容的代入感和尝试理解的意愿。整理书包是一年级学生日常行为规范中重要的一环,能体现学科育人价值。学生在学习相关内容时有较强的体验感,兴趣浓厚。

4. 适当增减,与学生的水平保持一致

根据英语教材的定位设计,低年段的主要教学目标是培养学生的学习兴趣,帮助学生初步养成良好的学习习惯。高年段的主要教学目标是引导学生系统学习语言知识和发展语言技能。文本内容不仅要符合学生的水平,也要保证在课堂教学中的可操作性。教师要平衡文本容量,考虑其趣味性和教学便利性,把文本的篇幅控制在合理的范围内。

如在《英语》(牛津上海版)教材 5AM2U3 Moving home 中,教师最初设定的教学文本长度在 200 字左右,其中还涉及一些生词(图 2-1 中下划线部分为生词），学生阅读需要花费的时间是 3 至 4 分钟，难度较高。后来，教师把文本长度调整到 150 字左右，且减少了生词的数量（图 2-2 为修改后的文本内容）。实践后，教师发现学生阅读速度明显加快，对文本意思的理解更为深入，学习积极性和成就感明显提高。

> We have a new home at Rainbow Neighbourhood. It is very pretty. It's not far from our school. It only takes five minutes by car. There are two floors in our new home, the ground floor and the first floor. On the ground floor, I am happy with the living room, because it's warm and bright. It faces south. The sun shines through the window. We can watch TV there. So happy! Mum's favourite room is the kitchen, because she cooks both Chinese and western food for us. So great! On the first floor, I like my bedroom best. Because it's pink and it also faces south. I always play with my Lego in it. I feel amazing. My Dad's favourite room is the study. Because it is quiet. He reads a lot of Science fiction and enjoys the classical music in it. He feels so wonderful. We are happy with the garden. Because Peter and Paul usually play basketball all day. I like watching tulip and hydrangea in it. So fun! We all enjoy the happy life in our new home. Do you like our new home? Welcome to my home!

图 2-1　5AM2U3 Moving home 主体学习语言初稿

> We have a new home at Rainbow Neighbourhood. It is very nice. It's not far from our school. We can go there by car. There are two floors in our new home. On the first floor, I like the living room, because it's warm and bright. It faces south. The sun shines and shines. We can watch TV there. So happy! Mum's favourite room is the kitchen, because she cooks yummy food for us. So great! On the second floor, I like my bedroom best. Because it's pink and it also faces south. I always play with my toys in it. I feel good. My Dad's favourite room is the study. Because it is quiet. He reads a lot of books and enjoys music in it. He feels nice. We like the garden. Because Peter and Paul usually play basketball all day. I like watching flowers in it. So fun! We all enjoy the happy life in our new home.

图 2-2　5AM2U3 Moving home 主体学习语言定稿

（二）基于教学内容的核心元素，坚持延续性

内容整合的延续性原则是指单元教学内容所包含的核心语言、基本信息、语篇语境要具有延续性。在单元整体设计背景下，各课时内容整合不是相关内容的累加，而是把互有关联、互为补充的几个文本融为一体。

1. 关注核心语言的延续性

教师在各课时不断复现核心知识有助于学生牢固掌握相关内容。复现是

小学英语课堂教学的重要方式之一。在课堂教学中，教师有目的、有层次、有创造性地复现词汇、句型等核心知识，能切实提高课堂教学效率。这就要求教师在小学英语单元教学中重视相关内容的延续性，有智慧地提高课堂的复现率。

如《英语》（牛津上海版）教材 3BM3U1 的单元主题是"Shapes"，对于三年级的学生来说，这是一个全新的主题。在第一课时中，教师让学生在语境中初步尝试运用本单元的核心词汇 circle 等，把词汇初步应用到问答中，对喜欢的蛋糕形状进行观察和描述。在第二课时中，教师让学生运用本单元的核心词汇和"I have ... It's ... How many ..."等句型来描述不同物品的形状及组成。在第三课时中，教师让学生综合运用本单元的核心词汇和"I have ... It's ... How many ... What shape is it?"等句型来描述房屋中多种形状的数量及组成，在情境中进行相关问答和表述。这三个课时中对核心词汇或句型的学习和运用是循环反复的，是层层递进的。在这种强度的训练与语用下，学生对核心语言的掌握是比较牢固的。

2. 关注基本信息的延续性

教学基本要求中对语篇基本信息的学习要求是简单描述对话、故事中的时间、地点、人物、事件等基本信息。基本信息具有延续性有助于学生完整地进行表达。

如在《英语》（牛津上海版）教材 3BM3U1 Shapes 这一单元中，为了帮助学生更好地理解语境，更高效地学习核心语言，教师创设了有趣的语境。教师把小猪这一卡通人物作为主人公，贯穿三个课时的语境，又通过小猪不同的职业设定使语境合理化。这些基本信息的设定使学生对核心语言的运用更为合理，对整个语段的表述更为自如。

3. 关注文本语境的延续性

语境是语言情感的重要载体，全语言教学理论认为，应该让学生在整体的、未分裂的语境中，而不是技能练习的碎片中发展语言和思维。《英语》（牛津上海版）教材每个单元都围绕同一主题编排，但教材呈现的多是片段式情境。教师在解读教材时要有主题意义探究的意识，把单课时的情境通过意义聚焦串联成整体、连贯的语境链，使所有的教学内容在此意义上紧密相连。连续的情境创设有利于学生充分投入课堂学习、体验语言情感、感悟中西文化，从而在语言学习的过程中达成单元情感目标。

如在《英语》(牛津上海版)教材 3BM3U1 Shapes 这一单元中，第一课时的语境设定为糕点师小猪在蛋糕店内询问动物们喜欢的蛋糕形状和造型；第二课时的语境设定为木匠小猪为动物们制作不同形状和造型的玩具；第三课时的语境设定为建筑师小猪为动物们建造造型多变、形状构成丰富的房屋。三个课时的语境具有故事性和延续性，有助于学生记忆。在这样完整的语境和语言观的统领下，学生自然而然地习得语言并进行语用。

(三) 基于语篇的基本结构，考虑逻辑性

内容整合的逻辑性指向语篇的基本结构，教学基本要求中对于语篇基本的学习要求是描述人或物，阐明事件的起因、经过和结果。教师在整合语篇内容时应该考虑到故事发生的可能性、合理性和实际性。

1. 有效设计，避免简单叠加

目前，《英语》(牛津上海版)教材采用从话题到功能、从结构到任务的模式，每一单元设置一个主题，每一单课设置一个任务。如果教师以每个单元的板块为单位进行授课，全部讲完相关内容需要三至四个课时。从整体设计的角度看，单元内各个单课显得较零散，内容衔接度不高。为了让单课与单元有更密切的联系，更加有效地创设英语学习环境，促进学生学习质量的提升，在内容整合时，教师要注重核心板块的单元统整，让单元内单课的内容之间具有一定的逻辑关系，符合学生的认知规律。

在《英语》(牛津上海版)教材 5AM2U3 Moving home 中，第一课时的话题为"My home"，其教学内容为教材中 Look and learn、Learn the sounds 两部分内容，教材内容只是两个学生之间的简单对话，询问对方喜欢哪个家，以及喜欢这个家的原因。教材上还有一幅表示四个方向的图片以及四个音标的相关内容。教师需要整合这些零碎的内容并结合单元主题、课时话题和教学目标再构教学语篇，使整个单元课时之间的连接更顺畅，使学生学习的内容更合理。在实践中，教师设定教学内容为：在 Sally 介绍旧家的语境中，引导学生借助房型图、实景图等资源，理解并初步运用核心词汇或句型，从房间数量、房间朝向、房间内的活动等方面描述家的情况。这既有助于本课时核心语言的学习，让学生形成了方向的概念,了解了Sally一家想要搬家的理由,又为下一课时Sally一家去看房、准备搬家做了铺垫。这样的教学内容考虑了学生的认知规律、单元与单课的关系、单课与单课之间的关联,是非常有意义的。

2. 有效设计,注重信息关联

在进行内容整合时,教师还应关注语篇中各类信息的关联性,让学生围绕话题把一件事讲得有条理、有逻辑。

语言的逻辑性就是思维系统力。在《英语》(牛津上海版)教材 5AM2U3 Moving home 中,师生以"home"为话题开展学习。单元语用任务是在介绍原来的家、选择新家、搬到新家并邀请朋友来新家做客的语境中,引导学生借助对话、调研等,从房间的功能和朝向、在房间里可以开展的活动、房间给人的感觉等方面,利用核心语汇或句型描述家的情况,最后介绍动物迁徙的情况。基于学情和对单元的整体认知,教师整合单元内容,把本单元划分为五个课时。如在第一课时"Our home"中,学生通过认识 Sally 原来的家,理解如何用英语介绍家(包括家的内部结构、房间功能和朝向等因素),其单课内容清晰、有逻辑、简单易懂。各课时的内容既基于单元主题,又层层递进,符合学生的认知规律,有利于学生逻辑思维的发展。

二、基于单元整体设计,有效推进教学活动

英语教学活动的推进就是为了达成教学目标而采取的行动。它需要学生自主参与,主动探索、变革、改进自己的英语学习方法。在实践中,教师要运用相关经验,以学生的英语学习兴趣和学习需求为基础,以学生核心素养综合发展为目的开展相关教学活动。

(一)目标导向,精准指导

教师可以基于课程标准、教材、学情,确定合理的单元学习目标;围绕目标、话题、内容,创设真实的语境,设计与目标相匹配的、循序渐进的活动,逐步引导学生在交流、合作中学习和使用英语,给予学生精准的指导,提升学生的活动体验,最终指向目标的达成。

1. 以单元目标为指引,有效落实单课目标

教师在确定单元、分课时的学习目标和具体要求后,要通过教学活动的推进

来——落实。

如在《英语》(牛津上海版)教材 5AM2U3 Moving home 中,第一课时是"Our home",学生通过认识 Sally 原来的家,理解如何用英语介绍家(包括家的内部结构、房间功能和朝向等)。第二课时是"Looking for a new home",学生了解了不同家人的选择,最后,教师以微信留言的方式让学生猜测 The Chens 到底会选择哪一个 house,巩固所学知识。第三课时是"Happy life in our new home",活动设计有递进性,学生用不同的方式介绍了新家的快乐生活,例如,用选择的方式介绍了 living room,用填空的方式介绍了 kitchen,用阅读的方式介绍了 study,用图文结构的方式介绍了 garden。活动由浅入深,层层递进,学生最终能进行较好的语用输出,达成了学习目标。第四课时是"I love my new home",学生运用核心语汇或句型描述梦想中的家园,既是对前三课时的复习巩固,又能学以致用,加深理解。第五课时的"Wild geese change homes"是一个有趣的科普故事,让学生关注动物的家,将视野拓宽到自然界。整个单元涉及对家的认识和选择、快乐生活、动物的迁徙,在课时活动推进中,教学目标得以一一落实,学生的语用能力有了很大的提升。

2. 以教材、学情为依据,适时开展精准指导

教师在全面分析教材和学情后,要在相关文件的指导下,设计与教材内容一一对应、符合学生学习水平与学习兴趣的教学活动。这样的活动体现了目标的准确性和可操作性,能够为教学中的精准指导提供依据。

如在《英语》(牛津上海版)教材 4BM1、M2 Revision4 这一课时中,教师设计了包含听、说、读、写模块的综合复习任务群。学生通过观看视频、看图填空、主题写话等活动复习 4BM1、M2 的核心词汇 football、table tennis、volleyball、badminton、basketball、bedroom、living room、bathroom、kitchen等;通过观看视频、亲身体验、主题写话等活动复习核心词组和句型。教师通过思维导图(见图 2-3)帮助学生提炼核心内容,让学生能多角度、多维度地进行写作练习。在渐进式的复习过程中,教师所设定的每个活动(见图 2-4)都与教材主题、教材内容相匹配。在教师的指导下,学生运用语言技能和学习策略不断复现、巩固、运用所学知识,同时也锻炼了逻辑思维、创新思维、高阶思维等。

图 2 - 3　4BM2U1 核心内容复习思维导图

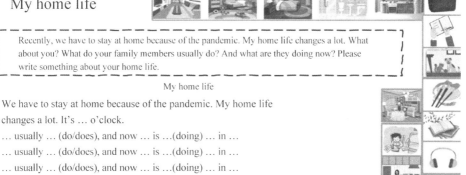

图 2 - 4　4BM2U3 核心内容复习活动

（二）基于生活，关注体验

教师要充分了解学生的认知水平，挖掘学生的生活经验，创设真实的语境，增强学习活动的趣味性和直观性，让学生结合自身实际来进行语用输出。

1. 活动设计要基于真实语境

为学生创设真实的语境是十分重要的，这样才能高效地引导学生学习英语。如在《英语》（牛津上海版）教材 5AM4U1 Water 中，教师结合学校的社团——"茶艺社"来开展"Making tea"这一课时的教学活动设计。教师把英语课直接变成了茶艺社团课，让学生在真实的语境中，通过泡茶的实践体验互动，用核心语言 first、next、then、finally 表达茶的泡制步骤。这种真实的学习活动让学生有话可说。课后,教师布置了"为家人泡茶并用英语简单描述泡茶的过程"这一实践作业,让学生再一次在真实的语境中巩固所学的核心语言。

2. 活动设计要基于儿童语言

活动设计要基于学生已有的语言水平,考虑学生语言表达的习惯和方式。儿童的表达方式更丰富,更有趣,他们输出的语言也更具有创意与想象力。教师应该多鼓励学生这样表达,多创设机会让学生乐于去表达。

如 My bag 这一单元的教学目标为:(1)能在语境中知晓学习用品类单词 bag 等的含义和发音,并进行跟读;(2)能在语境中了解核心句型"…, in."的含义,并跟读和尝试仿说。考虑到一年级学生的注意力单次集中时间短,教学语言应凸显童心和童趣、童言和童语,教师把本单元的主体教学语言设定为:

Pencil, in. Rubber, in.

Book, in. Ruler, in.

Oh, my bag is OK!

教师通过对话、做游戏和整理书包等活动来引导学生学习、训练、巩固核心语言。教师所设计的儿歌、对话内容是符合一年级学生语言表达习惯和方式的。

3. 活动设计要基于年龄特点

小学低年段的学生年龄比较小,心理不成熟,上课注意力集中时间较短。因此,活动设计要具有趣味性,给他们提供更多实践体验的机会,这样可以更多地吸引学生的注意力,引导学生聚焦学习过程。

如在《英语》(牛津上海版)教材 2BM4U2 Mother's Day 中,因为该单元的授课对象是二年级的学生,低年级的学生抽象逻辑思维还不发达,注意力单次集中时间短,更喜欢简单有趣的故事,教师便以书上的人物 Mary 为核心人物,设计了简单、易懂的故事语境,设计了简单的对话、朗朗上口的儿歌(见图 2 - 5),穿插着学生熟悉、喜欢的歌曲(见图 2 - 6)。这种设计注重语言的交际性和趣味性,更易于让学生接受。辅助文本也多采用节奏感较强的儿歌和语言比较生动的对话,趣味性强,符合低年级学生的认知水平。

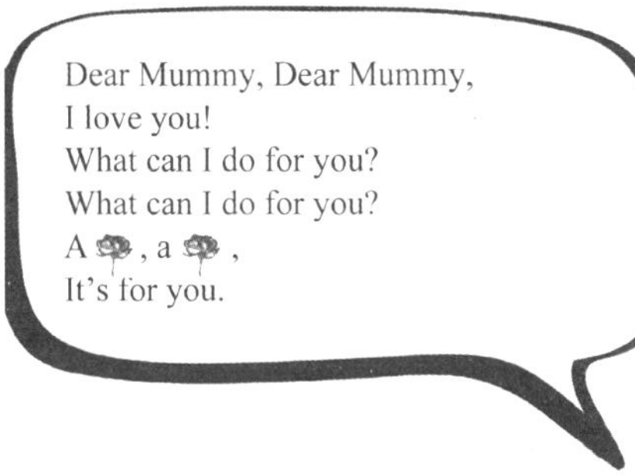

Dear Mummy, Dear Mummy,
I love you!
What can I do for you?
What can I do for you?
A 🌸, a 🌸,
It's for you.

Sing, sing, sing for you.
A nice song for you!
I love your smile.
Dance, dance, dance for you.
A nice dance for you!
I love you so.

图 2-5 2BM4U2 Mother's Day 教学儿歌 　　图 2-6 2BM4U2 Mother's Day 教学歌曲

（三）层层递进，提升语用能力

在设计教学活动时，教师心里应该有着清晰的组织线索，从易到难编排教学内容，以层层递进的教学活动，逐步引导学生从感知理解、学习模仿到尝试运用，不断提升学生的语用能力，最终达成预设的教学目标。

1. 教学活动推进的整体性

单元统整下的教学活动是一个有机联系的整体，其中的每项学习活动都与其他活动有着不可分割的联系，它们共同构成丰富且多样的单元知识系统，促使学生获得完整且精彩的语言学习体验。

如在《英语》（牛津上海版）教材 3AM3U1 My school 中，教师以学生熟悉的班级同学 Ada 为主线人物，以新外教要来学校执教为契机，设计了三个课时的活动。第一课时的教学活动是引导学生向外教介绍学校的各个场所，让学生初步了解校园场所的名称。第二课时的活动是引导学生描述自己最喜欢的校园场所，让学生进一步运用核心语言。第三课时在带领外教参观学校的过程中，让学生体验学校活动的丰富多彩，再次运用核心语言。这三个课时在语境的创设和活动的设计上既统一于单元这个整体，又具有递进性的特点，符合学生的认知规律。

2. 教学活动推进的递进性

教师在进行单元整体设计时要整体思考各要素，根据学生的认知水平调整教学节奏，剖析教学重点，解决教学难点；重视教材编排的科学性和教学设计的合理性，遵循循序渐进的教学原则，避免单元整体教学的跳跃性，不刻意增加学生学习难度。

如在《英语》(牛津上海版)教材 3AM3U1 My school 第三课时中,从复习环节来看,第一个活动为通过图文回顾第一课时所学的校园场所的名称;第二个活动为通过问题回顾第二课时所学的校园场所的名称和场所带给大家的感受,有意识地指导学生从简单的词汇表达转向运用语言结构进行语段输出。从新授环节来看,第一个活动是让学生根据图文信息和关键词说出对教室的感受和教室里的活动,然后简单介绍自己的教室;第二个活动是让学生根据关键词说出操场上的活动,然后根据语段结构简单介绍操场;第三个活动仅仅给出内容提示,让学生简单介绍礼堂;第四个活动是让学生根据师生共同梳理的关键词,结合实际情况介绍自己的学校。整个教学活动的设计既基于学生的语言表达能力,又能循序渐进地提升学生的语用能力。

3. 教学活动推进的关联性

各教学活动要具有关联性,有关联性的教学活动可以增强学生的活动体验,让学生通过运用、表达和交流内化语言。

如在一年级学习适应期 My classroom 这一单元中,教学语境为魔法师 Kitty 在参观学校时,用两种神奇的魔法将开学初原本不够整洁美观的教室变得整洁美观。教师在情境中设计了三个教学活动:一是让学生与 Kitty 一起以儿歌的形式描述教室的不整洁;二是让学生跟着 Kitty,一边挥舞道具法杖,一边吟唱整段核心语言;三是让学生以歌曲演唱的形式表达教室干净整洁以后的喜悦。在有趣的学习活动中,学生的注意力集中,表达也更为自然流畅。

第四节　语用体验,资源支持

语用体验是指学生在真实情境中参与指向主题意义探究的学习理解、应用实践、迁移创新等一系列相互关联、循环递进的语言学习和运用活动而获得的一种语言感受。课程标准中提出,积极开发与合理利用课程资源是有效实施英语课程的重要保证。为了以语用为目标强化体验,教师在进行单元整体设计时需要重视资源的支持,积极开发和利用丰富多样的课程资源(包括板书资源、活页资源、多媒体资源等），引导学生积极参与各项学习活动，从而激发他们的学习兴趣，丰富他们的学习经历，提升他们的语用体验。

一、立足单元整体，关注语用体验

单元整体教学设计打破了孤立的课时教学方式，逐步转型为针对每个教学单元，从结构上整体规划教学内容，倡导丰富学生的学习经历。单元整体教学设计应遵循单元统整、内容整合、语境带动、语用体验的基本原则。教师在课堂上要通过语用体验，让学生学会用自己的思维去完成实际生活、学习中的语言学习任务，从而提升学生使用英语来解决问题的能力。

（一）语用体验的概念界定

语用是指语言使用者在具体语境下通过使用语言来实现话语的理解和表达。语用会对语言使用者本身产生影响，促使其有效运用语言。本书中所说的语用体验是指学生在真实情境中参与指向主题意义探究的学习理解、应用实践、迁移创新等一系列相互关联、循环递进的语言学习和运用活动而获得的一种语言感受。通俗来说，语用体验是指学生在教师创设的情境中用英语做事情，从而获得一种使用语言的亲身体验。

（二）基于语用体验的单元整体教学

课程标准强调，教师要强化素养立意，围绕单元主题，充分挖掘育人价值，确立单元育人目标和教学主线；深入解读和分析单元内各语篇及相关教学资源，并结合学生的认知逻辑和生活经验，对单元内容进行必要的整合或重组，建立单元内各语篇内容之间及语篇育人功能之间的联系，形成具有整合性、关联性、发展性的单元育人蓝图；引导学生基于对各语篇内容的学习和主题意义的探究，逐步建构和生成围绕单元主题的深层认知、态度、价值判断。

2007 年，上海市小学英语学科开始实施单元整体教学的实践与研究。2007 年至 2009 年为准备阶段，该阶段把内容的设计作为实施的切入点，关注文本再构设计、独立语段教学和应用性阅读教学。2010 年至 2012 年为尝试阶段，该阶段关注单元目标设计、单元内容设计、单元过程设计；2013 年起至今为实施、规范和优化阶段，关注语境式单元整体教学实践研究，强调学生的语用体验，力求在提升语言能力的过程中发展学生的学习能力、思维品质和文化意识。经过多年的教学实践，我们提炼出了基于学生语用的单元整体教学设计八要素——

OTUCAPBA。

关键要素具体包括：(1)O 指 Objective，目标，根据课程标准、教材和学情确定的单元及分课时教学目标；(2)T 指 Topic，话题，根据板块主题、单元话题、教学内容划分的分课时话题；(3)U 指 Use of language，语用，用英语做事情，解决实际问题；(4)C 指 Content，内容，基于话题与功能，再构整合的单元及分课时教学内容。

相关要素具体包括：(1)A 指 Assessment，评价，根据课程标准的要求和单元教学目标，对学生在学习过程中以及某个阶段的学习表现和成果进行评定、分析；(2)P 指 Procedure，过程，根据课程目标和教学内容，让学生通过听、说、读、写、看等多种途径学习和使用英语的过程；(3)B 指 Blackboard design，板书设计，梳理教学核心内容、帮助学生语用输出的板书设计；(4)A 指 Assignment，作业，它是教学活动的重要组成部分，具有评价和改进教学的功能。

在课堂教学中，教师要深入思考单元整体教学设计八要素，充分挖掘教材内容，利用多元的课程资源，将解决现实生活中的问题和语用体验相结合，通过丰富的语用体验让学生学会用自己的思维去完成语言学习任务，学会用英语做事情，从而培养学生解决实际问题的能力。

二、基于语用体验，开发课程资源

课程标准中提出，要积极开发与合理利用课程资源是有效实施英语课程的重要保证。小学英语课程资源是指有利于丰富语用体验，即发展学生综合语言运用能力的所有教学材料，本部分主要讨论的是除了教材资源以外的辅助学生进行学习活动的各种资源。

英语是一门外语，小学生缺乏运用英语的环境，课堂上，教师需要从语用体验的角度合理开发与选择多元化的、贴近学生生活的学习资源，拓展英语学习渠道，促进教师的教与学生的学有序进行和稳定发展，提升学生的语用体验。

（一）课程资源开发的意义

1. 适应课程改革

课程标准中提出，课程资源的开发与利用应服务于课程改革，满足课程实施的需要，体现教育教学改革的理念。积极开发与合理利用课程资源是有效实施英语课程的重要保证。英语课程资源包括教材及有利于学生学习和教师教学的其他教学材料、支持系统、教学环境，如音像资料、直观教具和实物、多媒体软件、广播影视节目、数字学习资源等。

2. 丰富课程内容

兴趣是最好的老师，在小学英语教学中，教师要激发学生的英语学习兴趣，让学生保持学习英语的积极性和主动性。教师要努力开发出一些具有生动性、趣味性的课程资源，帮助学生理解相关知识内容，使学生乐于运用语言来表达。

3. 促进教师专业成长

教师在开发课程资源的过程中需要学习大量的课程开发理论，了解英语课程的理论体系，明确英语课程的要求，同时要把开发出的课程资源运用于自己的教学实践，通过实际教学来检验自己所开发的课程资源的效果。在课程资源开发过程中，教师的专业水平得到提升，逐渐形成了科学的课程资源观。

（二）课程资源的分类

1. 板书资源

板书是学生感知信息的重要视觉渠道，是学生发展智力、形成良好思想品质的桥梁和工具。英语板书是英语课堂教学的重要资源之一，是教师在英语课堂上运用文字、符号、表格、图片等元素辅助教学的基本手段。它是一种图示化的语言结构，是学生进行语言学习与运用的脚手架。有研究者指出，教师要关注板书设计的三大要素，即核心内容、语言框架、逻辑结构。

2. 活页资源

活页资源是指教师根据课堂教学需要，在教学过程中摘录、剪辑、创编的一些辅助性的教学资源，主要包括文本、任务单、随堂练习等。在小学英语教学过程中运用活页资源能丰富教学内容呈现形式，将英语的知识性与趣味性有效结合，也能为小学英语课堂语境的创设提供一定的条件。

3. 多媒体资源

小学英语教学中的多媒体资源是指教师根据教学要求所选取的信息资源，以促进教学内容、教学方法和教学过程的全面优化。多媒体资源主要包括课件、音频、视频、图片等。多媒体资源有助于吸引学生的注意力，是英语课堂教学中情境创设的重要资源。

4. 其他资源

除了板书、活页、多媒体资源，课程资源还包括教师为了有效开展教学活动所开发和利用的直观教具、实物、网络资源等。

单元整体教学视角下的课程资源开发和利用需要以有效教学为目标，教师不能简单地把搜索、查找来的资源直接补充到单元教学中，而是要对各种资源进行选择和处理，使课程资源能切实丰富学生的学习经历，提升学生的语用能力。

三、多元资源支持，丰富语用体验

通俗来说，语用体验是指学生在教师创设的情境中用英语做事情，从而获得一种使用语言的亲身体验。教师在教学过程中通过语境带动和板书设计帮助学生进行逻辑语用，增强学生的语用体验；通过创设课堂活页资源，促进教学目标的达成、语用活动的展开、学生语言与思维能力的发展；通过多媒体资源促使学生在语言、情感、思维体验中感知、理解、运用语言，最后实现语用的输出，丰富语用体验。

（一）通过板书资源增强学生的语用体验

板书是小学英语课堂教学中一种主要的工具和教学资源，是课堂教学极为重要的组成部分。单元板书是指在单元主题下，基于单元教学的目标、内容、话题等设计的板书。单元板书具有语义功能，能凸显核心内容，呈现语言逻辑，为学生的语用输出搭建支架，增强学生的语用体验。因此，教师要充分利用新颖、有趣的板书设计创设学习情境，促进学生建构知识，拓展学生的思维空间，为师生、生生交流搭建桥梁。

1. 基于目标的板书设计能凸显核心内容

单元板书是完成单元教学任务的一种重要工具，板书设计应服务于单元教学目标，即板书要与目标保持高度的一致性。教师在设计各课时的板书时要充分考虑各课时的话题、目标以及板书所要实现的语义功能，凸显核心内容，帮助学生梳理语言知识，有效开展语用活动。如在 3BM2U3 Clothes 第三课时"Clothes for seasons"中，教学目标如下。

知识与技能目标：(1)能知晓辅音字母组合-ss 在单词中的读音规则，并尝试根据规则朗读更多含有字母组合-ss 的单词和句子，能正确跟读儿歌；(2)能在语境中用正确的语调朗读陈述句和疑问句；(3)能在语境中理解、朗读核心单词或词组 hat、scarf、jacket、a pair of gloves、a pair of socks、a pair of shoes，并运用核心词汇表达不同季节所穿的服饰；(4)能在语境中正确理解、朗读并运用核心句型"What are these/those? They're ..."询问他人并回答,能用句型"I can wear ..."描述不同季节的不同穿着;(5)能读懂语篇,借助图片和语言结构进行表达,介绍某个季节的服饰。

思维与策略目标:(1)能通过倾听、跟读、看图说话等形式初步学习辅音字母组合-ss在单词中的读音规则;(2)能通过倾听、模仿、跟读、朗读等形式学习陈述句和疑问句的语调;(3)能通过文本视听、问答交流、话题表达等形式巩固本单元的核心单词;(4)能通过文本朗读、问答交流、写话练习等形式巩固本单元的核心句型;(5)能通过倾听、跟读、模仿、看图说话等形式学习语篇,巩固表达。

文化与情感目标:能懂得不同季节应穿不同的衣服,体会"Beautiful seasons make a year. Beautiful clothes make colorful life."。

语用任务:能在"Clothes for seasons"的语境中进一步巩固并运用核心词汇和句型,并根据不同季节选择不同服饰进行描述,做到语音语调基本正确,表达较流利。

教师在剖析了话题、内容、目标后,设计了如图 2-7 所示的板书。

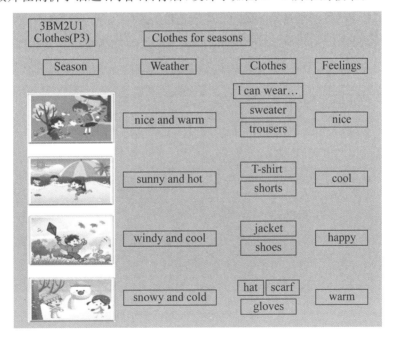

图 2-7　Clothes for seasons 板书

　　该板书设计基于教学目标,从 Season、Weather、Clothes、Feelings 四方面围绕"How is the weather in …?""What can you do in …?""How do you feel?"三个核心问题帮助学生提炼本节课的核心语言,如"Spring is warm and nice. I can wear … So …"。这样的板书设计与教学目标相匹配,突出了课时话题,为学生厘清了文本的脉络,凸显了核心语言,具有较强的针对性。

　　2. 基于语用的板书设计能体现语言逻辑

　　发展语言能力是英语教学的目标之一。英语语言能力的提高有助于学生提升文化意识、思维品质和学习能力,发展跨文化沟通与交流的能力。从落实英语课程的目标出发,教师不仅要在板书中呈现学生完成语用任务所需要的语言,还要通过图标、箭头、思维导图等让板书体现语言逻辑性,为语言的输入和输出搭建桥梁。

　　如在 2BM4U2 Mother's Day 这一单元教学中,单元语用任务为:学生能在母亲节的语境中集思广益,准备礼物,在派对中送礼物,感受节日文化,并能运用核心语言表达对母亲的爱,做到语义较完整,语音较正确,表达较通畅。

　　为了让学生能在课堂上清晰、有逻辑地进行语用表达,教师在板书上添加了箭头。教师按照一定的顺序把学生需要输出的语言在板书上呈现出来,为学生提供语用支架,使其语言输出更完整,更具有逻辑性。相关板书见图 2 - 8。

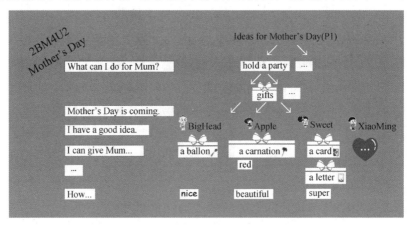

图 2 - 8　Ideas for Mother's Day 板书

　　3. 基于内容的板书设计能支持语用输出

　　有研究者认为,板书要具有凸显语义的功能。这就要求教师在设计单元板书时不能只是简单地包含词汇、句型，而是要合理组织核心内容，使其形成一个整体，以凸显文本、话题、内容、语言、情感等。

以 5AM1U3 My future 第二课时为例，教师根据分课时话题，对学习内容进行了有效整合。

Miss Fang and her students are talking about their dream jobs in the classroom.

Miss Fang：Children, What do you want to be in the future?

Danny：I want to be a cook.

Miss Fang：Why?

Danny：I can cook. And I like eating nice food.

Kitty：Haha...You are a foodie.

Danny：I also want to bring the Chinese food culture to the world.

Miss Fang：That's a good idea! What do you want to be, Kitty?

Kitty：I want to be a doctor. Because I am a kind girl. And my father is a doctor. I want to help sick people like my father.

Miss Fang：That's great! What do you want to be, Peter?

Peter：Hmm ... I want to be a pilot.

Miss Fang：Why?

Peter：I am a brave boy. I like the blue sky. I want to fly an aeroplane in the sky. So cool!

Miss Fang：Amazing! How about you, Jill?

Jill：I'm a quiet girl. I live in Malu. My grandmother is a farmer. She plants many kinds of yummy grapes. She loves her job very much. I like plants and small animals too. I want to have a big farm in the future. So I want to be a farmer.

Miss Fang：That sounds interesting! I like your dream jobs. Wish your dreams all come true, children.

Students：Thank you, Miss Fang!

教师在设计板书时要根据活动的推进情况和相关问题，深入分析四个人物的理想职业，帮助学生理解各种因素并合理归类，从而构建语言体系。教师可以引导学生多角度地思考自己的理想职业，建立更清晰、更合理的逻辑关系，让学生在课堂上借助板书内容与框架自信地表达,实现语用输出。相关板书见图 2 - 9。

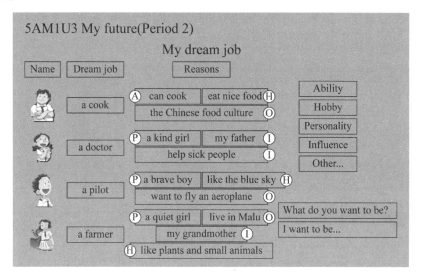

图 2 - 9　My dream job 板书

（二）通过活页资源深化学生的语用体验

在小学英语课堂教学过程中运用活页资源能丰富课程呈现方式,深化学生的语用体验,提升学生的语用能力。这在一定程度上也能够提升小学英语教师的教学能力。

1. 随堂学习单让学生在语言体验中感知语言

小学英语教师可借助随堂学习单优化课堂教学,增强师生、生生的交流与互动。在课堂教学中,为了提升学生的语言运用能力,教师往往会在各个教学环节增加辅助教学文本,提高语言的输入量。为了直观呈现核心内容,帮助学生梳理语言框架,教师可以设计简单明了的随堂学习单,引导学生从整体视角出发更好地感知文本语言知识。

如在开展 3BM4U3 Story time 一课教学时,教师结合教材故事内容对文本进行了合理的改编。为了让学生熟悉故事发展,教师在课前制作了随堂学习单（见图 2 - 10）,把故事分成了四个场景,帮助学生梳理语言框架,理解文本内容,使学生能根据随堂学习单发散思维,复述故事内容。

图 2 - 10　Three little pigs 随堂学习单

2. 随堂任务单让学生在情感体验中理解语言

随堂任务单是教师从教学目标和学生认知水平出发，借助细化的学习任务，给学生以思维引导的一种教学工具。在课堂上，学生借助随堂任务单能更快地感知知识，在解决任务的过程中碰撞出智慧的火花，在情感体验的过程中理解语言。

图 2 - 11　Clothes for seasons 随堂任务单

如在讲解 3BM2U3 Clothes 时，教师在 While task 环节结束后说："Different seasons make our life colourful. What's the image of the season in your mind? Please draw and say."借助随堂任务单（见图 2-11），学生四人一组积极行动起来，以绘画形式呈现脑海中最美的季节。这一教学活动激发了学生浓厚的学习兴趣，学生沉浸在课堂语境里，主动探索，在积极的情感中进行语言输出。

3. 随堂练习让学生在思维体验中运用语言

随堂练习是小学课堂教学的重要组成部分。不同于课外练习，随堂练习发生在课堂上，这种练习的类型与内容更加具有示范性。随堂练习作为一种课堂教学资源，对语用体验的课堂教学过程具有重要的作用。教师通过随堂练习呈现核心内容，深化学生的语言体验和思维体验，促进学生形成语用框架，帮助学生在情境中感知、理解、运用语言。

如在 4BM3U3 Days of the week 第一课时的课堂教学中，教师依据单元重点和难点"知道频度副词等相关词法现象及其用法"，围绕单元核心知识，创设了"Mary 一天的学校生活"这一教学情境，把学生学过的核心语言知识和新授知识有机融合起来，并通过文本视听帮助学生巩固所学语言。教师引导学生提取关键信息并写出频度副词，让学生根据听到的内容画出各频度副词出现的比例，培养了学生的高阶思维能力，提升了学生综合运用语言的能力。

（三）通过多媒体资源丰富学生的语用体验

1. 指向语音学习，提升学习兴趣

课程标准中指出，语音是发展语言技能的重要基础，语言依靠语音来实现其社会交际功能。但很多学生缺乏语音学习的环境，英语听说能力偏低。此外，枯燥乏味的词句跟读训练容易使学生失去学习兴趣。语音与语义密不可分，语音的学习离不开语境，教师要充分利用多媒体资源，创造以学生为中心的语音学习环境，让学生在儿歌、语篇、视频的语境中学习语音，提高学生的学习兴趣，丰富学生的语用体验。

以 5AM1U3 My future 为例，该单元语音学习要达成的目标是能正确朗读和辨别音素/p/、/b/、/t/、/d/、/k/、/g/以及含有这些音素的单词，在此过程中，识别字母 p、b、t、d、k、c、g 并了解字母组合 ck 的发音规律。在第一课时跟读单词的基础上，第二课时的学习重点是能认读更多包含相关音素的单词，并初步认识字母的发音规律。语音的学习不能脱离语境，而语境的创设离不开多媒体资源的支持。该单元的主题是 jobs，在第二课时的 Warm-up 环节，教师引导学生通过欣赏歌曲来认识不同的职业。教师让学生带着问题“What kinds of job can you see in the video?”欣赏歌曲。通过思考，学生能说出学过的几种职业。接着，教师通过问题引出语音学习“Can you see the policeman? How about the postman?”。教师以问答的形式，通过图片和文字呈现该课的语音（见图 2 - 12）。在这一语境中，学生能更好地学习语音，丰富语用。

jobs	/p/	p	policeman	pilot
	/b/	b	bus driver	baker
	/t/	t	teacher	tailor
	/d/	d	doctor	dancer
	/k/	k	cook	worker

图 2 - 12　My dream job 语音学习

2. 指向语言训练，夯实核心语言

语言训练是小学英语课堂教学的基础，学生需要通过扎实的语言训练来理解语义，达成语用。但在日常生活中，大多数的学生缺乏语言环境和生活体验，在进行语言表达时经常无法进入特定语境，无法按照教师的要求以语篇、语境来带动词句的学习。而使用多媒体资源，可以直观地呈现文本背后的画面、情境，有助于学生在视听中形象地感知语言，在身临其境中准确地理解语言，在生动的情境中完成语用输出。

如在 3AM3U3 In the park 一课中，学生需要了解不同颜色混合后形成的颜色。这种跨学科的知识对于中、低年级的学生来说有一定的难度，如果仅仅依靠机械操练和教师的讲解，学生难以理解，也不能很好地实现语用。于是，教师在多个教学环节中使用动画、儿歌、图片等多媒体资源让学生形成直观的感受。在第一部分，教师利用动画演示指导学生完成语言学习。在第二部分，教师通过完成任务的方式让学生先猜想后操作,巩固语言学习。在第三部分,教师通过播放儿歌,让学生感受色彩的神奇变化。在多媒体资源的支持下,学生能主动参与互动交流,在听一听、看一看、说一说等活动中进一步夯实核心语言。Colours in the park 相关活动见图 2 - 13。

图 2 - 13　Colours in the park 相关活动

3. 指向情境体验,培养语用能力

课程标准中提出,要秉承在体验中学习、在实践中运用、在迁移中创新的学习理念,倡导学生围绕真实情境和真实问题,参与到指向主题意义探究的学习理解、应用实践和迁移创新等一系列互相关联、循序渐进的语言学习和运用活动中。教师在教学中应为学生创设真实语境,使学生在语境中学习并运用语言,从而真正提升学生的综合语用能力。多媒体资源在小学英语单元整体教学情境创设中有着非常重要的作用,教师要利用图片、视频、音频等为学生创设生动、有趣、贴近真实生活的情境,给学生营造良好的学习氛围,让学生结合语境,动情入境,自然完成语用任务,提升思维能力,提高解决问题和运用语言的能力。

以 4BM1U2 How does it feel? 第一课时为例,该课话题是"Preparing for

the holiday",讨论 Kitty 和家人一起去度假需要准备的物品。在 Pre-task preparation 环节,教师通过儿歌导入话题,要求学生一边跟唱一边观看视频,并回答问题:"Where are they? What are they doing? What can you see?"视频中有很多小动物在海滩度假的画面,这不仅使学生明确了该课话题,也为学生语言学习做好了铺垫。接着,教师呈现了 Kitty 一家在准备度假物品的画面,让学生先猜测"What are Kitty's family doing?""Where are they going?",再通过整体感知来验证猜测。该环节中,视频、文字、图片都给学生提供了充分的语言环境,为学生接下来的学习打好了基础。

在小学英语教学中,教师开发、选择形式多样的课程资源,可以让课堂学习更加生动,激发学生的学习兴趣,丰富学生的语用体验,让学生真正学会用英语解决真实问题。

第五节　过程推进,思创结合

学习过程是指学生在情境中通过与教师、同学、学习信息的相互作用获得知识、技能的过程。在核心素养背景下,学习过程不仅是知识、技能的习得过程,它需要学生探究、变革、改进自己的英语学习方法并运用相关经验,基于自己的英语学习兴趣和学习需求,不断提升核心素养。

课程标准中指出,教师应秉持在体验中学习、在实践中运用、在迁移中创新的学习理念,倡导学生围绕真实情境和真实问题,激活已知,参与到指向主题意义探究的学习理解、应用实践和迁移创新等一系列相互关联、循环递进的语言学习和运用活动中,践行学思结合、用创为本的英语学习活动观。

学习过程按照时间跨度可分为长期学习过程和短期学习过程,本章节所讨论与呈现的案例都是短期学习过程,即单元学习过程或课时学习过程。单元学习过程是以课时学习过程为基础的。一个单元中会有新授课和复习课,这里主要讨论新授课。

一、坚持学思结合,设计学习理解类活动

对于学习理解类活动,教师要把握感知与注意、获取与梳理、概括与整合等基于语篇的学习活动要求。这类活动更多指向输入目标,属于浅层次的理解和记忆活动。这里主要呈现感知与注意、获取与梳理两个层次的活动设计案例。

（一）基于语篇学习,设计感知与注意类活动

教师可以设计感知与注意类活动,创设主题情境来激活学生的知识经验,同时铺垫必要的语言和文化背景知识,明确要解决的学习任务,使学生在已有知识经验和学习主题之间建立联系,发现认知差距,形成学习期待。

案例:5AM2U3 Moving home 感知与注意类活动设计

单元主题:5AM2U3 Moving home。

所属课时:第二课时。

课时话题:Looking for a new home。

语篇内容:I'm Sally. I live with my parents and brothers in Star Neighbourhood. This is our home. There are two bedrooms, a living room, a kitchen and a bathroom in it. This is Dad and Mum's bedroom. It faces south. It's bright and warm. Dad always reads books in it. But it's not very quiet. He wants a study. I share a bedroom with Peter and Paul. It's nice. But it faces north. It's very cold in winter. I want a warm bedroom. The kitchen faces west. It's tidy. But it's small. Mum wants a big one. The living room faces north. It's clean. Peter and Paul often play in it. But it's small. They want a garden. We love our home, but we want to have a new one.

活动目标:(1)能在情境中正确运用单词 east、south、west、north 以及 study 进行表达;(2)能正确运用 It faces …对房间朝向进行表达。

活动过程:

1. Ask and answer

具体包括:(1)教师提问"Last class, we knew something about Sally's home, right? Where does she live? Do you remember?",学生基于上一课时所学的内容能指出并回答 Sally 家的位置,"Sally's home is on Star Road./Sally

lives in Star Neighbourhood.";(2)教师出示 Sally 家的房型图,并提问"Look,
this is the floor plan of her home. How many rooms are there in her home?
What are they?",学生能看懂 Sally 家的房型图并正确表达各个房间的名称;
(3)教师依据房型图,对各个房间的朝向进行提问"Where does … face?",学生
能依据房型图等正确运用"It faces …"对房间朝向进行表达。

2. Look and say

具体包括:(1)教师抛出问题"Look at these rooms. They are tidy and
nice. But Sally's family still want to have a new home. Do you remember the
reasons Sally told us?",让学生思考 Sally 一家想要搬家的原因;(2)学生依据图
片和语言支架,能用"… faces … It's … but it's … So … want(s) …"对各个房间
的优缺点进行分析,理解 Sally 家中每位成员不同的需求。

3. Say a chant

学生朗读儿歌,对 Sally 家庭成员的需求有一个完整的感知,同时训练/f/、/v/的
发音。

4. Finish the needs list

学生自我总结、梳理 Sally 家庭成员对新家的需求,完成需求单的填写。教
师则通过板书进行呈现。

设计意图:

1. 激活已知,有效衔接

该学习理解活动作为第二课时的引入环节,沿用了第一课时的情境、语篇与
学习任务,既是对第一课时核心内容的复习巩固,又与本课时情境、语篇与学习
任务有效衔接。学生在第一课时知晓 Sally 家的地址、看懂房型图、了解房间布
局和房间朝向等信息的基础上,能初步运用核心词汇或句型从房间数量、房间朝
向、房间内的活动等角度描述 Sally 家的情况。学生通过提炼 Sally 家中各个房
间的优缺点,了解 Sally 一家想要搬家的理由,并简单表述。该活动通过 Ask
and answer、Look and say、Say a chant、Finish the needs list 四个环节,不仅激
活了学生的旧知识,还让学生对本课时的话题"Looking for a new home"形成学
习期待。

2. 建立联系,构建思维

感知与注意类活动虽然属于浅层次的理解和记忆活动,但其依然可以帮助

学生构建初步的学习思维。本课时中,学生跟随 Sally 一家去挑选新房。从语言知识与技能角度来看,学生要使用核心语言"Which house do you like? I like ...Why ...? Because ..."进行问答。从思维品质角度来看,学生要学会"做决定",即了解为什么 Sally 的家人会选择不同的房子,了解买房子时应当考虑哪些问题等。该学习活动中,学生在教师的带领下提炼了 Sally 一家对新房的主要需求。这有助于学生理解他们之后所做的决定。

(二) 基于语篇学习,设计获取与梳理类活动

在感知与注意类活动的基础上,教师以解决问题为目的,引导学生通过获取与梳理类活动提取关键信息,初步学习和运用语言知识、语言技能,从语篇中获得与主题相关的文化知识,建立信息间的关联。

案例:5BM4U1 Museums 获取与梳理类活动设计

单元主题:5BM4U1 Museums。

所属课时:第一课时。

课时话题:The museums I know。

语篇内容:I want to visit the Insect Museum. It's a museum about insects. It's on Fenglin Road. In the museum, I can see different kinds of insects. I love beautiful butterflies. I can learn a lot about insects. It's really interesting!

活动目标:(1)能在情境中初步感知、理解和学习 Insect Museum,能听、读和规范书写;(2)能正确理解和朗读核心句型"Which museum do you want to visit? I want to visit ... Why? Because I want to see ...";(3)能借助信息卡,从 Name、Location、Type、Things to see/do、Feelings 等方面介绍 Insect Museum。

活动过程:

1. Get a brief idea of the tasks

教师在创设 International Museum Day 和学校博物馆月的情境后,呈现了本课时的主要学习任务。任务一是完成博物馆信息卡填写。任务二是完成对话,运用核心语言进行问答。任务三是借助信息卡,介绍自己想要参观的博物馆。学生对于本课时的学习任务和学习重点有了初步的了解。

2. Ask and answer

在学习相关语篇时,学生需要通过阅读回答四个问题:(1)What's the museum about?(2)Where is it?(3)What can you see in it?(4)What can you learn in it? 教师要引导学生获取关键信息。

3. Finish the information card

教师出示信息卡,带领学生逐条把四个问题的答案填入信息卡的具体位置,帮助学生建立起问题与信息卡上各板块的逻辑关联。

4. Read in roles

学生扮演 Alice 和 Danny,围绕本段对话进行分角色朗读,巩固提取的关键信息。

5. Try to say

学生依据信息卡上的信息,根据所给结构,尝试对 Insect Museum 进行介绍。

设计意图:

1. 前置任务,明确目标

本课时的学习任务为学生能在 International Museum Day 的情境中,借助信息卡,从 Name、Location、Type、Things to see/do、Feelings 几方面介绍自己想要参观的博物馆。教师把学习任务前置,并把大任务拆解为三个子任务。学生明确了本课时的学习任务和学习目标后,就能有效实现后续语篇的自主学习。

2. 获取信息,建立联系

学习任务中的第一个子任务为完成信息卡填写,这是完成第二个子任务和第三个子任务的支架。Insect Museum 是本课时中的第一段语篇,教师利用问题引导,帮助学生获取语篇中的关键信息,随后带领学生逐条把四个问题的答案填入信息卡的具体位置,如"Where is it? It's on Fenglin Road."对应的就是信息卡中的 Location 部分,"What can you see in it? I can see different kinds of insects."对应的就是信息卡中的 Things to see/do 部分。通过这个学习活动,学生能快速且清晰地建立起问题和信息卡关键信息之间的联系,并能在后面的语篇学习中自主获取信息,并转换成关键信息,完成填写任务。

3. 依托支架,完成仿说

在完成第一个子任务后,学生需要借助信息卡,使用核心语言"Which

museum do you want to visit? I want to visit ... Why? Because I want to see ..."进行问答。教师组织分角色扮演的学习活动,目的是让学生巩固提炼出的信息。有了前两个子任务的铺垫,学生在完成第三个子任务时就较为轻松了。但当前环节的语用输出尚处于模仿阶段,是对信息卡和语言结构的初步运用。

二、坚持学用结合,设计应用实践类活动

对于应用实践类活动,教师要把握描述与阐释、分析与判断、内化与运用等深入语篇的学习活动要求。在学习理解类活动的基础上,教师要引导学生基于所形成的结构化知识开展描述、阐释、分析、应用等有意义的语言实践活动,内化语言知识和文化知识,加深对文化内涵的理解,巩固结构化知识,促进知识向能力的转化。从学习理解类活动到应用实践类活动的进阶既可以一次完成,也可以多次循环完成。这里主要呈现分析与判断、内化与运用两个层次的活动设计案例。

(一)深入语篇学习,设计分析与判断类活动

分析与判断类活动要求学生在理解语篇内容的基础上,把语篇中包含的要素、层次、规定在思维中暂时分割开来进行研究,搞清楚每个局部的性质、局部之间的关系、局部与整体的联系,进而对事物进行辨别、分析,做出肯定或否定的明确回答。

案例:5AM2U3 Moving home 分析与判断类活动设计

单元主题:5AM2U3 Moving home。

所属课时:第二课时。

课时话题:Looking for a new home。

语篇内容:The Chens are looking for a new home in Rainbow Neighbourhood. There are two kinds of houses here, House A and House B.

Scene 1

Dad:Judy, which house do you like?

Mum:I like House B.

Dad:Why do you like it?

Mum:Because it's so big. I can cook the food happily in the kitchen.

Dad：That sounds great! Peter and Paul，which house do you like?

Peter and Paul：We like House A.

Dad：Why do you like it?

Peter and Paul：Because the garden is so big. We can play in the garden all day!

Dad：That sounds great! Sally，do you like House A or House B?

Sally：I like House B. Because there are four bedrooms in it. And three ones face south. I can have a warm bedroom.

Dad：That's really nice.

Sally：Dad，which house do you like?

Dad：I like House B too.

Sally：Why?

Dad：Because there is a study here. I can read books in a quiet place.

Sally：Oh，I see.

Scene 2

Mum：What a big kitchen! I can cook happily in it.

Peter and Paul：The garden is beautiful. Look at the green grass and nice flowers! We like it!

Sally：This bedroom faces south. It's warm and bright. I can do my homework and read books in it.

Dad：The study is good. It's quiet. I can read books and enjoy the music. Guess，which house do they buy finally?

活动目标：能依据 Sally 一家对新房的需求，判断每个人喜欢的房子，运用核心词汇或句型进行表达。

活动过程：

1. Look and say

教师呈现 House A 和 House B 两张房型图，给予学生充分的时间观察两套房子的房间构成、数量和朝向等信息，让学生运用核心语言"In House A/B，there is/are … on the ground floor. … face(s) … There is/are … on the first floor. ... face(s) ..."进行描述,初步了解两套房子的基本信息。

2. Think and guess

教师抛出问题"Do the Chens like House A or House B?"并出示 Sally 一家对新房的需求,学生通过小组讨论进行分析与判断,并能用"They like House ... Because ..."描述判断的理由。

设计意图:

1. 观察获取,训练读图能力

读图能力是一种重要的阅读能力,也是小学阶段需要重点培养的技能之一,即通过观察故事图片获取信息、表达观点进而对语篇内容形成自己独特的理解。在 Look and say 活动中,学生带着目的观察 House A 和 House B 的房型图,分析两套房子的房间类型、房间数量和房间朝向,并运用核心语言"In House A/B, there is/are ... on the ground floor. ... face(s) ... There is/are ... on the first floor. ... face(s) ..."进行描述,初步了解两套房子的基本信息。这既是对学生读图能力的有效训练,又是对第一课时学习任务的巩固与拓展。

读图能力是所有语言阅读能力的基础。不同于文字阅读的信息输入与输出,学生要以翻译解码为主进行表达,先在大脑中构建图片意识,再对画面进行处理和应用。学生在运用图片的过程中增强了学习兴趣,提升了用图思维的能力。

2. 分析判断,提升思维品质

分析判断能力是指人对事物进行剖析、分辨、观察和研究的能力。Think and guess 活动能有效地培养学生的分析判断能力。学生在了解两套房子的基本信息后,结合 Sally 一家的需求进行具体分析。如 Sally 妈妈的需求是"a big kitchen",学生就需要比较两套房子厨房的大小;Sally 的需求是温暖的房间,学生就需要比较两套房子卧室的数量和分析每间卧室的朝向;Peter 和 Paul 的需求是"a big garden",学生就需要比较两套房子花园的大小等。这个活动看似简单,但其实需要学生将家庭成员的需求与实际情况进行关联,从而完成反馈。在本节课的最后,教师让学生猜一猜 Sally 一家到底选择了哪套房子。几位家庭成员的选择并不完全相同,在这样的情况下,是更多地考虑孩子的需求,还是更多地考虑成人的需求,或者更多地考虑其他方面的因素,这些都是值得学生思考的问题,只要言之有理,都是可以被接受的。

（二）深入语篇学习，设计内化与运用类活动

知识内化与运用是指学生在学习知识的过程中努力使知识成为自身内在素质的一部分。内化的目的是将知识转化为自身的能力，从而能自然而然地实现语言的综合运用。因此，学生在学习过程中要不断重复应用，将知识内化为自身的一部分。如果重复应用的次数较少，记忆得不到强化，就无法内化成功。

案例：4AM2U2 Jobs 内化与运用类活动设计

单元主题：4AM2U2 Jobs。

所属课时：第三课时。

课时话题：Firefighters。

语篇内容：

Miss Fang：This is a fire station. This is Jill's father. He is Mr Xu.

Children：Good afternoon，Mr Xu.

Mr Xu：Good afternoon. Welcome to our fire station.

Children：Wow，they are cool. What are they?

Mr Xu：They're fire helmets，fire suits and fire boots.

Children：This is a fire engine.

Mr Xu：Wow! It's bog.

Children：Look! What are they?

Mr Xu：They're fire ladders and fire hoses. Look at the firefighters. They're training now.

Children：Wow，so cool! Mr Xu，what do they do to put out fires?

Mr Xu：They drive fire engines，climb fire ladders and use fire hoses. Fire is dangerous. For fire safety，what can't we do，children?

Children：We can't play with fires.

Mr Xu：That's right!

Children：Fire is dangerous. Are you afraid，Mr Xu?

Mr Xu：No! When there is a fire，we run into the fire，fight the fire and save people! I am a firefighter and I love my job!

Children：You're so brave.

Miss Fang：It's time to go back school. Let's say goodbye to Mr Xu.

Children：Thank you, Mr Xu. Goodbye!

Mr Xu：You're welcome. Bye!

活动目标：能在情境中就 Firefighters 的主题，借助板书（KWL 图表*）结构，运用所学知识，有条理地介绍参观内容及消防员的职业信息。

活动过程：学生在参观完 Fire station 后，对于"What clothes do firefighters put on？""What tools do they use？""What do they do to put out fires？"三个问题有了清晰的理解。学生借助 KWL 图表，将上一课时的知识与本课时的知识有机结合起来，通过小组合作，对该职业进行较为全面的介绍。

设计意图：

1. 借助图表，厘清逻辑

本课时采用 KWL 图表，帮助学生厘清思路，使学生能按照一定的逻辑介绍消防员这个职业。在 Know 板块，学生主要回答"Where do firefighters work？""What's their duty？"两个问题，完成对上一课时的回顾；在 Want to know 板块，学生重点关注"What clothes do firefighters put on？""What tools do they use？""What do they do to put out fires？"三个问题；在 Learned 板块，学生对以上三个问题进行了较为全面的解答。学生在语用输出环节正是按照 Know 板块和 Learned 板块所习得的语言来完成介绍的。

2. 不断复现，内化运用

本课时中，教师在一开始就出示了 KWL 图表，在三大新授环节 Clothes firefighters put on、tools firefighters use、things firefighters do 分别进行了呈现，并要求学生依托图表完成该部分的介绍。只有不断复现，才能有效帮助学生内化语言，让学生在综合语用环节顺利完成对 firefighters 的介绍。

三、坚持学创结合，设计迁移创新类活动

对于迁移创新类活动，教师要把握推理与论证、批判与评价、想象与创造等超越语篇的学习活动要求。教师要引导学生针对语篇背后的价值取向、作者或

＊ K 代表"我知道什么"（what I know），W 代表"我想知道什么"（what I want to learn），L 代表"我已经学会了什么"（what I have learned）。

主人公的态度和行为,开展推理与论证活动,学会赏析语篇的文体特征,把握语篇的结构,发现语篇语言表达的手段和特点,并通过分析、思辨来评价作者或主人公的态度和行为,加深对主题意义的理解,进而运用所学知识技能、方法策略和思想观念,多角度地认识和理解世界,创造性地解决新情境中的问题,理性地表达情感、态度和观点,促进能力向素养的转化。这里主要呈现推理与论证、批判与评价两个层次的活动设计案例。

（一）超越语篇学习,设计推理与论证类活动

推理能力是指学生能敏锐思考,快捷反应,迅速掌握问题的核心,在最短的时间内做出合理、正确的选择;而论证能力是指学生能用论据证明论题的真实性或者根据个人的理解进行证明。学生在学习理解、应用实践语篇内容的基础上,逐步超越所学语篇本身,把自己内化的语言能力、学习能力、思维品质和文化意识迁移到新的、真实的情境中,解决新问题,并做到有据可循。

案例:5BM4U2 Wind 推理与论证类活动设计

单元主题:5BM4U2 Wind。

所属课时:第二课时。

课时话题:The sound of the wind。

语篇内容:

Mr Owl：Children，we can see the wind by our eyes. But can you hear the wind?

Little Pig：Emm ... Let me think.

Little Monkey：Oh! Yes，I can!

Little Rabbit&Little Duck：Yes，we can.

Mr Owl：Little Monkey，what's the sound of the wind?

Little Monkey：I have a wind-bell on my door. It's made of wood. When the wind blows，it goes 'Clop-clop'. I think that's the sound of the wind.

Mr Owl：Do you like the sound of the wind?

Little Monkey：Yes，I think it's cool. When the wind blows gently，it is moving slowly. It goes 'Clop-clop'. When the wind blows strongly，it is moving quickly. It goes 'Clop-clop-clop'.

Little Rabbit：No，no，no. It goes 'Clink-clink'.

Little Duck：No，no，no. It goes 'Tink-tink'.

Mr Owl：That sounds interesting.

Little Rabbit：I have a wind-bell in my room. When the wind blows strongly，it goes 'Clink-clink'.

Little Duck：I have a wind-bell on my window. When the wind blows gently，it goes 'Tink-tink'.

Mr Owl：How about you，Little Pig? Can you hear the sound of the wind?

Little Pig：No，I don't have a wind-bell. But I want to make one and hear the sound of the wind.

Little Pig：Oh，it's too quiet. Why?

Little Rabbit&Little Duck：Don't be sad. Let's make a new one.

活动目标：能根据日常生活中常见的事物对风力的强弱进行判断，感受风力的强弱对周边事物的影响。

活动过程：在本课时的 Post-task activity 环节，教师抛出了一个问题："How do you know if the wind is blowing gently or strongly in our life?"学生基于本课时所学内容与自己的生活体验，通过小组讨论，用"When we see/hear ...，we know the wind is ..."完成回答。

设计意图：

1. 基于故事，开展推理

本课时的教学内容是一篇故事 The sound of the wind，教师没有局限于故事本身，而是把故事与本单元的话题紧密联系起来。在故事的结尾，教师提出了两个基于故事的问题："Why do the animals hear different sounds of the wind? How do the animals know if the wind is blowing gently or strongly?"第一个问题需要学生思考风铃的材质与风声之间的关联，第二个问题需要学生思考每个动物听到自己所做的风铃发出声音的频率与风力的强弱之间的关联。

2. 超越故事，完成论证

完成相关思考后，教师在课的最后抛出了一个问题："How do you know if

the wind is blowing gently or strongly in our life?"这个问题超越了故事本身，迁移到日常生活中的现象。学生结合自己的生活经验完成论证，如关注天气预报中的大风预警标志、聆听风（铃）声、观察周边事物（如树、旗、叶子、风车，甚至是自身的服装、头发），随后用"When we see/hear ..., we know the wind is ..."完成回答。通过学习，学生能感受不同风给生活带来的乐趣，感受风力的强弱对周边事物的影响。

（二）超越语篇学习，设计批判与评价类活动

在批判与评价类活动中，学生能就作者的观点或意图发表看法，说明理由，交流感受；通过分析和思辨，评价作者或主人公的观点和行为，加深对主题意义的理解。语篇学习要求学生从不同的侧面和角度切入，追求阅读层次的深度与高度，强调灵活的思维、理性的态度和敢于质疑的精神。

案例：5BM4U3 Story time 批判与评价类活动设计

单元主题：5BM4U3 Story time。

所属课时：第三课时。

课时话题：The giant's castle。

语篇内容：

Long long ago, a giant lived in a castle. He had a beautiful garden. One day, the giant went out. Some children came and played in his garden. They had a good time.

The giant came back and saw the children. He was very angry. 'Get out!' he shouted. The children were afraid and ran away.

The giant built a tall wall all around the garden and put up a sign. Then the children could not play in his garden.

Miss Spring arrived. She brought beautiful flowers and birds. But she saw the sign on the giant's castle, so she did not go there.

The giant looked at his garden. There was snow everywhere. He felt very cold and very sad.

Then, Miss Summer and Miss Autumn did not come to the castle either. Miss Winter stayed in the giant's garden all year.

One morning, the giant heard some lovely sounds from his garden. He smelt the flowers too. 'Spring is here at last!' he thought. The giant was happy and looked out of the window.

He saw some children. They came into the garden through a hole in the wall. They brought Miss Spring into his garden!

'Let me break down the wall. You can play in my garden forever and ever.' the giant said to the children. From then on, Miss Spring, Miss Summer and Miss Autumn never came late again.

活动目标：能用自己的语言对故事中的人物进行评价。

活动过程：教师在本课时的最后提出了几个问题，让学生对故事中的人物进行评价。问题如下：(1)How is the giant in your eyes? A. kind B. selfish(自私的)C. friendly;(2)How are the children in your eyes? A. lovely B. naughty C. friendly;（3）How are Miss Spring/Summer/Autumn in your eyes? A. helpful B. warm-hearted(热心的)C. nice。在陈述理由时，如果学生用英文表达存在困难，也可以用中文来表达。

设计意图：评价人物，辩证思考。

通过学习，学生对于整个故事的情节有了比较深入的理解，并能依据 Story map 完成简答复述。教师需要通过教学活动让学生感受整个故事所传递的文化与情感。教师提供了相关选项，让学生在理解故事的基础上做出综合判断。如对于巨人的评价，应该是从 selfish 到 kind/friendly，巨人的变化让学生懂得与人分享美好的事物将会使自己得到更多的快乐；对于孩子们的评价，可以是 lovely 或 friendly，也可以是 naughty，因为孩子们没有经过巨人的同意就去巨人的花园玩耍，似乎不太礼貌；对于春、夏、秋三位姑娘的评价，可以是 helpful、warm-hearted、nice，她们其实是友谊、分享、温暖的化身。

通过对故事中主要人物的评价，学生能够初步感受到故事中人物的多面性，从而全面、辩证地看待和思考问题。

英语学习活动观的有效落实对教学活动具有较大的影响。就学生而言，它有助于推进以学生为中心的课堂，使学生成为课堂的主体；它能提高学生的课堂参与度、积极性、自主学习能力；就教师而言，它能帮助教师更快地梳理教学目标,更有层次地设计教学活动;它能使教师在备课中有更多的思考,更注重以学生为本,注重语篇教学,同时迁移到生活中的场景,让教学和生活贴近,最终培养学生的高阶思维。

第六节　板书设计,凸显语义

板书是指教师开展教学任务时,配合口头讲授,在黑板上运用文字、符号、图表等传递教学信息的书面表达形式。板书是课堂教学的重要辅助手段之一,也是一种教学资源。在小学英语课堂中,板书是课堂教学的重要组成部分,有意义的板书是教师教学艺术和思维碰撞的结果。板书凝结了一节课的精华,呈现了核心内容,能帮助学生形成语用框架,提升语言表达的逻辑性。有研究者指出,课堂教学的板书艺术是英语课堂教学艺术的重要组成部分,课堂教学应做到基于主题的语言输出,基于目标的语言设计,基于内容的语言训练。

一、基于要素融合的板书类型

基于学科特点和学生年龄特点,小学英语学科常见的板书包括提纲式板书、图文式板书、线索式板书、表格式板书、思维导图式板书。不同的板书类型和板书布局具有不同的教学辅助作用。

（一）提纲式板书

提纲式板书是指按照教学内容和教师的讲解顺序,提纲挈领地编排相关内容,形成相应的板书。这种板书形式契合教学内容的呈现顺序,突出教学重点,便于学生抓住要领,掌握学习内容的层次和结构,提高分析和概括的能力。提纲式板书通常可按照时间、地点、任务、事件（起因、经过和结果）、感受等线索分布排列,能比较清晰地梳理出语篇的基本结构和基本信息,有助于学生理解学习内容。

（二）图文式板书

图文式板书图文结合,将故事语境呈现在板书上,用图画去辅助文字内容,使板书更直观、形象，便于理解。图文式板书具有一定的美感，能吸引学生的注意力。

（三）线索式板书

线索式板书以教材提供的线索（时间、地点等）为主，反映教学的主要内容，使相关内容一目了然地展现在学生面前。线索式板书通常使用线条、箭头、关系框等将不同的信息串联起来，清晰地呈现语篇故事的大致脉络，梳理出相关信息的逻辑关系。

（四）表格式板书

表格式板书是指教师根据教学内容分项设计表格，提出相应问题，让学生思考后提炼简要的短语填入，也可以一边讲一边把关键词填入表格。教师可以先对内容进行分类，按一定的规则书写和归纳，总结时再整体形成表格。通过表格有规则地排列教学内容，归类不同的信息，能更清晰地呈现逻辑或者对比关系。

（五）思维导图式板书

教师设计板书时使用思维导图，能为语篇教学搭建学习支架，助力学生厘清文章脉络，发展思维能力和语言表达能力，更有效地培养学生思维的逻辑性、发散性、批判性等。思维导图式板书能帮助学生记忆、分析、消化、巩固所学知识，提高学习效率。

二、基于要素融合的板书特点

小学英语学科的板书既要有一般板书的清晰性，又要体现小学英语学科单元整体教学的特点。板书的整体性、过程性、灵活性、支架性是多媒体课件无法取代的。它有利于教学内容的逐步呈现，能为学生的语言学习提供支架。

（一）整体性

为了让板书更好地为学生服务，教师应对板书进行精心的整体思考和规划，使板书贯穿和带动整堂课的教学活动。板书是基于单元目标和单课目标而进行的统整设计。首先，教师要考虑学生的学习需求并思考"黑板上的文字大小是否恰当""文字是否清晰""文字或图片的摆放是否合理"等。其次，黑板上至少要呈现本课时话题、文本情境、本节课的核心句型和核心词汇，以及文本或课堂教学过程中动态生成的其他重要信息。最后，教师要考虑语言情境的设置、文字或图片呈现的时机和方式等。

（二）过程性

板书的过程性是指教师要在最佳的时间呈现板书内容，体现板书的动态生成过程。一般而言，一个课时的主要内容应该按照教学的先后顺序呈现在黑板上，方便学生参考和使用。在此过程中，板书上应呈现本课时的核心词句及语篇框架。这样的板书才能真正促进学生的学习。

（三）灵活性

为了吸引学生的注意力，教师应充分利用板书，根据教学内容灵活多样地设计不同形式的板书。板书内容可以随着教学过程随时添加、移动或减少，可以根据重难点进行不同区域的摆放。教师可以把教学内容分为核心内容、非核心内容，也可以运用不同的颜色、字体等来呈现不同类别的板书内容。教师在教学过程中通过移动板书来对语篇框架进行提炼，有利于学生加深理解与记忆，提升逻辑思维能力。

（四）支架性

为了让学生在不同类型的语用活动中去运用相关语言知识，把相关学习内容背后隐藏的逻辑内化成自身的理解，正确地进行对话和交流，教师应利用板书清晰地呈现核心内容、厘清内容的逻辑性、促进语用任务的完成。教师利用板书为学生提供明确的支架，为学生的有序表达提供支持，促进学生语言能力的整体提升，更能启发学生的思维，提高其学习效率。

三、基于要素融合的板书设计流程

板书是小学英语课堂的重要教学资源，是教学内容的框架和骨骼，是帮助学生梳理思路的重要工具。为了使学生对核心内容印象更深刻、理解更全面，教师要思考如何使用新颖有效的板书设计，通过板贴、粉笔书写等使板书具有丰富的表现力和感染力。不同类型的课堂侧重点不同，板书类型和布局也应有所不同。教师应根据课型和教学内容的特点设计板书：（1）解读教材内容，明确单元核心语言；（2）分析教学语篇，明晰其基本信息、结构和语义；（3）基于教学目标和核心内容，明确本课时的板书目标；（4）在明确本课时的教学核心内容、语篇信息、语义、语篇结构和板书目标基础上，确定板书中需要呈现的内容和呈现过程；（5）基于板书目标、语篇信息和结构的特点、教学的过程和方法、学生的年龄特点等，设计板书的类型和布局；（6）基于课时板书目标、单元板书的原则和功能，增加辅助信息（包括线条、箭头、边框等），并进行调整和完善。板书设计流程见图2-14。

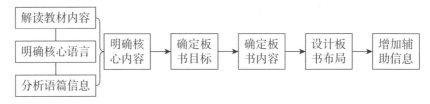

图 2-14 板书设计流程

（一）明确核心内容

在进行小学英语学科单元整体教学时，教师要基于课程标准、教材内容、教学基本要求和学情进行单元整体规划，明确本单元的目标。教师要在研究教材和其他年级相关内容后，结合学生实际，明确教学的核心内容和语用任务。板书既要体现教学内容，又要突出教学重点和难点。

（二）确定板书目标

教师呈现的板书内容应该都是基于标准，以目标为导向的。为了使板书更好地成为辅助完成教学任务和目标的有效资源，教师在设计课时板书时，应该明晰板书的目的，使板书目标基于单元和课时的教学目标，使板书为教学目标和语用任务服务。

（三）确定板书内容

板书呈现的是教学重点和难点，内容过多、不分主次就会导致板书杂乱无章，也会分散学生的注意力。为了使板书更好地帮助学生识记语言知识，厘清语篇的信息、脉络和结构，加深对话题相关内容的理解和感受，教师在确定课时板书目标后，要通过分析和梳理语篇信息，明确板书的内容、框架脉络、呈现过程以及相应的教学活动，形成板书的核心内容。

为了吸引学生的注意力，教师要适量控制板书的内容，必要时可使用彩色粉笔标注重要内容，提升板书效果。

（四）设计板书布局

在确定板书内容后，教师可基于板书设计的普遍要求，基于单元板书的设计原则，基于板书目标、语篇的基本结构、教的过程和方法、学生的年龄特点等设计板书的类型和布局，使板书更好地服务于课堂教学，服务于教学目标。图文式的板书能提供一定的情境，为了使视觉效果更好，教师可使用彩色图片或用彩色粉笔书写绘画,与文字搭配呈现。精心设计的板书是课堂教学中一道亮丽的风景线,给人以美感,给人以启发。教师要在板书内容的布局上下功夫,力求主次分明、重点突出、布局合理、富有创意。

（五）增加辅助信息

教师在教学过程中要逐步呈现板书,利用线条、箭头、边框等来梳理信息之间的逻辑关系,帮助学生厘清语篇的脉络结构、提炼关键信息。这有助于学生更好地理解语篇语义,理解故事角色的情感变化,提升逻辑思维能力。

四、基于要素融合的板书设计实施

（一）精心设计板书,创设学习语境

一般情况下,学生能够借助精心设计的板书复述出文本内容。板书的一个重要功能就是把一节课中的关键知识点有条理地呈现给学生。新颖、灵活的板书无疑有助于学生保持一定的注意力,轻松、简单明了地感知教师传递的内容。

1. 沉浸式手绘板书,创设故事语境

以 4AM4U1P1* Rules on the farm 相关内容为例进行说明,课时板书设计见图 2 - 15。板书设计思路如下。

板书案例为第一课时,通过农场主 Mrs Boot 带领 campers 概览农场并认知农场规则的绘本故事,让学生在阅读中学习、理解相关知识并尝试使用"Don't ..."的核心句型来对 campers 出游过程中不文明的行为进行劝阻。

根据绘本故事,教师设计了图文式板书,用粉笔手绘了精美的农场图,直观展示 on the farm 的绘本故事语境,并展现了 Apple Tree Farm 的布局。教师通过问题引领的方式,结合活动任务,让学生在阅读中思考,层层推进。学生结合多媒体动态的局部画面和五彩板书的整体画面,让学生发现在农场中存在的很多不遵守规则的情况,从而引出规则学习。图画带来的视觉冲击能更直接地影响学生,助推学生在问与答中观察、探究、发现,最终实现语用输出。

---

　*　P 是 Period 的首字母,指课时,P1 指第一课时,P2 指第二课时。如有类似情况,不再另外说明。

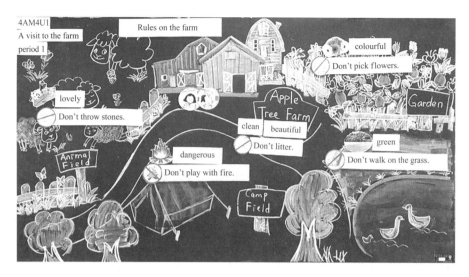

图 2–15 **4AM4U1P1 板书**

2. 趣味性立体板书，助力语境推进

以 1AM4U2P1 Zoo animals I see 相关内容为例进行说明，课时板书设计见图 2–16。板书设计思路如下。

本课时的板书设计借鉴了互动式插画书的原理，教师手绘了一幅动物园的场景图，并利用叠层的方式将其精心制作成了立体背景，动物可以隐藏在动物园的局部位置背景图中。这种真实生动的动物园游览语境有助于学生进行真实有效的语用表达。教师把猴子藏在树丛中，让熊猫躲在竹子后，把熊隐在水池中，让老虎从山洞后偷偷探出脑袋。学生跟随主人公的脚步逐一游览动物园。根据故事的推进，动物们配合多媒体从立体板书中动态出现，既增强了场景感，又丰富了学生的情感体验。如在核心词汇 monkey 的教学过程中，教师将单词教学融入场景中，学生在学习核心词汇的同时也感受到了小猴子的调皮可爱，有了沉浸式的学习体验。板书的核心语言框架以问答形式出现。根据游览过程，教师针对动物的位置提问"What's this/that?"，学生则从 What、How 两方面清晰描述动物园里动物的名称和外形特点。教师既帮助学生梳理了核心语言结构，初步培养了学生提取关键信息的能力，又为学生清晰呈现了核心内容和语用框架，为学生语用输出奠定了基础。最后的输出环节，教师让学生在手绘的动物园地图上"走走看看"，模拟真实的参观场景进行对话，进一步感受动物园里的欢乐。

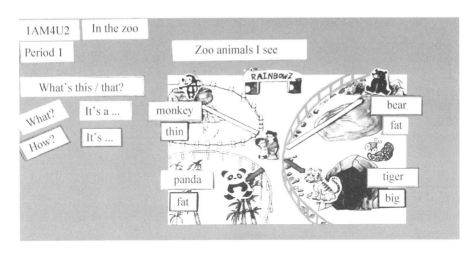

图 2－16　1AM4U2P1 板书

（二）精准提炼板书，凸显学习内容

1. 整体呈现，突出教学主题

以 1BM2U3P2 At Eddie's birthday party 相关内容为例进行说明，课时板书设计见图 2－17。板书设计思路如下。

基于单元主题，教师创设了更适切的文化语境，促进学生感悟文化情感。基于对"Drinks I like"这一单元主题的深入理解，教师把教学内容与更为常见的

图 2－17　1BM2U3P2 板书

"选自己喜欢喝的饮料"整合起来,加强学习内容与学生生活中事物的联系,减少学生利用母语进行心译的过程,切实提高学生学习的有效性。为了提高一年级学生的学习兴趣,教师在板书设计时结合本课时的话题创设了过生日的情境,突出本课时的教学内容。板书颜色丰富,图案有趣,能够带动学生在语境中进行交流。

2. 提纲引领,凸显核心内容

以 1BM3U2P2 Different weather, different activities 相关内容为例进行说明,课时板书设计见图 2‐18。板书设计思路如下。

设计提纲式板书时,教师基于对教学内容的全面分析,按相关内容的先后顺序和主次关系加以概括归纳,使知识形成体系。讲课时,教师可按教学过程一步一步将板书写或贴在黑板上。结构式板书对于记叙文语境的推进有着非常重要的作用。在第一课时,学生了解了不同的天气,感受了自然界的气象变化。在第二课时,学生尝试根据不同的天气合理安排活动,感受其中的乐趣,这时的目标等级调整为"模仿运用"。在这个阶段,学生可依据旧知识分析当下的天气情况,通过问答不断思考应该在什么天气条件下开展哪种活动,并使用"Hi, I'm in … It's … I … I like … days."的语言框架抒发自己的所思所想。本课时的板书设计中,左侧是对话提纲,右侧是不同天气和不同活动的匹配,凸显了核心内容。通过学习,学生的思维能力和创新意识都能得到有效锻炼。

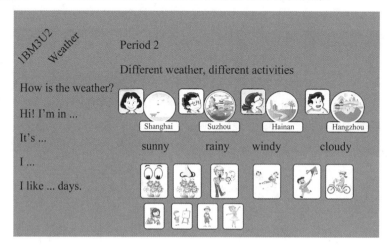

图 2‐18　1BM3U2P2 板书

（三）巧妙使用板书，推进学习过程

1. 依托思维导图，提炼语言要点

以 3AM3U1P3 I love my school 相关内容为例进行说明，课时板书设计见图 2 - 19。板书设计思路如下。

本课时运用了思维导图式板书。思维导图式板书是指利用教学内容中的关键词把课文内容大致呈现出来，引导学生在关键词的辅助下复述课文内容。这种板书给予学生强有力的支架，有助于学生复述故事和发散思维。思维导图式板书是对一个课时语义功能的提炼，能推动学生进行完整的语用输出。本课时的板书上呈现了语言结构，用 places、features、things、activities 等提炼语言要点，帮助学生理顺逻辑关系。核心句型就放在每个语言点的旁边，支撑学生更好地实现语用输出。

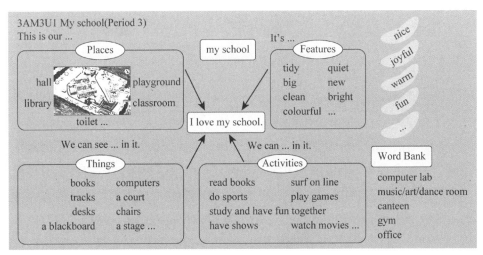

图 2 - 19　3AM3U1P3 板书

2. 更换结构框架，推动思维发展

以 4AM4U2P2 Visiting Century Park 相关内容为例进行说明，课时板书设计见图 2 - 20。板书设计思路如下。

本课时中，教师带领学生一起参观世纪公园。根据游览路线和游览过程，本节课的板书设计主要关注三点，即凸显核心学习内容、支持语用任务完成、呈现内容的逻辑性。板书紧紧围绕本课时的核心内容，逐步呈现。随着教学的推进，教师从 Where、What、How 等角度纵横结合地呈现板书，形成语篇的框架，不仅突出了核心语言框架,为学生提供了思维发展的平台,还为学生的语言输出提供了足够的语言支撑和逻辑支撑。小学生的认知水平决定了他们更容易接受Where、What、How的框架,但在输出环节,教师通过思维导图式的提炼,对板书框架进行调整,帮助学生梳理信息,更有利于学生进行语言的运用,可以使学生的学习更具有逻辑性。

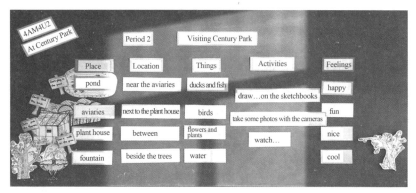

图 2 - 20　4AM4U2P2 板书

3. 打破传统框架,建立认知链接

以 3AM3U3P2 Having fun in four seasons 相关内容为例进行说明,课时板书设计见图 2 - 21。板书设计思路如下。

本课时的板书划分为左、中、右三个区域。左侧是核心句型框架。中间是本课时的重点内容"Activities in four seasons",在 Activities 周围呈现了很多元素,如地点、天气、景物等。右侧复现了第一课时的核心内容——四季转盘。本课时的板书体现了话语主题和文本结构,具有知识梳理的语义功能。它打破了常规的结构式板书样式,没有把活动和季节一一对应起来,而是利用板块帮助学生建立事物认知的链接。相关活动不仅与季节相关,也与天气状况、地点、所见所闻、食物、服装等相关。板书中有两个箭头,对应了教师的问题,即"Why can we plant trees? Why do you think it's spring?"。学生通过观察照片里的景物,根据季节的特点、人物穿着和活动进行推理、验证,提升了思维能力。学生通过理解类活动和应用实践类活动逐步梳理出四季的变化。

图 2 - 21　3AM3U3P2 板书

（四）灵活运用板书,提升学习思维

1. 通过板书促进语用任务完成

以 2AM4U3P3 Rules in the park/school 相关内容为例进行说明,课时板书设计见图 2 - 22。板书设计思路如下。

本课时的板书呈现了马路、公园、学校的平面图,不仅有核心内容,还有相关图片,有助于学生思考在公共场所应该要遵守的相关规则。本课时是第三课时,pre-task 环节是对第一至二课时的板书复现,第一课时的话题为"Things in the street",教师通过问答的形式,把 Things 部分的 flower、tree、wall 的单词及图片呈现出来,在复习的过程中创设了马路上的场景。第二课时的话题为"Rules in the street",教师引导学生通过表演故事,复现了第二课时调皮学生的不文明现象,让学生用语言指正他的行为。在复演故事的过程中,教师贴上了 Rules 的板块,强调核心语言在单元教学中的贯通。在第三课时中,教师带领学生阅读绘本 Rules in the park,让学生理解在公园里应该遵守的规则。随着教学过程的推进,教师一步步完善板书,贴上各个地点的禁止标志。最后,教师让学生在 Rules in the school 绘本中贴上标志语句和标志图案,并邀请学生在板书的 school 平面图上,一边口述一边贴上禁止标志,完成最后的语用输出。

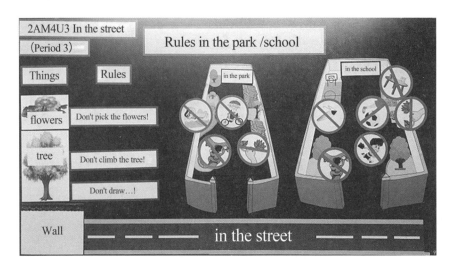

图 2‑22　**2AM4U3P3 板书**

2.通过板书展现信息逻辑关系

以 5AM4U1P3 Little Water Drop's journey 相关内容为例进行说明,课时板书设计见图 2‑23。板书设计思路如下。

高年级的阅读课重在引导学生感知语义,板书应较完整地体现本节课的过程思路和核心语言结构。只有单词和句型的板书结构并不适合阅读课,也不能有效地帮助学生理解课文。好的板书能让学生看着板书就复述出整节课的内容。本课时为故事教学,介绍小水滴的旅程,让学生一目了然地看清并能清晰地复述出水循环的基本过程是板书设计的目的。本节课的话题是"Little Water Drop's journey",核心语义是通过对阅读文本的学习,初步了解水循环的知识。平行框架式的板书不利于学生理解何为循环。教师以小水滴行程的三个主要地点 sea、sky、ground 为定点,设计了体现过程的三角形板书。教师用小水滴、太阳、风和云的图片为学生逐步展示了小水滴在不同阶段的活动,推进了水循环的过程。学生紧随着小水滴的旅行,自然地操练语言结构:First、next、then、finally。三个带方向的箭头直观地展示了循环的概念。学生看着板书就能明白水循环的逻辑过程,复述出故事的内容,有效达成学习目标。

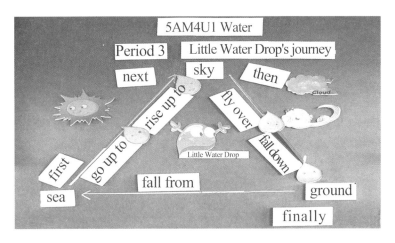

图 2 - 23　5AM4U1P3 板书

3. 通过板书培育学生的思维品质

以 2AM2U2P2 Food I like 相关内容为例进行说明，课时板书设计见图 2 - 24。板书设计思路如下。

本单元划分为两个课时，话题分别为"Food we like"和"Food I like"。主题围绕喜爱的食物展开，这一主题与学生的日常生活紧密相关。学生在生活中经常能接触到各种各样的食物，但中西方的饮食文化具有较大的差异，结合实际，教师创设了到公园露营给 Danny 过生日的语境，将种类繁多的食物比较和谐地融合在一起，帮助学生感受食物的美好。本课时的板书运用了维恩图，对食物进行分类，又把它们有机组合起来，教师利用 salad 这一核心词汇来进行设计，让学生知道沙拉不一定全部是素食，其中可以添加肉类、水果、蔬菜等。教师告诫学生多吃对身体健康有益的食物，少吃对身体健康有害的食物。

板书不仅是重要的课堂教学资源，也是重要的课堂互动载体。教师要充分认识到板书在提高课堂互动、提升教学效果中发挥的支架作用，在课前精心设计板书，借助教学动态生成板书，引导学生不断感知语言知识，体验语言学习环境，实现学习过程的自我管理。

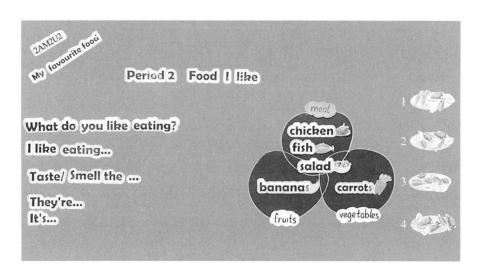

图 2 - 24　2AM2U2P2 板书

第七节　作业重构,提升素养

作业是英语课程教学的重要组成部分,是课堂学习的有效延续和合理拓展。课后的操练、巩固、复习会成为下一次学习的铺垫和基础,有利于实现前后学习合理有效的衔接。课程标准中指出,作业的设计既要有利于学生巩固语言知识和技能,又要有利于学生有效运用学习策略,增强学习动机。教师在设计作业时要坚持能力为重、素养导向。英语课程要培育的学生核心素养包括语言能力、文化意识、思维品质、学习能力。核心素养的四方面相互渗透,融合互动,协同发展。教师应基于课程标准,以核心素养为导向,融合课程要素,重构作业设计,借助类型多样、形式多变的高质量作业,促进学生巩固语言知识,提升语言技能,发展学习策略、思维品质、文化意识,形成积极的情感、态度与价值观。

一、基于要素融合的作业重构设计理念

(一) 坚持育人为本

作业设计应坚持育人为本。义务教育阶段的英语课程是工具性和人文性的统一。传统的作业设计过于强调语言知识的掌握,限制了学生的发展空间,不利于学生开阔视野和发展思维能力。教师在设计作业时应优先考虑作业的育人价值,通过多维度的作业设计来达成核心素养各个维度的目标。作业设计应落实对学生知识、能力、方法、态度、习惯、价值观等方面的培养要求,落实德、智、体、美、劳全面发展的教育方针。

(二) 依据课程标准

作业设计应依据课程标准,紧扣教材内容,考虑学生的年龄特征,以核心素养为导向,体现教学、作业、评价的系统设计与实施。

(三) 基于单元整体

作业设计要从单元整体出发。教师要从单元角度设计、统筹单元教学目标,基于单元教学目标确定单元作业目标。单元作业目标应能充分、均衡、合理体现单元教学目标。教师应基于单元作业目标合理设计课时作业目标,依据课时作业目标有效设计课时作业。

(四) 创新作业类型

作业设计应做到类型多样、创新多元。课程标准中指出,教师要坚持面向全体学生,充分尊重每一个学生,对学生抱有合理期待,让他们获得积极学习体验,感受到学习的乐趣和教师的信任,健康、自信、阳光地成长。教师在进行作业设计时应充分考虑学生学习的主体性,发挥学生的自主性。教师创新设计不同类型的作业,有助于实现因材施教,发挥不同学生的特长,让学生在完成作业的过程中寻找价值感和存在感。

二、基于要素融合的作业重构设计流程

基于以上理念,教师在进行作业设计时应厘清设计流程,依据流程有序、规范地设计作业,从而保证作业的质量。基于要素融合的作业重构设计流程见图2－25。

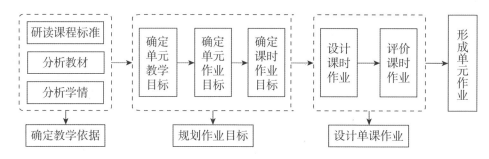

图 2-25 基于要素融合的作业重构设计流程

三、基于要素融合的作业重构类型及其实施

（一）指向知识巩固和内化，巧设学习理解型作业

1. 准备性作业

准备性作业是指在学习活动开展前，对学生的知识与技能储备、学习情感状况的预检测作业，其作用是了解学情。准备性作业通常包括主题思维导图绘制类作业、主题资料搜集类作业、合作类作业等。其中，合作类作业是常见的一种作业形式，是指通过小组合作进行交流、沟通、汇总，从而深化对学习内容的理解，增强合作意识和创新能力的一种作业形式。设计合作类作业时，教师要围绕学科内容，确定学习目标和作业目标，以目标为导向，注重协作性、探究性和开放性。

如教师在《英语》（牛津上海版）教材 4BM3U3 Days of the week 一课中设计了准备性作业。该课时的单元主题为"Days of the week"，这是学生熟悉的话题。为了解学生对该话题的知识储备情况，教师借助钉钉平台的辅助功能，进行了如下设计：（1）请学生先在"班级圈"以图片或视频的形式分享自己的一周生活；（2）请学生在"班级圈"点赞留言，进行在线提问；（3）请学生把调查结果填入表格并试着说一说某位同学的日常生活安排。准备性作业范例见表 2-35。

表 2 - 35 准备性作业范例

4BM3U3 Days of the week 课前准备作业单

Class_____ Name_____ No._____

Task 1: 与同伴合作说一说各自每天常做的事情

A: What do you do from Monday to Friday?

B: I go to school from Monday to Friday.

A: What do you do on Monday / …?

B: I …

A: How often do you …?

B: I (always/usually/often/sometimes) …

Task 2. 把调查结果填入表格并试着说一说

Time	How often	Activities
From Monday to Friday		
Monday		
Tuesday		
Wednesday		
Thursday		
Friday		
At weekends		

钉钉平台的"班级圈"可以尽可能多地呈现学生个体的信息,学生在完成导学单时能看到其他同学提交的相关信息,选择面更广,完成作业的形式也更多元。教师借助多媒体资源设计的课前导学任务,不仅能唤醒学生的旧知识,还有助于培养学生的合作意识,让不同层次的学生在合作中进行智慧碰撞。自评和互评的方式有助于学生树立自信、获得价值认同,为接下来的学习打好基础。

2. 巩固性作业

巩固性作业是课堂学习的延伸,旨在引导学生巩固学习内容,对学生的学习结果进行评测,以进一步拓展学生的思维。不同学生在知识的理解与运用上存在较大的差异。教师在布置作业时,如果不考虑这些差异而"一刀切",势必导致"基础好的学生吃不饱,基础弱的学生吃不了"。自助式作业是指教师设计一定的作业范围,让学生根据自己的兴趣爱好、认知风格和学习水平,自主选择作业形式、作业内容甚至自主管理作业完成过程。自助式作业能提升学生的自我效能感,激发学生的学习兴趣,提升学生的学习效能,非常适合作为巩固性作业。

如教师在《英语》(牛津上海版)教材 5BM2U3 School subjects 一课中设计了自助式作业。教师依据教学基本要求,设定该节课的学习内容为核心词汇和记叙文基本结构,学习水平为核心词汇 C(运用)、记叙文基本结构 B(理解),学习要求为能背记、理解核心词汇,并结合"My timetable"这一话题,运用核心词汇,按照记叙文基本结构描述自己的一日课程。教师根据相关要求设定该次作业的评价维度为学业成果,评价内容为语言运用,评价观察点为在语言情境中运用所学单词,按照文本格式结合话题进行描述的情况。课堂内容学习完毕后,教师根据该节课的学习内容和课时特点把课后作业布置成了"自助菜单",把核心词汇 Chinese、Maths、English、Music、PE、Art、IT、subject 运用和课文熟读设定为"主食"。"主食"是所有学生必选的作业。在"甜点"部分,教师引导学生用思维导图的方式介绍自己最喜欢的学科,这部分题目具有灵活性、多样性,操作起来需要一定的知识、技能储备。学有余力的学生可以选做"甜点"部分的作业,在动手做一做、画一画、写一写的过程中进一步思考所学内容。

通过课后作业的批改和评价,教师惊喜地发现所教班级大部分学生勇于挑战,乐于尝试,"品尝"到了"甜品"。他们通过个人探究或者小组合作的方式完成了思维导图的绘制,并在课堂上进行了小组交流展示。教师当堂进行评价,评价中既有常规的知识检查和语法点拨,又有评价性语言点评,如"你勇敢地挑战了趣味作业,获得了'勇敢之星'称号,建议你做完以后多读几遍,当自己的小老师,帮助自己做得更好"。对趣味作业完成得较好的学生,教师做出如下点评:"你不但勇于挑战,而且完成得较好,获得了'英语之星'称号,在这个话题下还有很多内容,你可以根据自己的兴趣去拓展学习。"

巩固性作业有助于增强学生的学习动力。教师通过巩固性作业来延续课中情境,结合作业菜单的设计,引导学生在真实语境中自主选择作业内容、形式。学生通过完成作业,不仅能巩固所学语言知识,还能进一步开动脑筋,增强主动学习的意识。

（二）指向学习过程和体验，开发应用实践型作业

1. 体验式作业

体验式作业是指引领学生亲身经历知识的发现和建构过程，让学生切身感受到学习内容趣味与价值的作业。体验式作业设计需要教师基于目标和内容，注重作业的实践性、情境性和综合性，发挥学生的主体作用。

如在《英语》（牛津上海版）教材 5AM4U2P2 Christmas 中，教师围绕主题进行了以开圣诞派对为情境的体验式作业设计。教师依据教学基本要求，设定作业的学习内容为核心词汇，学习水平为比较高的 C（运用），学习要求为背记、理解和运用核心词汇。教师根据相关要求，设定评价维度为学习习惯，评价内容为说的习惯和写的习惯，评价观察点为运用所学单词完成语言任务的情况。体验式作业范例见表 2-36。

表 2-36 体验式作业范例

作业目标	作业内容	作业评价		
		评价内容	评价标准	等第
1. 能听、说、读、写 Christmas、Easter、Halloween、Thanksgiving 四个西方节日的名称 2. 能用"When is …? It's on …"来询问西方节日的日期并进行回答 3. 能用"What do people do on this holiday? They …"来询问西方节日的活动并进行回答 4. 能从日期、活动、食物、感受等方面来描述自己喜欢的西方节日 5. 能对西方节日产生一定的兴趣，初步了解西方节日的文化	1. Ask and answer （1）When is Christmas? （2）What do people do on this holiday? （3）What do they eat? （4）How do they feel? 2. Try to say Christmas is on … People always … They eat … They …	表达兴趣	A. 能积极参与 Pair work（结对操练），提问及时，回答到位，围绕主题 Christmas 进行介绍时，声音响亮，语音语调正确，表达流畅，符合语言逻辑 B. 能积极参与 Pair work，提问和回答基本到位，围绕主题 Christmas 进行介绍时，声音较响亮，语音语调正确，表达较流畅，较符合语言逻辑 C. 能在教师或同伴的提醒下完成主题 Christmas 的介绍，声音较响亮，语音语调基本正确	自评： 互评： 师评：

在完成作业时,学生先通过 Pair work 进行同伴问答,在问答中复习巩固该单元关于西方节日的核心词汇和句型"What do people do on this holiday?""What do they eat?"等,并把讨论结果记录下来。借助同伴问答的结果,学生再依托所给支架结构,尝试独立介绍圣诞节的基本信息。

教师基于学生的学习习惯,运用 Pair work 的方式,引导学生学习该课有关 Christmas 的核心词汇,让学生学会使用核心词汇与他人进行交流,学会使用核心词汇完成语段的口头陈述。教师充分发挥学生的主体作用,把作业的评价设置为师评、互评和自评相结合。学生完成作业后,先根据评价标准进行自评和互评,教师再结合学生的自评表格进行文字化点评。如学生对核心内容自评为 A,教师增加评语"重点词汇发音准确,表达流畅";学生对核心内容自评为 B,教师增加评语"重点词汇发音较准确,表达较流畅,建议多听课文录音,多读、多练,增加流畅度"。

体验式作业以情境中的学习活动为作业载体,发掘、拆分体验要素,创设体验情境,促进学生认知和情绪交互发展。教师通过体验式作业设计来创设情境,让学生尽可能地利用自己的经验、个性和兴趣等去解决实际问题。这种作业注重过程和体验,有助于学生进一步提升学习能力和思维能力。

2. 跨学科作业

跨学科作业是指以某一学科为中心,围绕一个主题,从学科互通、交融的视角来重组、设计、优化的作业。跨学科作业能实现不同学科的优势互补,具有较强的应用性和实践性。

如在《英语》(牛津上海版)教材 3AM1U3 How old are you 中,教师围绕主题设计了跨学科作业。教师以英语学科为主体学科,遵循跨学科作业设计的串联性原则,基于课程标准,从单元主题出发进行了单元整体作业设计。教师依据学情和学科调研情况,力求实现英语与数学、音乐、美术等学科的融合。跨学科作业范例见表 2 - 37。

表 2 - 37　跨学科作业范例

	主题：How old are you	
学科	作业目标	作业内容
英语	1. 能认读、理解并运用核心词汇 one、two、three、four、five、six、seven、eight、nine、ten 2. 能认读、理解并运用核心句型 How old are you? I'm ... 3. 能理解并朗读语篇，获取相关信息，借助相关结构仿说和仿写	1. Listen and enjoy 跟唱有关数字的儿歌 2. Let's count 数一数 Alice 为生日派对准备的物品的数量 3. Draw and say 画一画自己的生日派对，结合图画使用核心句型向大家介绍自己的生日派对
数学	能进行十以内的数数练习	Let's count 数一数 Alice 为生日派对准备的物品的数量
音乐	能结合旋律和节奏进行简单跟唱	Listen and enjoy 跟唱有关数字的儿歌
美术	能完成生日派对的绘画练习	Draw and say 画一画自己的生日派对

3AM1U3 How old are you 作业单

1. Listen and enjoy（请跟着音乐一起唱吧）

Clap clap! Clap clap! Let's count! Go!

One two three four five six seven eight nine ten.

Right? Right? I don't know. Let's count again. Go!

One two three four five six seven eight nine ten.

OK! Clap Clap clap! Clap clap! Let's count!

2. Let's count（请数一数 Alice 为生日派对准备的物品的数量）

I have one birthday cake,

＿＿ peaches,

—— balls,

—— dolls,

＿＿ plates and forks,

＿＿stars,

＿＿ balloons,

＿＿ candles,

＿＿ apples,

and ten flags.

（续表）

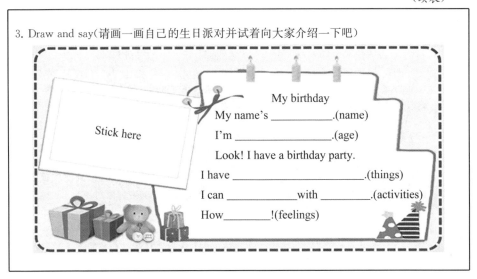

3. Draw and say(请画一画自己的生日派对并试着向大家介绍一下吧)

教师遵循跨学科作业设计的串联性、多样性、开放性、实践性原则，兼顾多学科知识、技能、过程、方法、情感等在作业活动经历中的生成，以学生的学习水平和现实生活经验为基础，挖掘资源对作业进行了创造性的设计，让学生在"唱一唱""数一数""玩一玩""画一画""说一说"等活动中发展观察、想象、表达等思维能力，激发学生对主题的学习兴趣，力求达到为学生综合实践运用服务的目的。

（三）指向学科素养和育人，创设迁移创新型作业

1. 生活化作业

陶行知先生认为，社会即学校，生活即教育。生活是人们获取知识的主要途径，也是学生进行语言实践、获取英语知识的重要渠道。把英语作业与生活相结合，设计生活化作业是德育实践活动的必然要求。生活化作业关注学生的社会性发展需求，根据学生的身心发展规律、个性差异和接受能力，把作业的内容从知识迁移到社会价值，把作业完成的场所从学校迁移到家庭、社会等。

如在《英语》(牛津上海版)教材 5BM3U1 Signs 一课中，教师依据单元主题、目标和内容进行了生活化作业的创新设计。生活化作业范例见表 2-38。

表 2 - 38　生活化作业范例

作业目标	作业内容	呈现方式
1. 能认读、理解并运用核心词汇 sign、telephone、toilet、restaurant、entrance、exit 2. 能认读、理解并运用核心句型"What does this sign say/mean? It says/means …" 3. 能运用情态动词 can't、mustn't、shouldn't 和祈使句 "No smoking!" "Don't litter!"等来表达禁止 4. 能形成从小遵守规则的意识,养成良好的行为习惯,树立小公民的责任意识	Step1：Do a survey 1. Where can we see signs? 2. What signs can you see in … 3. What does this sign say/mean? Step2：Finish the poster Step3：Make a new poster (请帮助学校设计一些新的标志牌)	1. 以个人或小组的形式调查小区、商场等场所的标志牌 2. 帮助学校设计一些新的标志牌,让校园更美丽

　　学生在完成该项作业时,先要进行头脑风暴,了解生活中有哪些场所会出现标志牌。接着,学生要以个人或小组的形式选择其中一个场所作为完成作业的目的地,进行实地考察。在考察中,学生需要画出或者拍下各种标志牌并通过询问场所管理人员、搜集资料等方式了解这些标志牌的意义。然后,学生要根据相关资料绘制小报,呈现场所和标志牌的主要内容。最后,学生要仿照以上场所中的标志牌,为自己的学校设计标志牌。该生活化作业把教材里的标志牌学习迁移到校外场所的真实认知学习,把对标志牌的思考转移到背后体现的文化品格,从关心书本上标志牌的作用迁移到对学校甚至社会的关注,提升了学生的文明素养和社会责任感。

　　教师在进行生活化作业设计时,可以立足课堂,从学生熟悉的教材内容切入,从学生力所能及的小事入手,让学生走出学校,在家庭甚至社会中开展活动,进而完成作业。生活化作业的有效实施还能增强学生的社会责任感。

　　2. 人文化作业

　　英语学科核心素养包括语言能力、文化意识、思维品质、学习能力。教师在设计作业时往往比较注重语言能力、思维品质、学习能力,较少关注文化意识。文化意识指的是对中外文化的理解,文化意识的培育有助于学生增强家国情怀,涵养品格,提升社会责任感。因此,设计有助于培养学生文化意识的人文化作业尤为重要。

如《英语》(牛津上海版)教材 4BM4U2 Festivals in China 是以中华民族传统节日为主题的单元,非常适合设计增强学生文化意识的作业。该单元要求学生了解中华民族四大传统节日,即春节、端午节、中秋节和重阳节。通过单元学习,学生要知道中华民族四大传统节日的名称、时间、气候、代表食物以及特定的风俗活动等。春节作为中华民族重要的传统节日之一,是该单元的重点学习内容。教材中从春节前、中、后三个阶段的活动以及节日中人们品尝的特殊的食物等方面进行了详细的描述。学生在学习这个单元的内容时,可能会把春节与西方的一些节日进行对比。所以,教师设计了"东西方节日汇"的活动,让学生通过查阅资料,探寻中华民族传统节日和西方传统节日的异同,并分析原因。学生在了解不同文化的过程中比较文化异同,汲取文化精华,逐步提升跨文化沟通与交流的能力。人文化作业范例见表 2 - 39。

表 2 - 39　人文化作业范例

	Festivals in China	Western holidays
Name		
Time		
Activities		
Food		
Feelings		
Culture(文化)		

学生完成作业时先要搜集中华民族和西方节日的相关资料,并从中选出具有代表性的节日。从作业结果来看,大部分学生选择的中华民族代表节日为 The Spring Festival,西方代表节日为 Christmas。在资料搜集和自主选择中,学生进一步加深了对中华民族传统文化的认同和对西方文化的了解。接着,学生

要以表格的形式完成两个代表节日在时间、活动、传统食物、传统习俗等方面的知识梳理。在梳理过程中,学生进一步感受了东西方文化的异同。然后,学生尝试探究东西方不同节日不同风俗的原因,多数学生采用合作探究的形式来完成。最后,教师选择完成得比较优秀的小组进行汇报展演。学生可以通过海报、演讲和课本剧等呈现作业成果。

该作业以探究中西方节日差异为主题,把课堂上关于中华民族传统节日的知识迁移到课外,让学生通过自主查阅、合作交流、探究汇报来理解东西方文化的差异。该作业凸显了英语学科承载的人文性价值,学生通过完成该作业,既能加深对中华民族优秀传统文化的理解和认同,又能树立国际视野,坚定文化自信。

课程标准中指出,教师要把立德树人作为英语教学的根本任务,准确理解核心素养内涵,全面把握英语课程育人价值。作业作为课堂教学的延伸,是培育学生核心素养的重要途径。只有以素养为导向、重构育人指向的作业设计,才能真正发挥育人功能。

第八节　评价伴随,导教促学

教学评价是依据教学目标对教学过程及结果进行价值判断,并为教学决策服务的活动,是对教学活动现实的或潜在的价值做出判断的过程。课程标准中指出,教学评价指向学生核心素养的发展,应贯穿英语课程教与学的全过程。英语单元评价是教师理解评价作用,明确评价原则,选择评价内容和评价方式,应用评价结果改进教学和提高学生学习成效的路径。教师要依据单元教学目标,围绕核心素养综合表现设计英语单元评价,通过多元主体参与的方式,采用多种手段和形式组织实施教学评价,关注"教师的教"和"学生的学"的价值,以评促学,以评促教。

一、理解评价作用，明确评价原则，增强评价意识

（一）教学评价的作用

《义务教育课程方案（2022年版）》中提出，要改进结果评价，强化过程评价，探索增值评价，健全综合评价。强化素养导向，注重对正确价值观、必备品格和关键能力的考查。倡导评价促进学习的理念，注重提高学生自我评价、自我反思的能力，引导学生合理运用评价结果改进学习。

实践证明，科学的教学评价可以极大地调动学生的积极性，让他们身心投入地去学习；多样的评价可以优化课堂教学生态，激发学生的好奇心和成功欲。借助有效的教学评价，教师能提高学生的英语表达能力和英语思维能力，提升教学效果。

课堂教学是一种有目的、有计划的活动，"教—学—评"是教育活动的内循环，评价是牛鼻子，教学评价把教师的教和学生的学结合起来。教学评价可以检验教师教学任务实施的情况及学生学习目标达成的情况，促进师生在课堂中"同频共振"。教师通过持续的教学评价找准教学（学习）实际效果与学习目标之间的差距，从而不断改进教学活动，更好地达成育人目标。

（二）教学评价的原则

一是坚持教学评价的素养导向。《义务教育课程方案（2022年版）》中提出，要强化素养导向，注重对正确价值观、必备品格和关键能力的考查。在单元教学过程中，教师应树立以评促学的价值观，通过教学评价为学生提供及时有效的反馈，促进学生语言能力、文化意识、思维品质和学习能力的发展。

二是发挥学生评价的主体作用。教师应注重培养和发展学生自我评价的能力。如针对小学生好表现、特别认真负责的特点，教师可以引导学生明确目标，让学生在活动与任务中带着目标学习，以此激发学生的学习兴趣，培养其主动性和责任心。当对照目标，自己给自己评价时，学生往往会意识到自己的不足，从而主动调整和改进。

三是采用多种评价方式和手段。很多学生学习英语时有以下特点：好动、爱开小差、注意力不易集中、易受到鼓舞、集体荣誉感强，尤其重视教师的表扬与鼓励。教师要充分关注学生的持续发展，重视在课堂教学中对学生进行及时、描述性的口头评价，并把评价贯穿在整个教学活动中，用评价来促进学生学习。

　　四是充分关注学生的个体差异，保护每个学生的好奇心和求知欲，同时注重学生的互评。互评的方式有利于学生互相学习优点，不断发展和完善自己。通过适切、合理、有针对性的评价，教师可以培养学生判断是非的能力和口语表达的能力。

　　五是应用课堂活动评价记录表进行评价。学生借助评价记录表开展自评，客观了解自己的学习情况，并不断进行自我总结、反思和提升，掌握良好的学习策略。教师可以通过评价记录表了解学生的相关情况，使教育教学工作更具有目标性和成效性。

　　以《英语》(牛津上海版)教材 3AM4U1 Insects 教学为例，教师结合学生的年龄特点及其接受一般事物的规律，把该单元划分为四个课时，学生在"寻找昆虫—了解昆虫—制作纸昆虫—参与昆虫日活动"的活动推进中对昆虫产生兴趣，愿意主动了解昆虫。以下是教师在第四课时"Insect Day"学习过程中设计的收集"昆虫徽章"评价活动表(见表 2 - 40)。

表 2 - 40　Insect Day 收集"昆虫徽章"评价活动表

任务	活动内容	评价关注点	昆虫徽章	
			获得昆虫数(打"√")	兑换方式
1	一首动听的昆虫儿歌	Listening		
2	一段有趣的昆虫小诗	Pronouncing		
3	参观昆虫博物馆	Reading		三个昆虫＝一枚徽章
4	昆虫涂色我能行	Reading & Colouring		
5	昆虫谜语小游戏	Thinking		
6	"我喜爱的昆虫"小调查	Speaking		
7	构建"昆虫知识角"	Writing		

　　任务示例：Alice 完成了参观任务，获得了信息卡，请读一读并帮助她给下面的昆虫涂上对应的颜色，把对应内容的编号填在图片下方的括号内，见图 2 - 26。

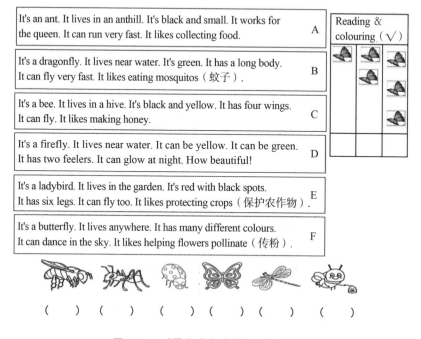

图 2 - 26　"昆虫涂色我能行"任务示例

　　该任务以读促画，以画促学，伴随评价，把语言知识与自然学科、美术学科进行了有效的融合。学生通过阅读信息卡片提取关键信息，复习巩固昆虫的名称及颜色，提升理解与运用能力。学生在完成作业的过程中探究未知，感受学习的乐趣。教师充分发挥跨学科融合作业的优势，促进学生主动完成阅读任务。

二、确定评价目标，实施持续评价，指向素养形成

（一）确定单元评价目标

　　单元教学目标是单元教学活动实施的方向，是一切教学活动的出发点和最终归宿。教学目标和评价目标是相辅相成、相互促进的。教学目标为评价目标提供了标尺，而评价目标又为教学目标调整提供了依据。在单元教学过程中，教师依据教学目标确定评价目标，而评价目标又指向教学目标，教师通过一系列的评价活动促进课堂教学，确保目标、教学、评价的一致性。下面以《英语》（牛津上海版）教材 3AM3U2 Shopping 单元评价目标确定为例进行分析，图 2 - 27 呈现

了单元教学目标与评价目标的关系。

图 2 - 27　3AM3U2 Shopping 单元教学目标与评价目标的关系

　　依据教学基本要求中的学习水平分类,本单元核心词汇和核心句型属于 C 级。因此,本单元评价目标的前三条凸显以运用为主的学习策略,强调借助"Is/Are there …"语句进行提问,并能用"Yes, there is/are./No, there isn't / aren't."进行回答,引导学生询问同伴附近的场所,着重考查学生在具体语境中运用英语的能力。评价目标的最后一条指向学生的学习情感,把"能积极参与课堂活动,与同伴互动交流"作为课堂观察点。

　　本单元的评价目标与教学目标保持一致,教师通过单元评价量表全面评价学生的语言运用能力(见表 2 - 41)。

表 2 - 41　3AM3U2 Shopping 单元评价量表

教师用语	Well done, Very super, Very good, excellent … 可奖励★★★	Good, nice, cool, Yes … 可奖励★★	OK/Yes, but … 进行适当纠正 可激励★
1. 能介绍图片中的场所	A(　) 1. 语音语调正确 2. 表达流利 3. 能清楚地区分词的 音、义	B(　) 1. 语音语调较正确 2. 表达较流利 3. 能较清楚地区分词 的音、义	C(　) 1. 语音语调错误 2. 表达不够流利 3. 不能区分词的音、义

（续表）

	A（　）	B（　）	C（　）
2. 能介绍不同的场所及其附近的位置	1. 语音语调正确 2. 表达流利 3. 能正确对应不同物体的感觉	1. 语音语调较正确 2. 表达较流利 3. 基本能正确对应不同物体的感觉	1. 语音语调错误 2. 表达不够流利 3. 不能对应不同物体的感觉
	A（　）	B（　）	C（　）
3. 能询问同伴附近的场所，并进行恰当的回答	1. 语音语调正确 2. 语义连贯 3. 表达流利	1. 语音语调较正确 2. 语义较连贯 3. 表达较流利	1. 语音语调错误 2. 语义不够连贯 3. 表达不够流利
	A（　）	B（　）	C（　）
4. 能积极参与课堂活动，与同伴互动交流	在语境下，能正确使用语段进行表达并尝试语言运用	在语境下，基本能正确使用语段进行表达并尝试语言运用	在语境下，不能正确使用语段进行表达并尝试语言运用
	A（　）	B（　）	C（　）
小组合作	1. 分工明确 2. 合作默契 3. 表达流利	1. 分工较明确 2. 合作较默契 3. 表达较流利	1. 分工不够明确 2. 合作不够默契 3. 表达不够流利
	A（　）	B（　）	C（　）
作业评价	1. 能正确朗读课文内容，语音语调优美 2. 能熟练地完成课后朗读	1. 基本能正确朗读课文内容，语音语调准确 2. 能较熟练地完成课后朗读	1. 不能正确朗读课文内容，语音语调不够准确 2. 无法顺利完成课后朗读
	A（　）	B（　）	C（　）
总评	能顺利达成本课时教学目标	能基本达成本课时教学目标	无法有效达成本课时教学目标

（二）指向素养的评价实施

　　课程标准中指出，教学评价对促进学生核心素养的发展具有重要作用。在设计指向素养的评价任务时，教师要明确学生通过学习能掌握哪些知识和技能，了解学生的情感、态度与价值观会发生哪些变化，挖掘单元主题的育人价值，思考单元的育人价值。

　　以《英语》（牛津上海版）教材 5AM1U3 My future 第一课时教学评价设计为

例进行说明,其教学目标见表 2 - 42。

表 2 - 42 5AM1U3 My future 第一课时教学目标

课时话题	语用任务	知识与技能	思维与策略	文化与情感
Period 1 Different jobs in my family	能在语境中听懂描述职业的语段内容,并在思维导图的提示下,简单介绍家人的职业及其日常工作特征	1. 能正确跟读音素/p/、/b/、/t/、/d/以及含有这些音素的单词,了解字母 p、b、t、d 的发音规律 2. 能在语境中知晓、理解核心词汇 worker、pilot、farmer、shop assistant、fly、help、sick,能听、读和规范书写 3. 能借助语境简单介绍每个职业的日常工作特征 4. 能在语境中运用已学句型正确表达他人当前的职业	1. 通过跟读模仿,建立音素与字母之间的联系,了解字母发音规律 2. 通过文本视听、跟读模仿、看图说话等形式学习核心词汇 3. 通过文本朗读、问答交流、看图说话等形式进行话题表达	了解不同职业的特征,认识到每个职业的重要性

教师在设计教学评价量表(见表 2 - 43)时,把语言能力、文化意识、思维品质、学习能力作为观察维度细化评价标准。

表 2 - 43 5AM1U3 My future 第一课时教学评价量表

评价内容	评价观察点	评价标准	评价主体
介绍家人的职业及其日常工作特征	语言能力	★★★能熟练运用核心词汇或句型大声进行汇报,内容具体、丰富、有创意,语言正确、流利、生动 ★★能较为熟练地运用核心词汇或句型进行汇报,内容较丰富,语言正确 ★能基本运用核心词汇或句型进行汇报	学生 教师
	文化意识	★★★能了解不同职业的特征,认识到每个职业的重要性,并用自己的语言表达感受 ★★能了解不同职业的特征,基本运用核心词汇或句型进行汇报,认同每个职业的重要性 ★能了解不同职业的特征	学生 教师

（续表）

评价内容	评价观察点	评价标准	评价主体
介绍家人的职业及其日常工作特征	思维品质	★★★能在思维导图的提示下,独立完成家人的职业及其日常工作特征的介绍,逻辑清晰,有创意 ★★能在思维导图的提示下,在教师或同伴的帮助下完成对家人的职业及其日常工作特征的介绍 ★能基本运用思维导图的结构进行汇报	学生 教师
	学习能力	★★★能主动倾听,勤于思考,善于合作,乐于表达,学习效果好 ★★能比较认真地倾听,在教师或同伴启发下回答问题,有合作意愿,能表达交流,学习效果较好 ★能倾听他人,与他人合作,完成相关内容的表达交流	学生 教师

三、研究评价内容,优化评价方式,评价伴随教学

（一）评价内容多元化

1. 从知识与技能维度进行评价

知识与技能是指学生需要掌握的核心词汇或句型,顺应课程目标的要求。教师可以引导学生通过文本视听、合作学习等完成任务,让学生在适当的语境中运用核心词汇或句型,并从语用的角度来评价学生的学习情况。

以《英语》(牛津上海版)教材 2BM4U2 Mother's Day 为例,学生需要掌握的知识点是核心词汇 letter、balloon、carnation,评价设计见表 2-44。

表 2-44 2BM4U2 Mother's Day 评价设计

评价内容	评价观察点	评价标准	评价主体
语言知识	知道名词单复数变化	☆能基本正确地朗读 ☆☆能正确并流利地朗读 ☆☆☆能带有感情、正确、流利地朗读	教师

（续表）

评价内容	评价观察点	评价标准	评价主体
语言运用	在准备母亲节礼物的语境中运用所学词汇	☆能借助文本,在教师或同伴的帮助下运用词汇,正确抄写词汇 ☆☆能借助文本,在语境中恰当运用词汇,正确抄写词汇,字体端正 ☆☆☆能在语境中独立运用词汇并正确、流利地朗读,正确抄写词汇,字体端正、优美	学生 教师

2. 从学习兴趣维度进行评价

学习兴趣浓厚是指学生在课堂中能积极主动地学习,愿意参与课堂活动。学习兴趣维度的教学评价可以从学生能否积极参与课堂活动、能否在课堂中积极举手发言、能否与同伴合作完成学习任务几方面展开。如在 Try to read、Try to say、Listen and enjoy、Say and act 等环节,教师可以观察学生能否积极且有感情地朗读和表达。

以《英语》(牛津上海版)教材 5BM2U2 Films 中的对话教学为例,评价设计见表 2 - 45。

表 2 - 45　5BM2U2 Films 评价设计

项目	内容	说明
评价内容	Mum: Here we are. Let me buy the tickets first. Ben & Kitty: OK, Mum. Mrs Li: Can I have three tickets for Snow White, please? Two children and one adult. Lady: That's 80 yuan, please. Mrs Li: OK. Here you are. Kitty: Shall we get some drinks, Mum? Mum: Oh, yes. But be quick. The film starts in five minutes. Ben & Kitty: OK.	教师设计了 role reading 的环节,给予学生一定的时间准备

（续表）

项目	内容	说明
评价维度	学习兴趣（√） 学习行为（　） 知识技能（　）	准备过程中,教师观察学生是否认真参与准备,能否与小组成员愉快合作并互相沟通;准备结束后,教师观察学生能否积极举手并接受教师邀请展示,观察学生是否兴趣浓厚
评价主体	教师（√） 学生（√） 其他（　）	教师及时给予学生评价,鼓励积极举手的学生,营造积极的学习氛围

3. 从学习行为维度进行评价

学习行为主要是指学生的倾听习惯和上课行为。教师可以从学生是否养成了认真听课的行为习惯、能否有效倾听教师的提问和同伴的回答、回答问题时能否做到声音响亮且语音语调优美等方面对学生进行评价。

以《英语》（牛津上海版）教材 5AM4U1 Water Period 3 The Journey of Little Water Drop 为例,教师设计了四个层层递进的学习任务。一是观看水循环的视频,给图片编号。二是粗读有关水循环的故事文本,找出相关信息,并进行简单但完整的描述。三是在教师的带领下学习 First … 和 Next … 的故事文本,运用 information gap 的阅读方式,自主学习 Then … 和 Finally … 的故事文本,找出相关信息,完成表格。四是小组合作表演对话。这四个任务对学生的语言能力要求逐步提高,从听辨到提炼关键句,从自主阅读提炼信息到同伴互助学习交流,再到综合语用。教师设计了"蓄水"评价（见表 2 - 46）,从 Listening、Speaking、Cooperation、Action、Emotion 五方面评价学生的表现,促进学生学习。

表 2 - 46　5AM4U1 Water"蓄水"评价设计

—	Group1	Group2	Group3	Group4
Listening				

（续表）

—	Group1	Group2	Group3	Group4
Speaking	🐣🐣🐣	🐣🐣	🐣🐣🐣	🐣🐣🐣
Cooperation	🐣🐣	🐣🐣🐣	🐣🐣	🐣🐣
Action	🐣🐣	🐣🐣	🐣🐣	🐣🐣
Emotion	🐣🐣	🐣🐣	🐣🐣	🐣🐣
—	G1	G2	G3	G4

（二）评价方式多元化

20世纪60年代，美国著名心理学家布卢姆指出，为了使教学能达到预定目标，必须对教学准备、教学过程、教学结果分别进行教学评价，即进行诊断性评价、形成性评价、终结性评价。我国基础教育课程改革背景下的教学评价除了以上三种评价方式外，还倡导过程性评价。在教育信息化时代背景下，有学者提出应实施创新性评价。

1. 借助诊断性评价调整课堂教学进度

诊断性评价是在学期初或在单元教学开始时对学生现有发展水平进行的评价，对教师调整课堂教学进度具有参考意义。了解了学生的学习准备程度后，教师可以采取相应的措施来保障教学计划顺利、有效实施。

2. 借助形成性评价提升合作学习效果

形成性评价是基于教学过程中的某项活动或某个过程中出现的情况进行的评价。它能较科学、合理地体现学生在语言运用过程中的学习兴趣、学习习惯和学业成果。这一评价方式不仅关注学生知道什么，还关注学生能做什么以及在情境中怎么做，对推进合作学习具有积极作用。

以《英语》（牛津上海版）教材5AM3U1 Around the city为例，为方便对学生在英语课堂上的学习行为和表现状态进行全面而系统的观察，教师制定了任务属性表（见表2-47）、课堂评价观察量表（见表2-48）、学生课堂评价观察记录表(见表 2 - 49)。

表 2 - 47　5AM3U1 Around the city Period 2 任务属性表

课题：The way to school	
学习目标： 1. 能熟练朗读/s/、/z/、/ts/、/dz/与儿歌，做到发音正确，朗读流利 2. 能询问并回答关于路线的问题 3. 能用介词准确表述事物所在的位置 4. 能感受不同交通工具给出行带来的变化	
课时核心任务	在语境中询问他人去某一地点的路线，并能表述路线步骤
任务二	探寻 Alice 前往动物园的路线
任务目标（包含核心素养）	1. 通过听对话，培养学生获取并处理关键信息的能力 2. 通过角色扮演，了解 Alice 前往动物园的线路方案，培养学生的语用表达能力 3. 通过选择出行方式和表达看法，培养学生的思维品质和灵活运用所学知识的能力
任务步骤	1. 听短文，选词填空并完成短文 2. 角色扮演，进行问路对话 3. 想一想恰当的出行方式并表达自己的看法
任务类型	☑情境型　□操作型　□探究型　☑综合型　□其他_____
学习方式	☑自主式　☑合作式
评价维度	☑学习兴趣　□学习习惯　☑学业成果
评价方式	☑课堂观察　□学生访谈　□调查问卷　☑过程记录 □作业分析　□口头测试　□纸笔测试　□其他_____
预期行为（对应任务步骤）	学生的反应： 教师的应对：
非预期行为（对应任务步骤）	学生的反应： 教师的应对：

表 2－48　课堂评价观察量表

观察对象	第（　）组（前/后）（　）人		观察人		
核心素养	观察要素	观察指征	观察点	程度赋分(0—5)	典型事例描述
思维品质	"真"： 真情境 真提问 真解决	增强学习效能			
		生发问题意识			
		开展真实性学习			
学习能力	"活"： 生动活泼 巧妙鲜活 实学活用	运用科学思维			
		掌握核心概念			
		实践高阶认知			

表 2－49　学生课堂评价观察记录表

任务项	评价维度	观察要素	观察点	A/B学生的表现	教师的应对	分析与思考
Task 2	学习兴趣	真实解决问题	在 Alice 选择喜欢的出行方式的情境中，从不同角度分析两种出行方式，提出自己的见解	A. 非常清晰地提出自己的见解 B. 比较清晰地提出自己的见解 C. 能提出自己的见解，但不清晰 D. 不能提出自己的见解		
	学业成果	精准完成表演	通过角色扮演，准确运用核心词汇或句型进行对话	A. 非常流畅地进行情境表演 B. 比较流畅地进行情境表演 C. 能进行情境表演，但不流畅 D. 不能完成情境表演		

教师根据教学内容确立课堂评价点，明确课堂学习的着力点，真正做到评价立足于学生，服务于教学，同时，调整课堂观察记录方法，采用"全体关注，重点记录"的方法。具体来看，教师一个阶段重点记录几个小组的课堂表现，下一阶段重点记录另外几个小组的课堂表现，重点关注小组特殊成员（如小组长、参与度不高的成员）的表现，记录小组成员的异常行为等，记录各组学生的课堂学习情况，以便了解学生学习的过程。教师要加强对每个小组的监督和指导，让表现优秀的小组发挥带头作用，分享成功的原因，帮扶暂时落后的小组，形成小组成员共同学习、共同进步的合力。

3. 借助过程性评价增强学生语用体验

教师要明确单元教学主题，以单元教学主题为导向，设计具有持续性的评价任务。教师要做的不仅是针对一课时的任务设计,而是设计整个单元教学中每一课时要完成的任务,以及为了完成每一课时的任务,需要设计的过程性评价任务。在教学中,教师要将单词、句型和语法点整合起来,填充到每一个环节中去,系统化地引导学生学习。

4. 借助终结性评价检验目标达成程度

在教学任务完成后进行的评价是终结性评价,也可以称为总结性评价,主要是对教学全过程的综合性测量和检验。学期末或学年末进行的各科考试、考查都属于这类评价。教师借助终结性评价检验学生的学业是否达到了学科教学目标要求。

5. 借助创新性评价进行精准指导

课堂教学是英语教学的主阵地,评价是教师调控和管理课堂的重要方式。随着线上教学的发展,教学应根据在线教育的特点和要求,改进和优化教学评价方式,提升学生的在线学习效果等。如教师可以根据在线教学的模式和特点,采用集星评价的方式调动学生在线学习的积极性。以《英语》(牛津上海版)教材 2BM2U3 Animals I like 线上教学评价为例,教师先要明确集星评价的内容和主体,即明确学生在线学习的要求和目标,以学生自评和教师评价相结合的方式开展评价,制定评价表(见表 2-50),做好及时记录和汇总工作,重在激励。

表 2-50　2BM2U3 Animals I like 线上教学评价表

在线英语学习集星评价表			
在线学习情况(学生自评)		在线学习情况(教师评价)	
评价内容	星星数	评价内容	星星数
准时上课,全程露脸,学习兴趣浓厚	1—2	语言能力	1—3
认真听讲,思维活跃,乐于互动交流	1—3	文化意识	1—2
获得教师表扬,在线课堂有真实收获	1—3	思维品质	1—3
认真完成各项作业,及时提交	1—2	学习能力	1—2
小计		小计	

在线学习中,教师会用各种图案(如😊、👏等)丰富评价方式,吸引学生的

注意力,激发学生的表达欲望,提高直播效率。

在线学习中,学生提交的作业形式多元,有文字、图片、音频、视频等。教师在批阅和评价时可以采用图片、语音、视频等方式给予学生个性化点评。教师利用平台开展点对点的、亲和的、激励性的评价,往往能拉近师生关系,促使学生有更好的表现。

教师和学生在直播互动时全程露脸,充分利用摄像头功能。教师要尽可能多地给予学生具象评价,如赞许笑容、点头表扬、鼓励眼神、隔空击掌、鼓掌等。这些温暖的评价能增加教师的亲和力。同时,教师可以观察学生的在线学习状态,给予学生具象评价或温馨提示,督促鼓励学生认真听讲,帮助学生养成良好的在线学习习惯。教师要充分挖掘在线学习平台功能,改进和优化线下教学评价方式,赋能在线教学。

四、加强评价反思,注重结果应用,提升教学效益

评价不仅是对学习的评价,更是为了学习的评价。评价作为教育过程中的一个关键环节,能够有效监控、调节、改进教育过程和教育结果。

基于标准的单元评价旨在提高学生的英语学习兴趣,培育学生的核心素养。教师要优化课堂评价方式,发挥课堂评价正面积极的作用,从而提高课堂教学效率。教师要不断探索有效的、基于课程标准的、关注学生学习经历的、以学生为本的评价,让学生的学习更加扎实、灵动、愉快。

（一）明确评价标准,丰富评价方式

教师要清晰地理解并遵循课程标准,确保评价内容、方法、目标与课程标准保持一致。教师在评价时不仅要关注学生的语言知识掌握情况,还要重视学生语言能力、文化意识、思维品质、学习能力等核心素养的培育。建议采用丰富多样的评价方式,如形成性评价与终结性评价、定性评价与定量评价、自我评价与同伴评价等,更全面地反映学生的学习情况,激发学生的学习动力,促进学生自我反思和相互学习。

（二）关注学习过程,促进深度学习

教师在评价时不仅要关注学习结果,还要重视学习过程。教师要设计具有挑战性的学习任务和评价活动,鼓励学生进行深度学习。这些任务应能够激发学生的好奇心和探究欲,促使他们运用所学知识解决实际问题,从而加深对知识

的学习理解和应用实践。教师通过观察学生在课堂上的表现、参与度和互动情况，及时了解学生的学习状态和需求，进而调整教学策略，为学生提供更加个性化的指导和支持。

（三）及时反馈与调整，强化结果应用

教师要把评价结果作为改进教学和促进学生发展的重要依据。教师应及时给予学生反馈，促进学生了解自己的学习成果和存在的问题，鼓励学生根据评价结果调整自己的学习方法和策略，以实现更好的学习效果。通过深入分析评价结果，教师可以发现自己教学行为中的优点和不足，进而采取有针对性的措施进行改进，不断调整和优化教学策略，以提高教学效果。教师要创设一种积极、轻松的学习环境，让学生敢于表达自己的想法和观点，乐于参与评价活动，从而培养学生的自信心和合作精神。

加强评价反思并注重结果应用是提升英语教学效果的重要途径。教师要不断探索和实践有效的评价方法，更好地实施基于教学标准的单元评价，从而提高学生的英语学习兴趣和核心素养。

第三章

基于情感要素融合的小学英语单元整体教学的实践研究

『本章核心内容』

在人才培养的过程中,教师不仅要关注学生知识、技能的习得,还要关注学生在情感方面的成长与体验,关注学生的学科情感和学习情绪。在单元整体教学设计的视域下融合设计这些要素,有助于激发学生对英语学科的积极情感和正向情绪。

第一节　创设互动情境,关注学习情绪

教育教学过程是师生交往互动、情感共鸣、共同成长与发展的过程。学习情绪是师生互动中必须关注的要素之一。心理学研究结果表明,积极正向的学习情绪有利于师生有效互动,能切实提升学习质量。因此,教师在教育教学工作中有必要积极创设互动情境,关注学生的学习情绪。教师创设真实有效、多元有趣的教学情境,精准设计课堂用语,积极开展师生对话,即时开展多元评价,能激发学生的积极学习情绪,优化英语课堂品质,提升学生英语学科核心素养。

一、情境互动,以情激“情”

英语作为语言类学科,其教学过程往往具有情境化特征。情境教学法主要是指教师根据教学目标,创设与教学内容密切相关的融语言知识于一体的教学情境,使学生沉浸于情境之中,积极主动地参与语言的学习,并进行有意义的情境练习,形成相关语用技能,提升学科核心素养。情境教学法提倡教师创设和谐、积极、正向的教学情境,调动学生的学习热情,使学生的认知活动与情感过程结合起来。因此,真实有效、多元有趣的互动情境,有利于学生准确把握学习内容,顺利实现知识的迁移和应用。

（一）基于单元统整,创设有效情境,提升学生的学科体验

课程标准倡导教师设计沉浸式、实践式、体验式的学习方式,为学生创设真实的、贴近其日常生活的、充满趣味的、有效能的、符合儿童特点的教学情境,从而让课堂与社会和生活接轨,提升学生的语用能力和综合能力。因此,教师在情境创设中应把握“实”、追求“趣”、注重“效”,因为真实有效、多元有趣的情境教学更能激发学生学习英语的内驱力,提升学生的综合能力,从而让英语学习真正发生。

1. 把握"实"——创设真实语境,提升学生的学科体验度

知识源于真实生活。贴近学生真实生活、符合学生认知的真实生活情境更具有吸引力,更能激发学生的学习兴趣。因此,英语教学情境的创设要基于学生的真实生活,把握"实"的原则,不能有"境"无"实"。只有真实的教学情境才能切实调动学生的生活经验。

以 3BM3U1 Shapes 为例,该单元的核心词汇为 square、circle、triangle、rectangle、star,核心句型为"What is it?""What shape is ...""I have ...""How many ..."。单元话题 Shapes 属于人与社会板块,功能为情感与态度,育人价值为发现身边事物的形状,感受形状无处不在。

在研读课程标准、研读教学基本要求、分析教材教法、进行学情分析的基础上,为了保证话题、语境与内容之间的整体性、连贯性,教师对单课时的话题进行了调整,创设了符合学生真实生活的课时教学情境:第一课时为"Making a house",第二课时为"Shapes for the cafe",第三课时为"After school",第四课时为"Shapes for fun"。围绕在学校认识形状并用形状拼搭房屋、放学后为咖啡店购置形状各异的物品、在家制作不同形状的甜点、用形状拼搭不同物品等情境,学生尝试使用核心句型"I have ...""What shape is it?"与核心词汇 square、circle、triangle、rectangle、star 对物品的形状进行问答和描述。教师根据教学情境对教材中的内容进行整合、补充和完善,帮助学生在真实的语境中有效掌握语言知识技能。

第一课时"Making a house",教师结合学生的兴趣课活动"巧拼七巧板",创设了以各种形状为载体拼搭一个房子的教学活动。七巧板是我国传统的智力玩具,学生的兴趣课活动是"巧拼七巧板",因此,在本课时教学中,教学活动为用七巧板拼搭不同形状的房子。教师根据学生的真实生活情境创设语境,较好地引发了学生的情感共鸣。最后,教师带领学生一起思考怎样搭配更符合实际,更为实用,引导学生发散思维。

第二课时"Shapes for the cafe",教师在情境中融入到店购物、网购、抽奖等生活元素,并通过 Make a shopping list、Buy things we need、Look and say、Play a game 等活动,让学生在自己熟悉的生活场景中进行实践。学生在真实体验的过程中获得了成功的学习体验,增强了学习自信。

第三课时"After school",教师把生活作为教学素材的源头,创设学生在家

用模具制作不同形状的饼干的情境。现代生活中,很多家庭在家利用各种模具制作饼干,不仅卫生、环保、经济,更重要的是营养价值比较高。本课时创设学生在家用模具制作不同形状的饼干的情境,不仅提升了学生的真实感受,也向学生传递了健康生活的理念。

第四课时"Shapes for fun",教师创设了学生统计自己家中家具、家居摆件等物品的形状的情境,借助生活中的真实场景来再现课堂教学。学生运用生活常识进行实际操作,强化了情感体验,提升了实践运用能力。这种把真实生活资源与英语教学结合起来的教学情境,更能增强学生对学习与生活的领悟,使其在日后的学习与成长中受益。

该单元的教学情境设计,结合学生生活经验,把语言内容与生活资源有机融合,进行单元统整,深化了学生的学习体验,让学习真实而有效地发生。

2. 追求"趣"——创设趣味语境,激发学生的学习热情

一堂好课的评判标准不仅在于其精彩程度,还在于师生是否都积极、主动地融入课堂,沉浸在良好的氛围之中。因此,创设趣味情境,能让学生更加轻松快乐地感知语言、运用语言,激发学生的学习热情。英语教师不是"teach students English",而是"teach students how to use English"。有趣味的情境创设旨在让学生在情境中学会自主学习。

要想创设趣味语境,以"趣"盘活英语课堂教学,教师可以采用以下几种方法。一是模拟真实情境,即通过情境再现的方式,让学生模拟真实场景(如在超市购物、在餐厅点餐)进行英语对话,在实践中提升语用能力。二是角色扮演情境,即组织学生进行角色扮演,让学生在扮演不同角色中体验英语的魅力。三是用戏曲渲染情境,即通过音乐、戏曲、戏剧渲染情境,以情感投入带动情感升华,增强学生的情感体验,提升学生的学科热情。四是用表演体会情境,即让学生表演情境,直观地融入情境,在自主探索、亲身实践、用心感悟的过程中内化英语学习。五是创意任务情境,即布置一些创意任务,如绘制思维导图、编写故事、创作rhyme 或 chant、设计需要发挥想象力的游戏、设计并参与有趣的小组活动,让学生在完成创意任务的过程中享受英语学习的乐趣。

总之,创设趣味语境旨在寓教于乐,培育学生的核心素养,从而实现人人乐参与、人人"趣"学习、人人上"新"课、人人有热情的英语"趣"学习。

3. 注重"效"——创设有效语境,增强学生的学习成就感

在情境创设中,要注重有"境"有"效",而不是有"境"无"效"。教师在教学设计时要依托课堂实践,浸润语境,提升情境的有效性。在第一课时,学生在了解"how to make a house"后,通过自己的思考,运用不同种类、数量、颜色的形状搭建出自己心中的房子。在这个过程中,学生自己选择、思考、决定、实践、应用、创造,充分发挥了自己的想象力,探索生活中存在的问题,增加了思维的广度和深度。

知识源于生活。教师要从生活中取材,让学生在生活中切实经历过或熟悉的场景中进行学习,引导学生在交流合作中用英语进行多元化思维活动。在第一课时,结合学生熟悉的班级兴趣课活动,以各种形状为载体进行拼搭一个房子的教学活动,有助于学生发散思维,提升了思辨和表达能力。在第二课时,融入了生活元素,并通过 Make a shopping list、Buy things we need、Look and say、Play a game 等活动,让学生在自己熟悉的生活场景中进行各种实践,从而提升学生思维的灵活性,帮助学生获得成功的学习体验,增强学生的学习成就感,切实落实有效语境。

(二) 基于单元统整,巧用多元智能,提升学生的学科素养

在素质教育背景下,教师要树立新的教学观,在英语教学情境创设中以生为本,充分考虑学生的主体性,对单元整体教学内容进行多元智能融合,创设多元教学情境,拓宽英语教学的维度,助力学生开发多元智能,提升学生核心素养。多元智能融合路径见图 3-1。

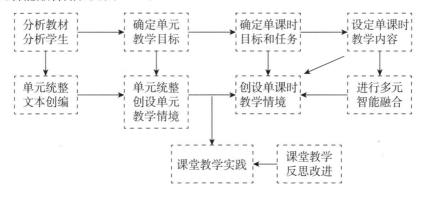

图 3-1 多元智能融合路径

1. 用歌曲贯穿情境,让学生在唱中学

歌曲情境教学法是指教师在教学中利用歌曲创设教学情境,让学生通过演唱进行语言知识的学习、理解、运用,使学生在轻松愉快的情境中实现语言的自主学习。教师结合教学目标和教学内容,创编歌曲教学文本,从听觉方面带给学生强烈的冲击,在渲染情境的同时加强语用输出。特别是创编音乐剧教学情境,效果更佳。在英语教学情境中创编一些简单的朗朗上口的英文歌曲,或根据主题选择与之对应的英文歌曲,附带视频画面,冲击学生的感官,增强其视觉体验,带给其与众不同的视听感受,不仅能活跃课堂气氛,还能激发学生的学习兴趣,引发学生的情感共鸣,使教学情境的创设真实有效。好听的韵律更能激发学生的情感并活跃学生的思维。把英语情境教学和歌曲创编结合起来能充分发挥音乐的作用,营造愉快轻松的英语教学氛围,帮助学生由静态学习到动态学习。教师在进行创编时应注意以下几点:(1)根据教学内容创编,语言难度适中;(2)歌曲旋律应更易于接受,有节奏感和韵律。

如在 3AM4U3 Plants 一课的语境创设中,第一课时的文本创设就是以歌曲的形式开展的(见图 3 - 2)。短短的四段文本,易唱,押韵,朗朗上口。在教学中,教师将学生分成相应的小组并利用歌词填空、模仿秀、演唱评分、歌曲接唱等较为新颖的方式开展教学,学生学得又快又好,课堂氛围良好。

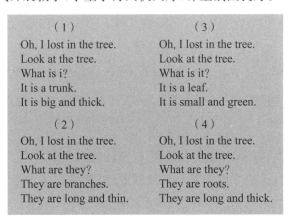

（1）
Oh, I lost in the tree.
Look at the tree.
What is i?
It is a trunk.
It is big and thick.

（2）
Oh, I lost in the tree.
Look at the tree.
What are they?
They are branches.
They are long and thin.

（3）
Oh, I lost in the tree.
Look at the tree.
What is it?
It is a leaf.
It is small and green.

（4）
Oh, I lost in the tree.
Look at the tree.
What are they?
They are roots.
They are long and thick.

图 3 - 2　3AM4U3P1 Lost in the tree 教学文本

2. 用绘本演绎情境,让学生在故事中学

目前,小学英语教学中故事情境教学以绘本为主。教师根据教学内容,创设符合学生实际生活的教学情境,把词汇、核心句型与图片内容有机融合起来,引导学生在绘本故事的情境中从绘本走进课堂。教师可选用与学生兴趣相符、与教材主题一致、与教学内容密切相关的绘本,通过将英语绘本与教材内容进行深度整合,为学生提供极具借鉴价值的语篇或故事文本,促使学生形成深刻的记忆,激发学生的参与热情,丰富学生的学科知识,开阔学生的文化视野,提升学生的英语学科核心素养。

如在 3AM4U3 Plants 第二课时的语境中,教师对中文绘本《我喜欢树》进行改编。《我喜欢树》从孩子的视角描述了树在不同季节的变化,讲述了孩子喜欢树的原因,是一本深受小学生喜爱的绘本。这本书的特点是以树为依托,讲了四季变换;以四季为依托,讲了树的生长凋零。这本书带领读者认识树的春夏秋冬,又借助对树的观察,激发儿童对自然科学的兴趣。

教师结合教材核心词汇、核心句型、重点文本内容,对《我喜欢树》中浅显易懂的语言进行适当改编。改编的绘本故事作为英语教材内容的有益补充,满足了学生的英语阅读需求,同时为学生提供了可以学习、借鉴的英语表达方式,促使学生在阅读理解的过程中内化吸收,实现语言知识的输出。

如在 4BM2U2 Cute animals 的教学中,教师根据教材内容进行改编(见图 3-3),设计了 Friends 的绘本角色阅读故事。小老鼠 Milly 想吃树上的苹果,却够不着。这时,小象 Ella 走过来,鼻子用力一摇树干,苹果就掉落下来了。小老鼠 Milly 知恩图报,想与小象 Ella 分享苹果,小象 Ella 觉得苹果应该属于小老鼠 Milly,自己可以吃树叶。于是,小老鼠 Milly 开心地吃着苹果,小象 Ella 开心地吃着树叶,都觉得快乐无比。该阅读绘本故事旨在提高学生的语言输出能力,同时自然而然地升华情感教育,让学生乐于分享和乐于助人,懂得爱的真谛。

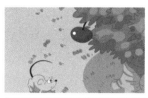

4BM2U2 Cute animals

Reading

Friends

I'm Ella. I'm under the tree.
Look at the apple.
What a nice apple!
I like the apple.
But it's on the tall tree.
I can't eat it. Who can help me?

Ella comes.

Ella: Hello, I'm Ella.
Milly: Hi, Ella. I'm Milly. Nice to see you!
Ella: Nice to see you too. I can shake the tree for you.
Milly: Great!

Ella: Milly, Milly, Milly
Shake, shake, shake
Shake the tree for me.
Milly: Ella, Ella, Ella
Shake, shake, shake
Shake the tree for you.
Ella&Milly: Fall down, fall down
The apple falls down
Fall down, fall down
The leaves fall down.

The apple falls down. Some leaves fall down too.

Milly: Thank you, Ella. I can eat the apple now.
Ella: You're welcome. I can eat leaves.

They are both happy. They are friends now.

Real friends

Friends share the things they like.

Friends help each other.

图 3 - 3　4BM2U2P3 Friends 绘本教学图片(部分)

3. 用游戏带动情境,让学生在玩中学

教师根据学生的年龄特征、生活经验和认知水平,围绕学习进度、学习内容、学习目标、兴趣爱好等设计游戏教学情境,让学生的语言综合能力在游戏教学体验和实践参与中得到提升,激发学生的内驱力。教师在游戏教学设计中应积极联系学生的生活实际,从生活化的角度设计符合学生年龄特征的游戏教学情境,激发学生的学习兴趣。如在 2AM3U1 In the children's garden 一课中,教师创设了学生周末和朋友来到游乐场,针对游乐设施进行对话的情境,激发了学生的学习兴趣。

教师还可以利用小学英语教材话题比较丰富的特点,结合数学、美术、音乐等学科,设计与游戏结合的教学情境,开发学生的多元智能,发展学生的多元智力。如在 1BM4U2 New Year's Day 这一课中,教师创设了"共同过新年"这个话题情境,开发学生的语言、人际交往等智能。用游戏带动情境教学倡导发展人的多元智能。因此,在课堂教学中,教师应尽量多开发每个学生的智能优势。如鼓励有音乐智能优势的学生在表演英语故事或小品时担任主角等;部分学生有语言智能优势,善于表达,可以让他们作为发言人,进行组际交流,充分挖掘他们的语言智能,赋予游戏教学情境新的活力。

二、对话互动,以话激"情"

小学英语课堂上的对话教学是指利用课堂上师生的相互交流来促进教学目标的有效落实。然而,对话教学不是简单的师生对话和问答,不是所有的课堂师生对话都可称为对话教学。真正的对话教学一般是指带着任务驱动的对话活动。它是蕴含教育价值的。对话教学不仅是师生的相互言说,还包括师生的相互倾听、精神上的沟通升华、心灵上的互相碰撞。教师应在教学中不断提升对话互动能力,学生应在学习中集中注意力并主动参与对话互动,从而提升课堂活力。

课堂教学中的对话必须为教学服务,不能为了对话而对话。此外,对话最终可以不达成一致。对话的目的是让师生更好地进行精神上的沟通、思想上的碰撞。通常而言,小学英语课堂对话包括导入对话、指令对话、问题对话等。

(一)导入对话——精彩导入,以话激"情"

教师可以从课程的导入环节出发,应用对话教学来提高学生的学习能力和英语口语对话表达能力,调动学生的课堂学习热情。如教师可以利用课前师生之间的 Free talk 进行导入,拉近师生距离,一步步引导对话的主题向课程重点内容靠拢,引出主题学习。一般而言,教师在开始一堂课时会用"Good morning!""How are you today?"等日常对话做开场。这些简单的日常用语,不是真正的情境教学导入语,只能算是开场白。真正有效的导入语,是课堂良好的开端,是调动良好教学氛围的触发器,是教学顺利进行的垫脚石。因此,教师可以精心设计导入对话,带领学生快速进入学习状态。

如在 4AM1U3P1 Kitty's happy day 一课中,为了顺利引出该课的话题,教师用一段精彩的视频吸引学生的注意力。视频中呈现了大量的精美照片,然后教师加以说明:"Shanghai is a beautiful city. There are many famous, beautiful places here, such as China Pavilion, the Bund, Shanghai First Foodhall, Nanjing Road and so on. How nice! Do you want to visit Shanghai?"这样的课堂导入能够让学生快速进入该课的情境,这不仅是一堂课的开始,更是一种情感导入。

（二）指令对话——明确指令，以话激"情"

课堂教学指令是指教师向学生发出组织和维系课堂教学活动的一种行为用语或体态语，目的是引发、启动、制止学生的学习行为。课堂教学指令对话主要包括三种，即引发学生行为的指令对话、控制课堂纪律的指令对话、完成教学活动任务的指令对话。引发学生行为的指令对话是指教师对学生做出一些驱动其行为的指令。如在课堂中，教师可能会运用这样的指令，"Eyes on me!" "Look!""Open your book!""Stand up!"等。控制课堂纪律的指令对话包括"Listen carefully!""Silence, please."等。这些其实只能算是课堂活动指令。完成教学活动任务的指令对话是指在学习活动任务布置前，教师通过示范呈现的一种指令方式。如在 4BM3U2P1 Kitty's Busy Morning 中，教师根据主体教学文本提供了完成教学活动任务的指令，即"Hello. I am _____. I am a student. It is _____ morning. ①It is _____, I am _____. ②It's _____, I am _____. ③It's _____, I am _____. ④It's _____, I am _____. This is my _____ morning!"，请学生用语言框架进行操练，说一说自己的"busy morning"。

这种有着重要教学意义的指令凸显了教学语境，给予了学生策略引导，为学生提供了语用框架，增强了学生的语用能力，激发了学生课堂学习的积极性，从而真正落实以话激"情"。

（三）问题对话——启发思维，以话激"情"

小学英语问题对话教学是指教师有目的地创设问题对话教学，以问题的设置为出发点，以课堂学习更深入、情感体验更深刻、促进核心素养的落实为落脚点，利用个人自述或个体独白、同伴对话、师生对话等问题对话形式，设计指向不同思维层次的问题对话教学，以问题对话打开学生思维，促进学生对语言知识深层次的理解与建构，帮助学生深度领悟语言知识的内在意义。如在 5AM3U2P4 The emperor's new clothes 的故事教学中，教师创设了问题对话教学情境，如"If you are the emperor, what will you do to the tailors and the little boy?""What will happen to the little boy?"。学生纷纷预设故事中可能会出现的情节，展开联想和想象，有对故事进行开放性扩写的，有为故事提供结尾的，也有对此题进行辩论的。学生回答得非常积极，表演得非常投入，故事中的人物活灵活现。上述问题对话教学，不仅巧妙地结合具体教学内容，激活了话题，让学生畅所欲言，还自然地渗透了德育内容,促进学生从更开阔的视角讨论问题,进而提升学生的思维品质。

三、评价互动,以评激"情"

教学评价是教学过程中对教学效果进行的价值判断,是对教师教学过程的评价和对学生学习效果的评价。教师在教学设计中,要注重分析各教学要素的相互关系,设计实施教学目标、教学活动、教学评价相统一的教学活动。教师在设计评价内容时要明确单课活动目标,思考活动过程,设计评价方案,建立教学与评价的密切关联,充分发挥教学评价的监督、监控作用,为促进教师的教、学生的学提供参考和依据。教师在设计评价内容时要针对学生的身心特点进行有梯度、多维度、有效度的评价,利用评价调整优化教学,让评价行为始终伴随教学过程,从而优化教学效果,促进学生的全面发展。

随着时代的发展和课程改革的推进,小学英语教师要充分意识到自身所担负的英语教学责任正在变重,教学不再是单纯的语言知识灌输,而是要注重学生的全面发展。因此,教师要采用多元化的英语教学评价方式,充分发挥评价的整体功能,让评价真正体现价值,从而做到以评价激发学生的学习兴趣,提升学生的学科情感和学科核心素养。

（一）彰显评价梯度

评价梯度是指教师根据学生的个体差异,根据教学的目标、内容,调整教学方法与手段等,设计有针对性的、有梯度的评价,促进学生个性化发展、全面发展、综合发展。评价梯度不是简单的评价分级,而是要追求每个学生真实、有效的发展。每个学生都有自己的优势与弱势领域,良好的教学评价能激发每个学生的天赋与潜能,发掘每个学生的内驱力。因此,小学英语课堂教学中应追求有梯度的评价,在考虑学生共性的同时兼顾学生的个性,从而让各个层次的学生都有积极的学习心态。

如在表3-1中,该节课的文本内容是太阳影子在一天中的变化情况,教学中便以学生、同伴和教师为评价主体,通过师生对话、生生对话、操练活动等来反映学生的学习情况。针对不同的学生,教师设计了听、说、演三种教学输入和输出形式,实行分层教学、梯度评价,满足了学生的个性化学习需要,激发了学生的学习兴趣。考虑到个别学生学习基础比较弱,感知能力比较弱,教师设计了一些相对简单的任务供他们完成,及时对他们的完成情况进行评价,加以鼓励和表扬;基础较好的学生要在"我是小主持"活动中口头播报一天中影子的变化;基础拔尖类学生可以用手电筒等道具来推理演示影子的变化。教师特别关注学生在生生对话中的沟通和交流能力以及在推理演示影子活动中的语言输出能力、口头表达能力、实验操控能力。这种评价设计形式多样,彰显了梯度评价,尊重了学生的个体差异,也较好地保护了学生的学习热情。实践表明,基于学生个体的个性化评价,较易促成以评促学的良性循环,能有效地提升学习效果,使课堂更具有活力。

表 3-1　4BM1U3P1 Look at the shadow

1. 针对不同学情设计的课堂教学评价标准	
☀	能听懂文本并在教师的示范下观察和描述影子的变化,要求语音语调基本正确
☀☀	能读懂文本并初步运用 in、on、behind、in front of 等描述影子的变化,要求语音语调正确,词法运用基本正确
☀☀☀	能读懂文本并熟练运用 in、on、behind、in front of、in the morning、at noon、in the evening、is、grow 等描述影子的变化,要求语音语调正确,词法运用正确
☀☀☀	能知晓文本并熟练运用 in、on、behind、in front of、in the morning、at noon、in the evening、is、grow 等完整、准确描述影子的变化,要求语音语调正确,词法运用正确,内容达意,口头表达基本完整准确
☀☀☀	能在推理演示过程中熟练运用 in、on、behind、in front of、in the morning、at noon、in the evening、is、grow 等来推理演示影子的变化,要求语音语调正确,词法运用正确,内容完整,口头表达完整准确

2. 针对不同学情设计的课堂教学任务		
听	☀	听懂文本,回答问题 Where is the shadow in the morning? Where is the shadow at noon? Where is the shadow in the evening?
	☀☀	朗读文本,回答问题 Where is the sun in the morning? Where is the sun at noon? Where is the sun in the evening?
	☀☀☀	读懂文本,回答问题 How is the tree's shadow in the morning? How is the tree's shadow at noon? How is the tree's shadow in the evening?

（续表）

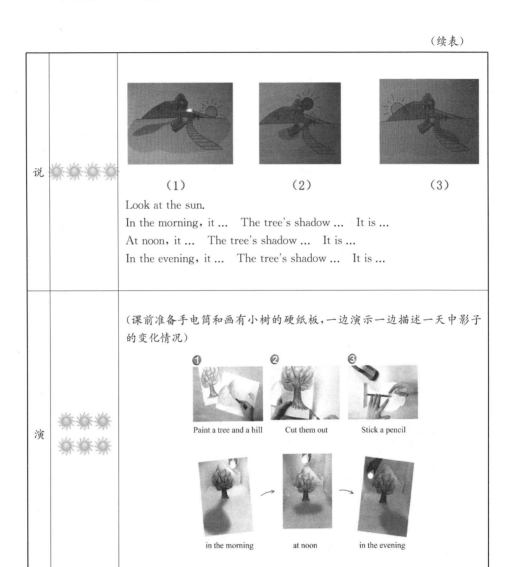

说 ✹✹✹✹	

（1）　　　　　　（2）　　　　　　（3）

Look at the sun.

In the morning, it ...　The tree's shadow ...　It is ...

At noon, it ...　The tree's shadow ...　It is ...

In the evening, it ...　The tree's shadow ...　It is ...

（课前准备手电筒和画有小树的硬纸板，一边演示一边描述一天中影子的变化情况）

Paint a tree and a hill　　Cut them out　　Stick a pencil

in the morning　　at noon　　in the evening

（二）拓宽评价维度

拓宽评价维度是指在英语学科核心素养导向下，教师在日常教学中设计多维度评价内容，借助多元化评价主体，采取多样化评价方式，对学生进行个性化评价，提升学生的核心素养，促进学生全面发展。这既是英语教学拓宽评价维度的出发点，又是落脚点。

表 3 - 2　2BM3U2P3 Rules around us 任务单

Let's do a survey

Boys and girls, we have learned a lot about different rules. Among the rules you have learned, which one impressed you most? Make a booklet and show us. 同学们，在你知道的所有规则中，你印象最深刻的是哪一个呢？ 快展示一下吧，请你们与同伴或父母一起完成这本小手册

Step1(动动手)：Draw the picture of rule(or stick the picture of rule). 画一画规则或者粘贴图片

师评：_____　　　我的得星数：_____

Complete 图片完整	★
Beautiful 画面美观	★
Correct 内容正确	★

Step2(动动嘴)：Introduce the picture of the rule. 介绍规则

互评：_____　　　我的得星数：_____

Correctly 词句准确	★
Vividly 语调生动	★
Fluently 表达流利	★

Step3(实际行动)：Say "No" to those who refuse to obey the rule. 学会对身边不遵守规则的人说"不"(请同伴或家人扮演不遵守规则的人，进行一次文明劝阻)

互评：_____　　　我的得星数：_____

Correctly 词句准确	★
Vividly 演练生动	★
Fluently 表达流利	★

表 3 - 2 中的案例从形式维度、主体维度、内容维度三方面体现多元评价

在小学英语教与学中的有效应用。Step1 动动手,采用的是活动教学法,让学生体验英语。大部分小学生喜欢涂涂画画。画规则的创意作业,能充分发挥学生的想象力与创造力,让他们形象生动地直观呈现个性化作品。Step2 动动嘴的练习与评价体现了英语作为一门语言学科,主要目的是让学生有效应用和交流。Step3 实际行动,根据相关学科的教学要求,让学生学以致用。该项教学作业的评价也多维化,将德育融入英语教学评价中,促进学生健康成长。Step1 动动手、Step2 动动嘴、Step3 实际行动也体现了多元智能的融合:画规则融合了身体—动觉智能、自知—自省智能、自然智能;介绍规则融合了言语—语言智能、视觉—空间智能、交流—人际交往智能、自知—自省智能、自然智能;对不遵守规则的人进行文明劝阻融合了言语—语言智能、视觉—空间智能、交流—人际交往智能、自知—自省智能、自然智能。每项练习对应的评价维度也不一样,从美术视觉、言语表达、人际交往等维度借助多种方式进行多元评价,拓宽了评价维度,促使学生产生了积极的学习情绪,激发了学生的学科情感。

(三)落实评价效度

在课程改革的背景下,教师必须树立新的评价观:从发展的角度出发,关注学生过去所取得的学业成果,着眼于学生现在和未来的发展,注重评价的发展性和有效性。因此,教师在设计评价内容时应以生为本,尊重学生的生命价值,注重人文关怀,提升学生的生命认知,让学生充分体验生命的欢乐,展示生命的活力,从而真正落实有效度的评价。

如在 5BM3U3P3 Changes in Shanghai 的教学设计中,教师让学生通过发现自己身边各种事物、环境的变化来感受社会的进步与发展,激发学生对自己所处时代的热爱之情、对祖国的热爱之情,让学生明白美好生活来之不易。教师在内容选材和设计上颇费心思。考虑到班级中有 30 名学生来自上海以外的地方,为使学生对自己生活、学习的第二故乡——上海有较直观的感受,教师通过图片欣赏引领文本阅读,让学生在直观感受上海的同时进一步加深对上海这座大城市的了解,引导学生在阅读中逐渐加深对上海的热爱,激发学生内心强烈的归属感,从而引导学生为在这样美丽的城市生活和学习感到愉悦和幸福,为祖国有如此繁荣昌盛的大都市而感到自豪。接着,通过设计"画一画并和你的朋友说一说你的家乡",引领学生情感由第二故乡上海转到自己的第一故乡——家乡。教师告诉学生"不管我们在哪儿,永远都不能忘却我们的第一故乡"。由此,在一步步的隐性的情感体验中,学生的故乡情感、家国情怀不断升华。最后,教师让学生根据自己的上课感受写感想,有学生写道:"East, west, home is the best."这堂课让学生自主进行开放性评价,评价切实有效。家国情怀是个人对祖国、家乡和人民表现出来的一种深厚感情。它是中国人最根本的情感之一。教师以评价为媒介,对家国理念进行拓展延伸,有效引导学生感受社会变化,厚植家国情怀,从而让评价真实发生。

又如在 2BM3U2 Rules 的教学设计中,评价内容包括:(1)能遵守交通规则;(2)能在日常生活中遵守规则;(3)能向他人介绍和分享学到的一些规则;(4)能对身边不遵守规则的行为进行文明劝阻。该评价设计体现了以学生为本,关爱学生生命个体,情感设计层层递进,逐步引领学生提升对生命的认知和对生命的敬畏,指导学生不仅要关爱自己也要关爱他人。该评价设计真正做到了以人为本,充满了生命关怀温情。

第二节　基于核心素养,关注学科情感

英语学科情感教学是指对学生情感方面的知识、技能素养等进行科学的影响和引导,从而帮助学生树立正确的人生观、价值观等。情感教学起初体现为一些具体方法,如暗示教学法、情境教学法、启发式教学法等,后来逐步上升到"乐学""愉快教学""成功教学""陶冶教育"等教育教学理论。现在,小学英语课堂逐渐向多元化、趣味化发展,教师需要基于核心素养,关注学生的学科情感。

一、以美激情,以情激智

英语学科情感的体验既是一种学习方式,又是一个学习目标。课程标准中的一项重要内容便是关注学生学科情感的发展,由此可见,情感体验对于学生的发展是十分重要的。教师应该从学生的角度出发,用生活场所展现情境,用实物演示情境,用图画再现情境,用音乐渲染情境,用直观教具充实情境,用生活经历再现情境等方式激发学生的学习兴趣。积极的情感体验既可以提升学生的学习效果和学习积极性,又可以促进学生全面发展。

（一）用生活场所展现情境

很多小学生喜欢看动画片或故事书等。教师在创设生活情境时,可加入小学生喜闻乐见的故事或动画片,并加以模仿运用,使之更好地融入教学,让学生用英语表达,用英语交谈,进而提高英语水平。

开展课堂教学时,教师不能把现实生活情境直接呈现在学生面前,而是要借助道具模拟生活情境。小学英语教材里有许多与学生生活直接联系的内容,如问路、打招呼、逛街、就餐。教师在授课时,可借助水果及围裙等来设计卖水果这一生活场景,学生通常都非常喜欢这一场景。通过学习,学生能掌握水果名称、水果数量、水果重量等相关句子及单词,同时能增强学习兴趣,提升学习效果。

（二）用实物演示情境

小学生具有良好的形象思维能力。小学英语教师在教学中可根据这个特点,运用实物直观、形象地展示课文内容或者某些需要学习和掌握的英语单词,加深学生对于知识的印象。这同样可以调控课堂氛围,营造轻松愉快的语言学习环境。

如在 4BM2U1 Sports 中,学生要学习 football、basketball、volleyball、table tennis 等单词。课上,教师把足球、篮球、排球、乒乓球的实物直接呈现在学生面前,在实物旁贴上相应英语单词后问学生:"How many balls can you see?"学生回答"Four"。接着,教师提问:"Do you know the English names of these movements?"随后,教师以 4 个球体实物单独说明相应的英语单词,使学生能结合实物来学习英语单词。这种教学方式既直观又可加深学生的印象。

（三）用图画再现情境

教师可借助图片展示英语课文写作背景,也可通过简笔画将英语课文中所提到的内容打印出来,从而将写作背景和课文内容以直观、形象的方式展示给学生,建构出符合课文内容的英语情境。然后,透过图画所展现的英语情境,加深学生对于英语课文内容的认识、理解和记忆。

如在教 fruit 这堂课时,教师先在黑板上呈现几个水果的形象,再配合这些画面来展示课文内容和创设符合课文内容的教学情境。然后,教师指导学生画出他们爱吃的水果,并请学生结合所画内容用英语进行描述,或者和其他同学用英语交谈。这不仅可以加深学生对于新单词的认识、理解和记忆,还可以提升学生的英语表达能力。

（四）用音乐渲染情境

教学中,激发学生的积极性尤为重要。教师可利用课前放几首英语歌曲,在这样的氛围中,学生很容易进入良好的学习状态,心情得到适度的放松,思维高度集中,随时都能接收新的信息。实践表明,音乐有助于学习者放松和加速信息收集、强化记忆。

小学英语教材中有很多趣味横生、简单易学的英语歌曲,这些歌曲大多和教学内容紧密相连。如 Ten little rabbits 一课中,教师让学生一边唱歌一边复习数字 1 至 10,把音乐和英语教学有机地结合在一起,营造了有声语言环境,让学生体验到学习的快乐,提高了学习效率。

（五）用直观教具充实情境

心理学认为,小学生的思维主要表现为形象思维,直观教具(如挂图、卡片和实物)有助于其记忆某些字、句。

如在教 3AM2U3 My family 这堂课时,教师要求学生带全家福照片,向班级同学介绍自己的家庭。学生学习积极性很高。此外,课堂本身也是最为直观和贴近学生生活的教学场景。教室的门、窗、桌、椅、黑板等物体都是最佳的教材。在讲解代表色彩的单词时,教师会要求学生谈论自己的衣服、学习用具和其他物品;在讲解食物、饮料、动物相关单词时,教师会要求学生用这些单词来交谈,相互介绍自己的喜好。这不仅能加深学生之间的情感,也能激发他们对英语学习的兴趣。

（六）用生活经历再现情境

教学形式要生活化。教师要让英语课成为生动的语言实践课,满足学生的需求,让他们在课堂活动中尽情展现自己,进而增强他们对英语学习的兴趣与自信。

如在教学"歌曲"板块时,教师要求学生听、唱、跳,并鼓励他们自己创编动作表演或者自己创编英语歌曲;学习了水果、动物、交通工具等单词后,要求学生涂一涂、画一画;学习了身体各器官的名词后,要求学生玩"动起来""摸起来"等游戏。在教学过程的各个阶段,教师所开展的活动应有所不同。如热身活动时,可使用唱儿歌和说绕口令的方式;话题导入部分可使用角色扮演、情境对话的方式;巩固新知部分可使用"开火车""猜一猜""找一找""比赛""角色表演"的方式;知识加深部分可使用"体育竞赛""模拟生日""小组创编短剧"的方式。英语教学必须立足学生生活实际,关注学生生活,发挥其主动性与创造性,使他们在生活中感受到英语的魅力,使他们在英语课堂教学这一生活舞台上大放异彩。

二、以行固知,造境悟情

(一) 角色扮演,深化学生的体验

小学阶段的学生一般表现出爱玩、好动、自我控制能力弱等特点,同时也表现出对陌生事物强烈的好奇心与探索欲。角色扮演符合学生的身心发展与语言学习规律,有助于学生增强英语学习意识,领悟知识意义。

如在讲解 4BM4U2 Festivals in China 时,教师先出示与春节有关的照片,请学生猜测相关单词是什么意思,并以此为基础,让学生讨论春节期间的活动,进而解释 relative、firework 等生词,激发学生学习英语的兴趣。学生两人为一组,分别饰演中国小学生和外国小学生,并交流各自的春节体验,感受文化差异。

(二) 问题引领,提升学生的阅读兴趣

教师要立足兴趣设问,唤起学生阅读期待,适当地提出问题,激发学生的学习兴趣,让他们自觉地投入学习。进入文本学习前,教师可创设情境,根据学生兴趣点提出问题。实践证明,在英语教学中创设好问题情境有助于调动学生学习的积极性。教师利用多媒体具有图文并茂这一特点来创设问题情境,不仅可以充分调动学生学习的积极性,还能培养学生的形象思维,让他们举一反三,发散思维。

教师在提问设计中,不仅要兼顾英语课堂学习中的重点内容,还要保证这些提问有充分的趣味性,调动起学生的阅读兴趣。在设计问题前,教师一定要围绕阅读材料进行深入细致的综合研究,积极探究阅读材料的重点,与此同时,切实抓住学生所关心的问题,保证他们能更主动、更积极地寻找问题的答案。

教师在进行英语阅读问题设计时,应充分考虑到学生的实际情况,从学生的能力出发,进行问题创设。这需要英语教师对于班级学生的实际状况有充分的了解。必要时,教师可针对不同的学生设计不同的题目,以满足学生的不同需求。

（三）创设情境,使学生产生积极的心理体验

1. 创设生活情境,激发学生的学习欲望

很多小学生喜欢看动画片或故事书等。教师在创设生活情境时,可加入小学生喜闻乐见的故事或动画片,并加以模仿运用,使之更好地融入教学,让学生用英语表达,用英语交谈,进而提高英语水平。

开展课堂教学时,教师不能把现实生活情境直接呈现在学生面前,而是要借助道具模拟生活情境。小学英语教材里有许多与学生生活直接联系的内容,如问路、打招呼、逛街、就餐。教师在授课时,可借助水果及围裙等来设计卖水果这一生活场景,学生通常都非常喜欢这一场景。通过学习,学生能掌握水果名称、水果数量、水果重量等相关句子及单词,同时能增强学习兴趣,提升学习效果。

小学生年龄较小,生活中许多事物都是无法接触到的,并没有非常直观的感受与经历的机会,所以,教师在教学时可以让他们基于所获得的一些生活经验与知识展开想象,通过想象完成英语练习。以英语课为例,在 5AM1U3 My future 一课中讲“What's your job?”时,教师可让学生设想若干年后他们会成为怎样的人,从事怎样的职业。这样,当学生交流对话时,就能较好地利用课本上与职业相关的词、句。通过想象,学生相互提问,获得了更多的知识。

2. 创设游戏情境,营造轻松愉快的课堂氛围

创设游戏情境有助于学生回顾对话内容。在对话复习教学时,教师要设计出符合学生需要的游戏情境,给学生营造一种轻松愉快、自然的语言操练氛围,让他们乐学、易学。

如在 4AM4U3 Weather 这堂课中,学生要学习 12 个月份和天气,教师可以设计“哈哈 HAPPY”的游戏,提前准备好 12 个月份的字条,并将其放入一个箱子中,然后准备好与天气特征有关的字条,如 hot、cold,放入另外一个箱子中。比赛一开始,就有学生分别从两个箱子中拿出一张纸条连在一起说出一句话。如果这句话与事实相符,其他学生就会复述这句话;如果这句话与事实不符,其他学生就会哈哈大笑起来。学生深入游戏情境,热情演绎人物。在游戏中学习,在学习中游戏,不仅符合学生愿意模仿的本性,能充分发挥学生的主观能动性和创造性,而且可以规范学习流程,让学生在快乐愉悦的氛围中巩固所学语言知识,锻炼语言运用能力。

3. 创设故事情境，引导学生自主表达

小学生处于积累阶段，教师既要鼓励小学生积累大量英语知识，又要使小学生努力把学过的知识用自己的语言表达出来，从而循序渐进地发展小学生的英语技能。就故事情境创设而言，教师可先要求学生讲述几个浅显的小故事，再让学生根据教师的故事自行提问。当学生初步掌握英语故事相关知识后，教师可以要求学生自己动手编写英语故事。

如 5BM3U1 Signs 这一单元主要涉及"No swimming!""No smoking!""Don't litter!""Don't walk on the grass."等知识点，为了使学生体会英语学习的乐趣，教师可要求学生根据不同的单词编写不同的语句。学生仿写了"Don't shout!""I do not like to eat rice.""Don't run."等内容。当学生熟悉连词造句后，教师便可要求学生把浅显的语句连成浅显的小故事。教师可为学生提供相关图片、关键词等，让学生融入自己的想法改编故事。学生受教材启发，把"Be quiet!""Don't shout!"作为主要内容，融入"why?""The library is a place to learn."等语句进行对话训练。

（四）绘本阅读，点燃学生的思维火花

教师围绕绘本主题，从标题、图片、背景三个视角创设问题情境，有利于学生迅速理解绘本中的有关背景信息及主题关联知识，建构主题关联图式并形成主题语义场，从而为阅读绘本做好准备。教师可以引导学生运用预测式提问对绘本大意进行预测，诱发学生的阅读期待。预测式提问从绘本封面开始，主要是用 where、when、who、what、how 等引出疑问，目的是指导学生对绘本大意和有关背景、人物及其关系、事件进行预测，诱发学生的阅读预期。预测能力是学生阅读绘本必须具备的一种能力。在绘本封面的预览部分，教师可以设计一些问题，带领学生对绘本封面进行观察，帮助学生预测绘本的大意并鼓励学生畅所欲言。

英语绘本阅读教学中，教师要深入剖析绘本并对其中的图文信息进行思考，把握文字信息的逻辑关系，将其转换成为优质的课堂教学问题。教师设计问题时要对学情有一个全面的认识，注意题目的难易程度、深度、广度与梯度，由外向内，由具体到抽象，设计层次丰富的问题，让学生在感悟问题、发现问题、探索问题中学习表达等。教师要通过个体、同伴、小组合作以及其他活动来实现绘本意义的建构，促进学生认知、技能和情感的发展，以此达到绘本阅读教学的目的。

三、以情激意,以思育情

(一) 通过小组合作学习培养学生的沟通能力,增强学生的社交愉悦感

小组合作学习是学生完成学习任务和实现学习目标的重要手段,也是学生个体素质得以发展的重要手段。合作活动是一种更优化的学习方式。在合作中交流、游戏、比赛是英语课堂教学中常用的一种活动方式。教师要以小组内合作学习为基础,营造课堂交际氛围,让学习小组两两配合起来进行合作交流。

以购物交际为例,在教学时,教师让每个小组的成员轮流当售货员、顾客,让售货员组每个人都分管一个专柜(如水果专柜、衣服专柜、文具专柜、宠物专柜等),让顾客组每个人都要在专柜买东西。一轮交际之后学生更换角色。教师全程巡视。每个小组的成员在交流时都会发挥自己的作用,尽自己最大的努力来确保活动的顺利开展。通过组际合作,学生拓宽了交际操练面,进而活跃了课堂气氛。

小组合作学习中,同伴互评常常被忽略。而学生互相进行客观、综合的评价不仅可以激发他们的学习兴趣,还能让他们在客观地了解同伴的同时客观地了解自己。这对于进一步组建小组合作机制具有重要作用。同伴互评应关注以下几方面。

1. 客观性

小学生对自己和他人的评价往往不够客观,教师应善于用实例或者个案分析的方法帮助学生正确评价别人。如果教师可以在学生合作学习的时候加入小组,听一听学生的互评,然后,对每个学生进行适当的学习评价,学生就能逐渐学会用客观的方法去评价同伴。

2. 全面性

虽然每个小组的学习内容是有限的,每个学生都有限度地开展活动,但同伴互评应尽量全面,既要评长处又要评短处。在对同伴的综合评价中,教师的示范作用是不可缺少的。由于小组通常由 4 至 6 人组成,每位组员可获得 3 至 5 个同伴的测评,测评结果并不一样。每位成员对某个同伴进行评价时,不仅要坚持己见,更要兼顾其他伙伴的意见,进行综合评价。

合作学习的关键在于协作,而协作的主要阵地在于课堂。教师要结合具体

情境设计出符合自己教学特点的协作形式,使学生以协作促学、以协作比学、以协作乐学。合作学习既可以锻炼学生的沟通能力,也可以增强学生的社交愉悦感。

(二) 通过思维导图满足学生的个性化需求,让学生体会思考的乐趣

思维导图能帮助学生比较所学资料,让学生迅速发现课文中的重点信息,并根据自己的理解把发现的信息整合成一个整体。这有助于学生加深对英语学习内容的理解,建立起各信息间的联系,摆脱机械记忆和疲劳学习。

如在讲解 animal 时,教师不能把词汇教学局限在这一个单词上,而是要进一步拓展与延伸,引领学生思考有哪些形容动物特性的单词,有哪些描述动物外形与颜色的单词等,让学生在思维导图的带领下,系统地归纳出网状的知识结构图,以强化词汇记忆效果。这既能提升学生词汇学习的效率,又让学生体会了主动思考的乐趣。

将思维导图应用于语篇教学,则要求教师基于语篇特点和教学目标引导学生借助思维导图进行语篇信息梳理,循序渐进地挖掘语篇内涵,并带领学生提升语言技能和加深对语篇意义的理解。小学生形象思维能力强,对实际见到的东西更易于理解和记忆,颜色鲜艳的东西更能引起他们的注意。

以 3BM3U3 Seasons 为例,这节课的语篇教学内容为:以文字和图片相结合的方式,将不同季节的气候特征、人在不同季节进行的不同活动呈现给学生,阐明不同学生对不同季节的情感和态度。这篇短文共分四段,虽然篇幅不长,但它所含生词较多,三年级的学生在理解上存在困难。spring、summer、autumn、winter、plant a tree、have a picnic、ice-skate、ski 等是三年级学生未曾接触过的词汇。另外,由于每段都是讲某个季节的特征和事件,学生阅读语篇时很难掌握其总体结构。面对小学生语篇阅读学习的困难,教师可尝试运用思维导图来帮助他们高效地学习语篇的词汇和其他知识点。教师在课前导入时向学生出示不完整的思维导图,提问"What do you want to say about spring?",引导学生对春天要看、要想、要写的事物进行思考,把他们所联想的事物融入思维导图中,达到读前猜测的目的。接着,教师带领学生一起阅读语篇内容,略读后初步完成思维导图。Seasons 是思维导图中的核心词汇,师生对二级分支进行了补充和完整,确定了思维导图中的四个主要支架内容。在此基础上,教师让学生以小组为单位不断补充和完善思维导图上的知识,探讨每个季节的特征,分享自己的学习

体会和感悟,从而引领学生对语篇内容进行深入探究,推动学生由浅层学习向深度学习转变。绘制思维导图时,教师采用色彩鲜艳的画面、线条来呈现动感之美,对学生产生视觉冲击力,激发学生学习的积极性。

（三）通过角色扮演培养学生的协作意识,提高学生的社交能力

为了使学生能快乐地学习英语,教师必须营造一种快乐的学习环境,激发他们浓厚的学习兴趣、强烈的求知欲,培养他们爱学习、会学习的感情,让他们在发展中获得乐趣,学会自主学习。角色扮演教学模式能较好地发挥学生的主体作用,非常适合在小学英语课堂教学中使用。常见的合作学习活动包括游戏活动、情境对话、角色扮演、小记者访谈记录、小话剧设计与演出等。这些合作学习活动可以激发学生的学习热情,培养学生的合作精神,增强学生的学习成就感,进而培养学生的团结协作精神。

角色扮演传承并发展了交际法,它是在"交际法"这门学科中产生的一种教学技巧。它要求学生在具体场景中发挥特定作用,展开场景对话并运用英语表达意见,使学生语言表达的主动性、创造性得到充分发挥。在这个追求创新和个性发展的年代,它把课堂还给学生,给学生提供了自我成长的空间。

教师布置场地时可以准备实物或者其他代替品。以学生为主,教师协助布置。如在练习"Do you like …? Yes, I do. / No, I don't."句型时,教师可以把教室布置成一个餐厅,里面画有各种食物和饮料,让学生想象他们去餐厅就餐的场景,两人一问一答,"Do you like chicken? Yes, I do. I like chicken.""Do you like pineapple juice? No, I don't. I don't like pineapple juice.",或者让一个学生充当小记者,去采访其他同学喜欢的食物。

角色扮演完成后,教师不仅需要及时了解学生对故事的感受,还需要注重评价角色扮演活动中学生的表现。第一,教师可通过提出问题的形式,加入观察者的故事思维。当学生结束角色扮演活动时,教师要倾听他们关于各自表现的小结。第二,教师可组织学生对各组节目进行评论,从而让学生了解自身的情况,增强信心。角色扮演是英语教学中不可忽视的一种有效教学技巧,它改变了传统的教学模式,突出学生的主体地位和师生的角色关系。采用角色扮演法,不仅能有效提高学生的英语学习水平,还有助于培养学生的交际能力,增强学生的社会角色意识及合作意识。

（四）通过阅读教学渗透文化意识，提高学生的人文素养

所谓文化意识，是指人们对生活、风俗、价值观念的态度及其对日常事物所持有的观点和感受，这种意识包含在语言中，是人类思想的一种表现。小学英语教学要把文化意识和语言学习结合起来，使学生能够在英语学习中体会相关文化。阅读教学作为语言教育的重要组成部分，不仅有助于提高学生的语言能力，还有助于培养学生的文化意识和人文素养。在阅读教学中，教师可以通过以下几方面来渗透文化意识，提高学生的人文素养。

一是选择多样化的阅读材料。教师可以选择不同国家、地区、时代的文学作品，让学生了解世界各地的文化背景、风土人情、历史传统等，拓宽学生的视野，提高学生的文化素养。

二是强调文化比较。在阅读教学中，教师可以引导学生比较不同文化的异同，让学生认识到文化的多样性和丰富性，培养学生的跨文化理解能力。

三是结合现实生活。教师可以把阅读材料与现实生活结合起来，引导学生关注社会问题、历史文化现象等，培养学生的社会责任感和公民意识。

四是开展专题研究。教师可以针对某一文化主题，组织学生进行专题研究，如"中国传统节日""世界文化遗产"等，让学生通过查阅资料、讨论交流等方式，深入了解相关文化知识。

五是创设文化情境。教师可以在课堂教学中创设文化情境，如带领学生模拟文学作品中的场景、举办文化沙龙等，让学生亲身体验不同文化的魅力。

六是鼓励自主学习。教师可以鼓励学生自主阅读，发掘自己的兴趣点，从而让学生更深入地了解某一文化领域，提高自身的人文素养。

教师可以在阅读教学中渗透文化意识，帮助学生提高人文素养，使学生成为具有全球视野、跨文化理解能力的新时代人才。

跨文化交际过程中，教师必须同时关注文化共性和差异性。学习英语时，语言知识和文化意识互为补充，缺一不可，必须将二者有机结合起来。只有当学生知道词或者词组的文化差异时，他们才能更好地使用英语。例如，dinner 是指主餐，包括正餐和晚餐，supper 是指晚餐；在中国，正餐一般为午餐，在英美国家，正餐一般为晚餐。通过这两个词语的运用，学生能认识到东西方文化的差异，从而正确区分 dinner 和 supper，并视情况做出主观判断。

在英语教学中，教师要创设逼真的情境促进学生的学习。5BM4U2

Western holidays 以"谈论节日中做什么"为主题,涉及许多节日,如 Easter、Halloween、Christmas、Thanksgiving 等。在课前,教师可以安排学生搜集东西方节日风俗以及主要庆祝方式方面的信息,使他们了解西方国家主要传统节日的文化背景知识。教师在课前可以适当安排教室环境,营造节日的气氛,促进学生的学习。

文化知识可以深化学生对于语言的理解,而语言由于被赋予文化内涵,更加容易被理解与把握。文化所涵盖的内容非常广泛,在平时的教学中,教师要有目的地选取学生比较熟悉的、有文化特征的图像和符号,并把这些带有文化特征的图像和符号与中华文化进行对比,从而加深学生对于相关知识的了解。

第四章

基于要素融合的小学英语
单元整体教学的案例解析

『**本章核心内容**』

团队成员在研究与实践中积累了不少有益的案例和经验,促进了自身的专业成长。这样一个有战斗力和凝聚力的团队的智慧成果,值得更多的一线教师学习和借鉴。

第一节　基于目标和话题,规划单元设计

课程标准中指出,核心素养集中体现了课程的育人价值,学生在课程学习后,逐步形成了适合自身终身发展以及适应社会发展需要的正确价值观、必备品格和关键能力。在英语课程中,我们要培育的核心素养包括语言能力、文化意识、思维品质、学习能力四方面。它们相互渗透,融合互动,协同发展。一线教师要把发展学生的核心素养作为核心目标。核心素养的培育并非一朝一夕可以达成的,教师需要长期关注,将其融入日常教学。这无疑对教师提出了更高的要求,教师应避免将日常知识教学和技能训练碎片化。这与单元整体教学设计所具有的功能和意义是匹配的。

单元整体教学是小学英语教学研究的一个重要方向。本书尝试从单元目标出发,从主题意义下话题引领的角度,阐述小学英语单元整体教学设计的相关概念与意义,探讨单元整体教学设计与实施中的策略和方法。同时,结合《英语》(牛津上海版)教材中的一个单元,谈一谈如何基于话题和目标,整合、优化教材内容,进行单元整体教学设计的尝试,并对实践中发现的问题进行反思,以此提高小学英语日常教学的效率和质量。

一、研究概述

(一) 单元整体教学设计的概述

1. 单元整体教学设计的相关概念与意义

小学英语单元整体教学设计是指以课程目标为引领,在挖掘教材单元功能、话题特点的基础上,从单元出发,在课时中有序教学并巩固语音、词汇、语法、语篇等语言知识,以语言运用为目标,带动知识与技能的转化,彰显英语教材的文本价值,提高整体的教学效率,有效优化学生的学习过程,提升单元整体教学的实效性。

2. 单元整体教学设计的相关研究背景

与单元整体教学设计相关的研究包括整体教育、整体语言教学、主题式整体教学等。整体教学是一种教学思想，源于社会发展对英语教学的需要。从 2008 年开始，上海市小学英语学科逐步推进单元教学设计项目（又称"单元整体教学项目"）的研究与实践。教师通过各项培训和日常教学不断优化教学设计思路，提升了上海市小学英语的课堂品质。

就英语学科而言，整体教学的核心理念在课程标准中得到了充分的体现。课程标准中对课程实施环节的教学建议就包括"加强单元教学的整体性"。因此，对单元整体教学设计进行深入研究分析，并结合课程标准的要求做出适当调整和思考，对于日常教学是非常有帮助的。

（二）基于目标达成的单元整体教学设计

教学目标是指教学活动中预期达到的学习结果和标准，对教师的教学活动具有一定的约束作用。

单元整体教学目标设计就是对各个具体的教学目标进行整合，从而全面、综合设计教学目标。它是单元整体教学设计的首要环节，是单元教学活动实施的方向，是课堂教学活动的出发点和归宿。科学合理的教学目标设计可以让学生主动学习，具有激励作用。

（三）基于主题意义下话题引领的单元整体教学设计

主题是英语课程内容的六个要素之一，是对话题的提炼，为语言学习活动提供了话题范围。主题包括人与自我、人与社会、人与自然三大范畴。主题不仅规定了语言知识和文化知识的学习范围，还为教师有效创设情境提供了方向。

基于主题意义下话题引领的单元整体教学设计是整合课程内容、实施深度教学、培育核心素养、落实学科育人目标的有效途径。

二、设计流程

单元活动设计是指基于课程标准，在解读教材内容、分析学情的基础上，设计以单元目标为导向、以话题为引领的分课时教学活动。结合对单元整体教学设计核心概念以及相关要素的关联的认识与分析，我们形成了小学英语单元整体教学设计基本路径。

（一）确定教学依据

1. 解读课程标准

课程标准是对各教育阶段内容总体性的把握，具有很强的指导性。课程标准为教师顺利开展英语教学活动指明了方向，是基础条件和必要条件。小学英语教师在进行单元整体教学设计时不能随意而为，必须严格遵守课程标准的规定与要求。

2. 整体解读教材

在进行单元整体教学设计时，教师要挖掘教材上各模块与各单元之间，以及各单元中不同板块语篇之间存在的内在联系。设计教学文本时，教师要注意基于教材内容，但又不局限于教材文本。更多的学习内容往往隐藏在教材文本中，教师需要用一双慧眼去发现它们。

3. 详细分析学情

在开展单元设计前，对教材内容的分析是非常重要的。教材内容往往是静态的，教师在整体解读教材后，一定要结合学情，充分剖析教学对象的学习需求、学习基础、学习能力，制定学情属性分析表。在此基础上，教师才能针对学生的语言能力、性格特点、学习需求，规划出适切的单元教学目标和单元学习活动。

（二）规划单元设计

1. 确定单元教学目标

在深入研读课程标准和教材、准确把握学情的基础上，教师需要精准、清晰地表述以学生核心素养培育为导向的单元教学目标和单课时教学目标，为设计、实施教学活动提供重要的依据与指导。单元教学目标的设计是设计单课时教学目标的前提，单课时教学目标是单元教学目标的具体体现，两者既相互区别，又相互联系。

2. 划分单课时话题

单元整体的教学内容较多，难以在一节课内完成，为了达到预期的教学效果，大部分教师会选择把整个单元的内容分成 2 至 5 个课时。所以，在设计单课时话题时，教师应紧紧地围绕单元主题，保证每个课时话题的设置都指向单元主题，做到单元话题设计有深度，单课话题设计有关联，整体的话题研究有深度。

3. 确定单课时教学目标

在单元整体教学中，为了更好地落实单元教学目标，教师要对单元各个板块中的内容进行有效的分配和整合,从语音、词汇、词法、句法、语篇等方面进行整体的知识划分。教师要设计好各个课时的教学目标,并体现出每个课时不同板块的功能,这样才更易于学生理解和吸收。

三、典型案例

我们在日常教学过程中对基于目标和话题的单元设计进行了多次尝试与探索。下面以《英语》(牛津上海版)教材 4BM4U2 Festivals in China 为例,探讨如何基于目标和话题,尝试单元统整,进行单元整体教学设计的实践与反思。

案例:4BM4U2 Festivals in China 单元整体教学设计

【所属模块与主题】

Module 4 More things to learn

Unit 2 Festivals in China

一、确定教学依据

(一)解读课程标准,明确教学要求

根据单元整体教学设计的基本路径和步骤,我们开展单元整体教学设计时必须研读课程标准,我们开展单元整体教学设计的主要依据是课程标准、教学基本要求、教学设计指南。

课程标准中强调核心素养这一概念。英语课程要围绕核心素养,体现课程性质,反映课程理念,确立课程目标。该单元为四年级教学内容,课程标准中明确了基于核心素养的四年级的学段目标,并对该学段的课程内容给出了四个方面的教学提示,包括关注学生的学习需求、合理利用学习素材、重视学习方法的指导、开展英语综合实践等。这些都能帮助教师把握课程标准的要求与内容,进而科学合理地确定教学目标和设计教学活动。

(二)分析教材,挖掘主题意义

主题是单元规划设计的灵魂。探究主题意义是单元教学的主线。在进行了初步的教材分析后,教师从单元主题出发,确定了该单元的话题,即 Festivals in China。该单元属于"人与社会"主题语境中的"历史、社会与文化"主题群,涉及的子主题是常见节假日、文化体验等,主要功能是介绍。该单元中共有七个板块,四个语篇分别涉及 Listen and say(交流喜欢的中国传统节日)、Look and read(介绍春节的传统习俗)、Say and act(在重阳节拜访敬老院的老人)、Listen and say(介绍传统用餐礼仪)等。教师初步分析教材内容后确定了三大板块,见表4-1。

课程标准中指出,学生应该具有了解辨识中外典型文化标志物、饮食及重大节日的能力,理解与中外优秀文化有关的短文,具有爱国主义情怀,树立文化自信。由此可以确定,该单元的主题意义是通过对教材文本的学习,加深学生对中国传统节日的认识,激发学生对中国传统节日的热爱,引导学生主动传承节日习俗和优秀传统文化。

表4-1　4BM4U2 教材分析

教材板块定位	核心板块	Look and learn	核心词汇: the Spring Festival、the Dragon Boat Festival、the Mid-autumn Festival、the Double Ninth Festival
		Listen and say	核心句型: What festivals do you like? I like ... What do you usually do ... I usually .... Happy the ...
	次核心板块	Say and act	对话
		Look and read	语篇
	辅助板块	Ask and answer	问答
		Think and write	习作
		Listen and enjoy	儿歌

(三) 分析学情,把握单元规划

教师必须重视学生的个体差异。在确定了本单元的主题意义后,教师要对学情进行分析。教师通过深挖不同年级的相关话题,明确话题之间的联系,从而更准确地把握教材。在学习该单元前,学生在 3BM4U2 Children's Day 这一单元学习过不同国家儿童节的相关知识,基本掌握了"What do you do on Children's Day?"这一句式,并能做出相应的回答。对于该单元 Ask and answer 板块中出现的节日月份,学生在此前儿童节这一单元的 Listen and read 板块中学习过。对于一般现在时的表述,学生在四年级第二学期 Module1 和 Module2 中学习过。在 5AM2U1 Grandparents 的 Look and read 板块中,学生还将深入学习重阳节的文化和习俗,懂得要尊重老人,主动弘扬中华优秀传统文化。在 5BM4U2 Western holidays 这一单元,学生将了解西方节日文化习俗,感受中外文化的差异。该单元的话题是"Festivals",在之前的教学反馈中,我们知道学生对该话题是非常感兴趣的,有浓厚的学习兴趣和主动性。

在进行了详细的学情分析后,教师设计的单元教学目标会更有层次感。通过对四年级学生学习基础、学习能力的分析,教师制定了学情属性分析表,见表 4－2。

表 4－2 4BM4U2 学情属性分析表

内容	知识要点	教材栏目	学生基础	活动选择
语音	特殊疑问句的朗读语调	Listen and say Say and act	熟知☑ 略知□ 新知□	倾听、模仿、朗读
词汇	有关节日的词汇	Look and learn Listen and say Say and act	熟知□ 略知□ 新知☑	模仿、朗读、造句、拼读、抄写、背记
词法	频度副词 usually、often	Look and read Ask and answer Say and act	熟知□ 略知☑ 新知□	倾听、模仿、朗读、造句
	介词 during、at、on	Look and read Ask and answer Say and act	熟知□ 略知☑ 新知□	倾听、模仿、朗读、造句
句法	特殊疑问句"What festivals do you like? What do you usually do …"及其回答	Listen and say Ask and answer Say and act	熟知□ 略知□ 新知☑	倾听、朗读、问答、描述
语篇	对话的基本信息记叙文的基本结构	Look and read Say and act Ask and answer	熟知□ 略知□ 新知☑	倾听、朗读、阅读、问答、描述、表演、交流

二、规划单元设计

（一）深度分析教材，确定单元教学目标

在解读课程标准、深度解析教材、分析学生的学习需求后，教师设计了单元教学目标。

在知识与技能上，要求学生达到如下目标：（1）能在语境中认读中国传统节日的名称，如 the Spring Festival、the Dragon Boat Festival、the Mid-autumn Festival、the Double Ninth Festival；（2）能在语境中用一般现在时"People usually/often … at … Festival."描述在某个节日人们的活动，如"People usually watch dragon boat races at the Dragon Boat Festival.";（3）能在语境中用"What festivals do you like?""What do you usually do …"等句型询问他人对中国传统节日的了解情况；（4）能提炼主体学习文本中的 month、weather、activity 等信息，并用这些信息简单地描述中国传统节日。

在学习与策略上，要求学生通过视听多媒体资源，了解不同节日的特征和习俗；通过模仿朗读、问答等形式熟悉语篇内容，掌握重点句型；通过单元学习，能用简单的句式介绍自己喜欢的节日。

文化与情感目标设定为：通过学习加深学生对中国传统节日的认识，激发学生对中国传统节日的热爱，引导学生主动传承节日习俗，形成在特殊的节日带给身边的人温暖的情感。

（二）立足单元主题，划分单课时话题

深度挖掘主题意义是单元教学的前提，也可以为后续的单元教学设计指明方向。通过深入剖析教材内容，教师明确了该单元的主题。在该单元，教师可以很好地将中华传统文化融入英语课堂，让学生在学习西方语言的同时，更好地了解中国传统节日，树立文化自信，增强文化意识，提升跨文化交际能力。

因此，本单元的语用任务设定为在认识中国传统节日的语境中，学生能借助图片、视频、音频等正确表达四个节日的名称，并从月份、天气、特色传统美食、传统活动、自我感受和情感等角度尝试描述这些节日；能较为正确地运用核心词汇和语句询问他人最喜爱的节日以及在节日中开展的活动，正确区分词的音、形、义，语言表达基本正确，语言表达流畅。

基于单元教学目标和主题，通过对单元教学内容进行合理的拓展与整合，教师划分了单元课时。教师把该单元分为五个课时，根据话题、语境和内容之间整体性、连贯性、一致性的原则,确定了单课时的话题。

整合后的分课时话题见表4-3。教师把七个板块、四个语篇的语言学习内容转化为话题学习内容。第一课时的话题是"Chinese festivals I know",学生交流自己知道的中国传统节日文化。第二至四课时以三个中国传统节日为话题、以单元主题为中心展开教学。第五课时的话题设定为"Chinese festivals I like",学生交流自己喜欢的中国传统节日。

表4-3　4BM4U2 整合后的分课时话题

课时	整合内容	话题
第一课时	Listen and say Look and learn	Chinese festivals I know
第二课时	Look and read Look and learn	The Spring Festival
第三课时	Look and learn Ask and answer Think and write	The Dragon Boat Festival
第四课时	Say and act Look and learn Think and write	The Double Ninth Festival
第五课时	Think and write Listen and enjoy	Chinese festivals I like

在进行单元整体教学设计时,教师要从整个单元的角度出发,依据单元各板块的内容来适当调整单元的原有结构,同时考虑学生的认知能力和特点,来设计一条教学主线,把知识有机、系统地串联起来。而话题恰恰可以承担这一任务。教师通过分析并研读教材内容,创建教学主线,把各个课时的教学内容串联在一起。在进行单元整体教学设计时,教师应依托单元主题,以单元话题为核心,创建教学情境,使其能更好地和单元主情境相融合,帮助学生创建语言知识体系。

教师要考虑到知识内容的连续性,关注各分课时话题与主题的关联性,关注各分课时话题的递进性。

(三)围绕单元教学目标,确定单课时教学目标

教师在确定单元教学目标时,应注意课时教学目标与单元教学目标的统一,

课时教学目标应服从于单元教学目标,两者之间是局部与整体的关系;各课时教学目标之间一定是具有递进性和连续性的。

为了实现有效的教学,教师在安排教学时应先设计层次化的教学目标,再在分课时目标和话题的引领下进行相应的教学内容整合,设计单课时教学活动。如教师基于分课时话题对单元教学目标进行分解,结合单课时话题语境设定分课时知识与技能目标,见表4-4。

确定教学目标时,语境是不能忽视的重要因素。教师要注重单课时语用任务的设计。如在确定单课时教学目标时,教师对学生的能力提出了不同的要求。从第一课时的"初步理解、跟读、模仿使用"到第二课时的"正确理解、朗读、尝试使用"、第三课时的"较熟练地使用"、第四课时的"熟练使用",再到第五课时的"综合使用",五个层层递进的分课时教学目标要求符合学生语言学习和认知发展的规律。

表4-4 4BM4U2 单课时知识与技能目标及语用任务

课时	教学目标	语用任务
第一课时 Chinese festivals I know	1. 能初步理解、跟读、模仿使用 the Spring Festival、the Dragon Boat Festival、the Mid-autumn Festival、the Double Ninth Festival 表述中国传统节日 2. 能初步理解对方的询问并尝试运用"When is the ... Festival?""How is the weather?"询问他人节日的时间和气候 3. 能初步感知、模仿使用"The Festival is in ... (month). It's ... (weather)"初步描述节日	在认识中国传统节日的语境中,能跟读和仿说四个节日的名称、时间、天气
第二课时 The Spring Festival	1. 能正确理解、朗读、尝试使用 the Spring Festival、Dragon Boat Festival、the Mid-autumn Festival、the Double Ninth Festival 表述中国传统节日 2. 能在春节的语境中正确理解和使用一般现在时"People usually/often ..."描述人们的活动 3. 能正确理解和尝试运用"The Spring Festival is in ... (month). It's ... (weather). We usually ... (activities).We often eat ... (food)."对春节进行描述,并表达喜爱之情	能在春节的语境中听懂描述节日的相关语段内容,并运用提供的关键信息和语言框架描述春节

（续表）

课时	教学目标	语用任务
第三课时 The Dragon Boat Festival	1. 能较熟练地使用 the Spring Festival、the Dragon Boat Festival、the Mid-autumn Festival、the Double Ninth Festival 表述中国传统节日 2. 能在端午节的语境中较熟练地运用一般现在时"People usually/often/sometimes …"描述人们的活动 3. 能用"The Dragon Boat Festival is in … （month）. It's … （weather）. We usually … （activities）. We often eat … （food）. We sometimes wear … I like the festival very much."对端午节进行描述，并表达喜爱之情	能在端午节的语境中听懂描述节日的相关语段内容，并运用提供的关键信息和语言框架描述端午节
第四课时 The Double Ninth Festival	1. 能熟练使用 the Spring Festival、the Dragon Boat Festival、the Mid-autumn Festival、the Double Ninth Festival 表述中国传统节日 2. 能在重阳节的语境中准确理解并运用 When、How、What、What special food 等对节日的时间、天气、活动、食物进行提问 3. 能用"The Double Ninth Festival is in … （month）. It's … （weather）. We usually … （activities）. We often eat … （food）."对重阳节进行描述，并表达喜爱之情	能在重阳节的语境中，尝试从时间、天气、活动、食物等方面对该节日进行描述
第五课时 Chinese festivals I like	1. 能综合使用 the Spring Festival、the Dragon Boat Festival、the Mid-autumn Festival、the Double Ninth Festival 表述中国传统节日 2. 能准确使用动词短语（如 eat rice dumplings 等）描述节日的活动 3. 能在语境中熟练运用"What festivals do you like?""What do you usually do …"等句型询问他人对传统节日的了解以及情感 4. 能综合运用"The … Festival is in … （month）. It's … （weather）. We usually … （activities）. We often eat … （food）."对喜欢的节日进行描述，并表达喜爱之情	能综合运用所学的目标语言来描述自己喜欢的中国传统节日

在相关语境下,教师基于话题让学生学会自主探究、自主合作、自主展示,并让学生学会查阅关于中国传统节日的相关资料,拓宽知识面,以话题为出发点,让学生结合生活体验进行语言运用,提高学生的核心素养。

四、实践反思

（一）提升单元整体意识,创造单元学习价值,增强学生的语用能力

在实际教学设计中,部分教师的"单元整体"观念很薄弱。他们所设定的分课时目标是缺乏关联性、递进性和整体性的。在实际教学中有时会出现以下现象:教师对教材文本的内容整合与教学目标的关联性不大,各课时话题之间缺乏递进性等。学生在课堂上掌握的只是零散的知识点,语用能力得不到提升。究其原因,就是教师在教学过程中没有从单元整体的角度基于单元目标、单元主题、单元板块设计相关内容,导致整合后的文本缺乏层次性、整体性和针对性。

教师在设计编排整个单元的教学内容时,不能把教材中已有的单元板块按顺序进行简单的呈现,而是需要调整单元的原有结构,对各板块进行重组,从而帮助学生深入理解知识。

（二）把握课程改革方向,转换教学思维,培育学生的核心素养

一线教师要改变思维方式,与时俱进,学习新理念。课程标准中指出,核心素养集中体现了英语课程的育人价值。教师需要深度解读核心素养,以教学实际需要为抓手,适当地取舍或调整教材内容,重新思考并优化单元设计教学内容。在进行单元教学目标设计时,教师要依托单元整体这一理念,以培育学生核心素养为根本宗旨,结合学情,围绕以主题为引领的学习活动,设计以核心素养为导向的单元教学目标,并在此基础上开展单元整体教学。

教师可以从教材编写的结构与特点出发,充分挖掘教材内容,创造性地使用教材,分析与重组单元话题及内容,把较为抽象的教学整体要求转化为适合具体教学对象的教学设计。教师要全面解读课程标准,深挖教材内容,整合碎片化的教学内容,明确单元教学目标,梳理文本背后的价值,借助有效的教学资源,开展丰富多彩的教学活动,以便提高教学效果,提升自身教学技能,培育学生的核心素养。

在教学设计时,部分教师对课程标准中提出的"教—学—评"一体化要求没有深入的思考,教学效果大打折扣。在设计单元教学目标的过程中,教师要在自

已理解的基础上,把核心素养这一抽象的概念转化为具体的单元及课时教学目标、学生学习目标、作业评价目标,各项目标的设定要小而精,体现学段特点和单元特点,具有针对性。这样,教师便能及时发现学生在学习中的问题,根据预设的教学目标给予学生及时有效的反馈与帮助,以此落实"教—学—评"一体化的整体育人理念,并真正把培育学生的核心素养落到实处。

对于核心素养的培育,如何在有限的课堂教学中,针对单元主题,提升学生的文化意识与思维品质,还需要教师对单课时教学活动以及作业习题进行优化设计。如可以通过设计"长作业"或开展综合学习活动来培育学生的核心素养。

(三)深挖单元主题意义,探究单元语篇整体教学,深化学生的情感体验

教师要准确把握单元主题意义,创造有利于教学目标达成的主题语境,把教学目标落实到具体教学活动中,让学生在话题引领的语境中感知、体验、理解与实践,从而高效达成学习目标,在解决问题、建构知识、探究意义的过程中提升核心素养。

但在备课过程中,话题对于教学实施的引领作用并没有充分发挥。大多数教师只是按照单元进行教学,缺乏整合意识,或是"主线"不明朗,导致各个单元彼此孤立,语境或话题的衔接不畅。这可能会使单元教学活动脱离学生的生活实际,降低学生的学习兴趣。

正确地解读单元主题和确立单课时话题,是有效推进单元整体教学设计的前提。教师在进行单课时教学设计时,要从整体到局部,以单元主题为依托,以话题为驱动,构建起"主题—话题—子话题"式的单元整体设计模式,把单元教材内容串联成学习链,逐步丰富课堂教学内容,打造整体、多元的课堂教学。在设计或优化语篇内容时,教师要确保每个语篇都有明确的主题。开展基于语篇的教学时,教师应树立语篇意识,活用教材,关注语言材料的话题意义,关注语言形式和意义之间的关系,并结合学生的真实生活,提升学生的情感体验和语用能力。教师要有意识地渗透学习策略的训练和培养,通过学习理解、应用实践、迁移创新等一系列综合性的活动培养学生的能力,提升小学英语课堂教学效果。

第二节 基于学情和教材,整合教学内容

一、研究概述

教材是教学的重要材料和工具,但课堂教学不能局限于教材。教师要善于用教材,而不是教教材;要善于根据实际教学需要和学情,灵活使用教材,对教材的内容进行适当的调整和取舍,并选用合适的内容对教材进行必要的补充。

课程标准中指出,教材是英语课程的核心资源。为了充分利用和有效开发教材资源,教师应深入分析教材,准确把握教材设计理念和内容,熟悉教材编排特点。教师要深入研读教材,在教学过程中,根据学生的实际情况和教学需要,有效利用和开发教材资源,激发学生的学习兴趣,开阔学生的视野,拓宽学生的思维。

二、设计流程

教学过程设计是指在分析教学内容和教学任务的基础上,设计教学方案,并对方案进行实施、评价和修改的过程。教师要从明确教学目标、把握教学内容、制定教学策略,即从教什么、为什么教、怎样教、教得如何等方面入手,形成各个层次的教学关系。教学过程设计中,教师要注重学情分析和教材分析。

（一） 学情分析

教师要对学生的年龄特点和个性特点进行分析,以便采用适当的教学手段帮助学生掌握预设的教学内容。例如,针对《英语》(牛津上海版)教材 3BM3U2 Colours 单元,教师在学情分析时,进行了如下描述:该单元的主题是颜色,学生主要学习用颜色来描述四季中自然界的风景。涉及的核心词汇有 sea、river、sky、mountain,涉及的句型有"Look at the ..."" It's/They're ..."。学生在一二年级时对颜色的描述有了基本的了解,这为该单元的学习打下了语言基础。但在该单元中,有关 ant 和 grasshopper 的描述,结合季节和颜色说一说自己喜欢

做的事,学生还未尝试运用。四季的颜色及具体事例的整体描述,对大部分学生来说略有难度,教师需要对问题设置不同的梯度,帮助学生理解、记忆和运用。

该课时中,教师在进行学情分析时,不仅注意知识技能的分析,对学生已有语用能力的分析也十分详细,这样的分析对之后科学地确定教学目标,有效实施教学过程十分必要。

（二）教材分析

分析教学内容主要是为了设定教学内容的深度、难度和广度,阐释教学内容各部分之间的关系,以确保教学效果最优化。只有在全面分析的基础上,才能正式进入教学过程设计。教师安排了教学内容后,一般需要进行初步的评价,以检验这些内容能否为实现教学总目标服务。初步评价一般涉及以下几方面:(1)选定的内容是否符合教学目标的需要,是否需要补充或删除与教学目标无关的内容;(2)安排的内容顺序是否符合英语学科的逻辑结构;(3)所选的内容是否符合学生现有的认知水平和结构,是否符合学生学习的实际情况。

例如,针对《英语》(牛津上海版)教材 5BM1U2 Watch it grow 单元,教师在内容分析时,先对整个模块和单元进行了分析。5BM1 的学习主题为"Using my five senses",涉及的学习内容都源自学生的生活,如在"Watch it grow"中让学生通过观察了解一些动物的生长过程;在"How noisy"中让学生认识和了解自己身边的一些声音等。

单元主题是"Watch it grow",教材内容是让学生通过观察了解一些动物的生长过程,在创设的语境中,能学习、理解、较熟练地运用该单元的核心词汇 egg、cocoon、caterpillar、chicken、duckling、puppy、grow、fly。

教师在进行第一课时的教学设计时,在分析教材后,结合学情,适度拓展文本内容,把原来教材上比较简单的四段文本改编成内容较为丰富的语篇:"This is an egg. It is small and white. It was a white egg. Now it is a green caterpillar. It has many legs. It likes eating leaves. It likes sitting on a leaf. It was a green caterpillar. Now it is a brown cocoon. It was a brown cocoon. Now it is a beautiful blue butterfly. It can fly high in the bright blue sky."

从上述案例中不难看出,教师对教材内容的分析十分深入,先从模块分析入手,再安排每个课时的学习内容。教师很好地梳理核心语言,分解话题内容,设计的教学内容也体现了语用任务。

三、典型案例

（一）基于学情分析，整合教学内容

案例：3AM3U2 Shopping

1. 案例概述

教材：Module 3 Places and activities，Unit 2 Shopping（Period 2 Shopping for ...）。

2. 案例呈现

（1）教学目标

☆ 知识与技能目标

① 能准确朗读含有字母 o 的单词及儿歌，并根据其读音规则进行分辨。

② 能正确朗读与运用单词 apples、bananas、peaches、oranges，并规范书写，要求发音正确，拼写无误，语法基本正确。

③ 能用核心句型"May I have ...，please?"简单表达所要购买的物品，并正确应答，要求发音正确，语言较流利，语法基本正确。

④ 能在对话中用句型"How many ..."" How much ..."互动问答，获取商品的数量和价格信息，要求发音正确，语言较流利，语法基本正确。

⑤ 能在语境中理解语篇，复习模块核心词汇及句型，并进行口头描述，且能借助句型框架进行仿写，要求发音正确，拼写基本无误，语法基本正确，聚焦主题，结构合理。

☆ 思维与策略目标

① 能通过发音辨别、听音找词、朗读语段等形式学习语音，了解字母 o 的闭音节发音规律。

② 能通过文本视听、看图说话、课堂练习等形式学习本单元水果类核心词汇的单复数形式，如 an apple、apples 等。

③ 能通过对话朗读、问答交流、角色扮演等形式使用本单元的核心句型"May I have ...，please?"表达购物意愿。

④ 能通过文本阅读、小组合作、信息提取归纳、尝试表达等活动训练，尝试归纳语篇"We enjoy shopping"的内容并根据提示简单描述各自与家人共同购

物的经历。

☆ 文化与情感目标

能初步感受购物的便捷,在与家人购物的过程中,懂得顾及他人的喜好,并学会按需购物,礼貌购物,体验购物的乐趣。

【单元语用任务】

在为节日购物的语境中,演绎与家人购物的过程,并简单描述一次愉快的购物经历,做到语音语调基本正确,语义较有逻辑,语言较流利。

【分课时话题】

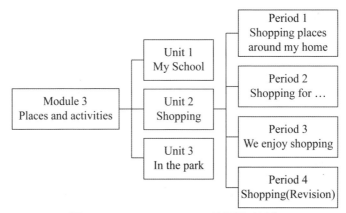

图 4 - 1　3AM3U2 Shopping 单元课时划分

(2) 教学过程

以 Period2 Shopping for ...为例介绍教学过程,见表 4 - 5。

表 4 - 5　3AM3U2 Shopping 教学过程

教学过程	教学内容	教学方法	教学目标
Pre-task preparations	Activity What shopping places are around your home? 1. What's in it? 2. How is it? 3. What can we buy in it?	1. Enjoy the pictures 2. Review the shopping places around Kitty, Peter and Danny's home 3. Say about the shopping places around your home	课堂准备 复习巩固 作业反馈 了解语境

（续表）

教学过程	教学内容	教学方法	教学目标
While-task procedures	Activity 1 What does Kitty want to buy for the party? 1. What can they do? 2. What does Kitty need? 3. What does Kitty have at home? 4. Where do they go shopping?	1. Listen to a dialogue 2. Ask and answer 3. Think and choose 4. Make a shopping list 5. Ask and answer	文本视听 问答交流 提取信息 任务驱动 信息归纳
	Activity 2 What food and drinks do Kitty and Mum buy for the party? 1. Why does Kitty buy food and drinks? 2. Where do Kitty and Mum go shopping? 3. What can Kitty and her friends do at the party?	1. Listen to a dialogue 2. Think and answer 3. Read and follow 4. Try to say 5. Listen and answer 6. Read the paragraph 7. Look and read	文本视听 问答感知 模仿跟读 模仿表达 师生交流 模仿朗读 阅读板书
	Activity 3 What fruit do Kitty and Mum buy for the party? 1. Why does Kitty buy fruit? 2. Where do Kitty and Mum go shopping? 3. What can Kitty and her friends do at the party?	1. Listen to the dialogue 2. Ask and answer 3. Read and follow 4. Discuss in pairs 5. Try to say 6. Ask and answer	文本视听 问答感知 提取信息 同伴交流 模仿表达 交流反馈
	Activity 4 What toys do Kitty and Mum buy for the party? 1. Why does Kitty buy toys? 2. Where do Kitty and Mum go shopping? 3. What can Kitty and her friends do at the party?	1. Think and answer 2. Listen to the dialogue 3. Act out the dialogue 4. Try to say	问答交流 文本视听 角色扮演 尝试表达

（续表）

教学过程	教学内容	教学方法	教学目标
Post-task activities	Activity You are going to have a/an gathering/party/picnic/outing. What do you buy? 1. Why do you buy …? 2. Where can you go? 3. What can you do?	1. Discuss in groups 2. Try to say 3. Enjoy a video	小组合作 语用表达 视频升华
Assignments	1. Make a shopping list for a/an gathering/party/picnic/outing. (Task Sheet-after class：Task A) （1）What do you need? （2）What do you have? （3）What do you want to buy? 2. Complete the passage and read it. (Task Sheet-after class：Task B)		
Board design			

3. 案例评析

本单元为《英语》(牛津上海版)教材 3AM3U2 Shopping 的内容。本单元核心词汇为 apple、orange、banana、peach 等水果类单词的单复数形式。核心句型为"May I have …, please?"。通过对教材、教学内容的分析以及对各年级相关主题学习内容的梳理,我们发现,学生比较熟悉核心词汇单复数的表达。对于本单元的核心句型,学生也有所接触,属于略知。对于本单元中元音字母 o 在闭音节中的发音,学生是第一次接触,属于新知。在此基础上,基于课程标准和教学基本要求,教师对本单元教材结构进行了分析,明确了本单元的主题 Shopping 属于人与社会的范畴;语言功能为交往类的询问、介绍;育人价值是初步感受购物的便捷,在与家人购物的过程中,懂得顾及他人的喜好,并学会按需购物,礼貌购物,享受购物过程。之后,教师进一步关注学习方法、情境创设、技能训练、情感文化等要素,从知识与技能、文化与情感、思维与策略三个维度进行描述,形成了单元教学目标。本单元的语用任务是在为节日购物的语境中,演绎与家人共同购物的过程,并简单描述一次愉快的购物经历,做到语音语调基本正确,语义较有逻辑,语言较流利。

本单元由 Look and say、Look and learn、Say and act 等栏目组成。基于教材所提供的主题、语言材料、图片情境和学生实际,在明确各栏目的语言内容和功能的基础上,教师对本单元的教学内容进行了整合,把各课时的话题设定为:(1) Shopping places around my home;(2) Shopping for ...;(3) We enjoy shopping;(4) Shopping (Revision)。从话题来看,四个课时所呈现的是一种递进式的建构框架,这与学生的逻辑思维是相符的。第一课时的教学内容是,学生通过回顾板书、阅读绘本、小组合作等活动,扮演故事中的人物,了解社区购物场所,说出其名称,描述其特点和售卖的商品。第二课时的教学内容是,学生通过任务驱动、模仿表达等活动,在为派对、野餐等活动购物的语境中,选择合适的购物场所进行购物,并描述购物过程。第三课时的教学内容是,学生通过小组合作、语篇阅读、信息提取、语用表达等活动,在为节日购物的语境中,演绎与家人共同购物的过程,并简单描述一次愉快的购物经历。第四课时的教学内容是,在 Alice 为重阳节出游购物的语境中,学生用所学语言描述与家人共同购物的过程,并简单描述一次愉快的购物经历。设计第四课时是为了复习前三个课时所学的内容。第四课时既是目标达成的反馈和检测,也为学生学习下一单元 In the park 做好了铺垫。四个课时的教学内容是逐步递进的,学生在了解社区里的购物场所后,要根据所购买的物品选择合适的购物场所,然后根据不同需求及他人的喜好来选择合适的购物方式,最后用本单元所学习的语言来简单描述一次愉快的购物经历。如此一来,学生的体验逐步加深,不仅能了解社区里购物场所的名称及其特征,初步感受购物的便捷,还能在与家人购物的过程中,懂得顾及他人的喜好,并学会按需购物,礼貌购物,最终获得 enjoy shopping 的情感体验。

(案例提供者:上海市嘉定区真新小学　俞玉路)

（二）基于教材内容,补充教学资源

案例:5BM3U2 Weather

1. 案例概述

教材:Module 3 Things around us,Unit 2 Weather(Period 2 Weather I like)。

本单元以 Different weather in our life 为整体语境,分五个课时推进。在语言内容的推进过程中,本单元的核心语句"What's the weather like? It's ..."贯穿始终。通过本单元的学习,学生能在语篇阅读中提取信息、反馈交流、实现语用。教师通过绘本阅读材料和阅读方法的指导来提升学生的自主阅读能力。

2. 案例呈现

（1）教学目标

① 能在相关语境中正确运用 snowy、stormy、foggy、cloudy、sunny、rainy、windy 等核心词汇。

② 能在相关语境中正确运用"It was spring. It was warm and wet."句式来描述四季的天气特点。

③ 能在相关语境中正确理解并尝试表达不同季节能做的事情。

④ 能正确朗读含有字母组 th 的单词的发音,并熟练朗读儿歌。

⑤ 能通过学习感受四季天气的不同。

（2）设计思路

本单元的话题是 weather,涉及的学习板块有 Look and learn(主要内容为核心词汇)、Look and say、Say and act(涵盖核心句型)、Read a story(主要体现语用功能)、Listen and enjoy(主要内容为关于天气的儿歌)、Learn the sounds(主要针对语音学习)和 Write,ask and answer。教师在解读教材、参考教学基本要求后,把本单元教学划分为五个课时,见图 4-2。

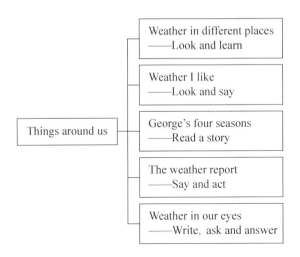

图 4 - 2 5BM3U2 Weather 单元课时划分

（3）教学准备

教师需要准备多媒体课件、板书、学习单等。

（4）教学过程

表 4 - 6 5BM3U2 Weather 教学过程

教学过程	教学内容	教学方法	教学目标
Pre-task preparations	Warming up	1. Sing a song 2. Review 3. Elicit the topic	渲染气氛，巩固第一课时的内容，为引入主题做铺垫
While-task procedures	1. Kitty's diary	1. Listen to Kitty's diary 2. Ask and answer 3. Read the diary	通过听、问等形式提取信息，了解 Kitty 喜欢的天气及其原因
	2. Jill's diary	1. Listen to Jill's diary 2. Ask and answer 3. Pair work 4. Try to say	通过听、对话等形式提取信息，了解 Jill 喜欢的天气及其原因

（续表）

教学过程	教学内容	教学方法	教学目标
While-task procedures	3. Alice's diary	1. Listen to Alice's diary 2. Fill in the blanks 3. Try to say	通过朗读等形式提取信息，了解 Alice 喜欢的天气及其原因
	4. Danny's diary	1. Listen to Danny's diary 2. Read the diary 3. Complete Board writings	通过自读、互问等形式提取信息，了解 Danny 喜欢的天气及其原因
	5. George's diary	1. Read the book 2. Find out the questions and answers 3. Complete Board writings	通过绘本阅读，巩固信息提取方法
Post-task activities	1. Revision	1. Review the diary 2. Try to read	复习相关内容，尝试阅读与巩固
	2. Enjoy the pictures	1. Listen and enjoy 2. Elicit：Different people like different weather	以图片回顾形式，引出不同的人喜欢不同天气的原因
Assignments	1. Finish your diary：Weather I like 2. Try to retell the story 3. Try to read 'George's four seasons' on P48—49		
Board writings	5BM3U2 Weather (Period 2) Tips 1. Scan the cover 2. Know about questions 　What's the date? 　What's the weather like? 　What's the temperature? 　Why? 3. Find out key points 4. Read carefully 5. Summarize 6. Share the ideas		

Weather I like

Date	Weather	Temperature	Reason
March 24	rainy	19 degrees	hear the raindrops
June 18	sunny	32 degrees	eat ice-cream
April 28	windy	25 degrees	fly a kite
December 30	snowy	1 degree	make snowmen

3. 案例评析

在教学时,教师运用图片环游教学法分享阅读,与学生共读故事,合作建构。教师以"What's the weather like?""What's the temperature?""Why?"等问题为引导,通过故事的封面、扉页、主题图等启发学生主动观察、预测、思考、分享,让学生在不断推测和阅读中发现问题、分析问题、解决问题。在这一过程中,学生通过观察 diary 的封面、扉页、封底等增强了文本意识。在朗读阅读材料的过程中,学生提高了认知词汇的能力和阅读流畅度等。在预测、分析等活动中,学生发展了阅读技能,掌握了阅读策略,提升了思维品质。在总结、交流活动中,学生概括了不同的人喜欢不同天气的原因,概括了本课时"Weather I like"日记的写作方法,形成了多元的思维。

（案例提供者:上海市嘉定区金鹤小学　唐莹）

案例:3AM4U1 Insects

1. 案例概述

教材: Module 4 The natural world, Unit 1 Insects (Period2 Insects I know)。

教师依托"基于英语报刊资源的小学高年级英语校本阅读课程的开发研究"的课题研究,二次开发英语教材,在备课时对教材中的语言内容进行改编或整合,结合课外报刊的排版模式,创编了 *Teens kids* 的 Insects 专版,从而对教材资源进行补充。

2. 案例呈现

（1）教学目标

① 能在相关语境中熟练运用 ladybird、bee、butterfly、ant 等核心词汇。

② 能在相关语境中熟练运用核心句型"What is it?""What's this?""What colour is …?""It's …"来进行问答。

③ 能在相关语境中听懂、读懂并较熟练地运用核心句型"It can …""It has …"来描述昆虫的能力和身体部位。

（2）设计思路

教师在教学设计时,把本课时的语用任务设定为:能围绕 Insects around us 的语境,借助图片和语言框架描述昆虫的名称、特征,要求语音语调基本正确、内容基本达意。与之相应的知识与技能目标是：能听懂、跟读核心词汇 ladybird、bee、butterfly、ant；能听懂、读懂、朗读核心句型"What is it?""What colour is it?"等，能听懂、读懂、朗读核心句型"It's a ... It's ... It has ... It can ..."并用这些句型来描述昆虫的特征。学生在本课时中的情感体验也是通过描述、了解昆虫的特征来实现的。

（3）教学准备

教师需要准备多媒体课件、板书、学习单等。

（4）教学过程

表 4 - 7　3AM4U1 Insects 教学过程

教学过程	教学内容	教学方法	教学目标
Pre-task preparations	1. Video：Insects we see	Enjoy a video	观看视频，激发兴趣
	2. Review：Insects I see	Show the paintings and introduce the insect	展示画作，巩固旧知
	3. The newspaper	1. Present the newspaper 2. Get to know the layout of the paper	出示报纸，了解结构
While-task procedures	1. Busy bee	1. Scan：Busy bee 2. Sing a song 3. Watch a video 4. Ask and answer 5. Look and learn 6. Look and read 7. Try to say	扫读文章，寻找信息 听唱歌曲，活跃气氛 观看视频，初步感知 点读默读，学习方法 问答学习，了解部位 阅读文本，尝试语用
	2. Lovely ladybird	1. Scan：Lovely ladybird 2. Ask and answer 3. Point to the text and read silently 4. Watch a video 5. Look and read	速读文本，抓取信息 点读默读，精读文本 观看视频，感知可爱 朗读文本，尝试语用
	3. The passage	1. Finish the table 2. Try to say	阅读文本，查找信息 完成表格，尝试语用

（续表）

教学过程	教学内容	教学方法	教学目标
Post-task activities	1. The passage: Insects around us 2. Insects I know	1. Review：Insects around us 2. Introduce：Insects I know 3. Watch a video 4. Introduce Period 3	文本回顾,进行语用欣赏视频,情感体验
Assignments	1. Read the passage on the newspaper：Part 1 and Part 2 2. Introduce an insect you know to your friends		
Board design	3AM4U1 Insects（Period 2） **Insects I know** Names　Colours　　　　Body parts　　Abilities　Feelings bee　　yellow and black　feelers、a head　—　　　busy ladybird　red and black　wings、legs　　fly　　　cute butterfly　colourful　　　a body　　　　crawl　　beautiful ant　　black　　　　　—　　　　　　　　　　lovely I know the ...　It's ...　　　It has ....　　It can ...　How ...		

3. 案例评析

本案例中,教师灵活、创造性地运用教材,自主开发有价值的课程资源(如报纸资源)进行整合和优化,拓宽了学生的视野,深化了学生的情感体验,提高了英语教学效率。教师引导学生通过体验、实践、讨论、合作、探究等方式,综合运用相关知识和技能解决现实生活中的问题。

（案例提供者:上海市嘉定区叶城小学　李超）

四、实践反思

（一）正确处理课程标准与教材的关系

课程标准涵盖了学科的性质和任务、内容和目标以及实施教学的建议等,是教材编写的重要依据之一,更是教材使用的指导纲领。课程标准要真正发挥作用,离不开教师的正确理解与有效执行。如何正确处理课程标准与教材的关系,是每位教师都必须积极面对和认真思考的问题。教师要思考如何使用教材以达到课程标准的要求并符合设计者的意图,进而提升课程教学的有效性。

（二）正确分析教学对象

小学生独特的身心特点决定了他们的学习方式与成人有所不同,也影响着教师的教学方式。教师只有充分了解小学生的身心特点,才能开发出适合他们的课程。另外,小学生的成长环境和学习经历不尽相同,能力和水平也存在差异,教师要正确对待学生的差异,并尽力帮助每个学生,使他们都能通过学习有所提升。

（三）正确分析教学内容

教师在设定教学目标时要表述清晰,重难点突出且易于把握。教师在教学过程中要充分尊重学生的主体地位,发挥自身的主导作用。教师在课堂上要扮演好引导者的角色,把课堂学习的主动权交给学生,让学生在课堂上自由学习知识。由于课堂教学时间有限,为了使教学更有效率,教师要合理取舍教材内容,精心选择教学内容。教师在教学过程中要合理利用教学媒体,设计恰当的教具和课件等使教学更加直观,符合小学生的认知方式。

（四）合理选取有意义的课程资源

课程资源的选取要合理。教师选取的课程资源要与教材内容相关,或有利于加深学生对教材内容的理解与掌握。教师需要清楚地知道怎样的课程资源是有意义和有价值的,怎样才能获取有价值的课程资源,如何将自己选取的课程资源与教材内容有机结合起来。

基于学情和教材的内容整合对教师的能力提出了更高的要求。教师不仅要充分体现以学生为中心的教学理念,让学生乐学、善学,还要使教学过程的设计与实施符合相关教学目标与要求,激发学生的学习兴趣,让学生在完成任务的过程中体验成功的喜悦,提高语言综合运用能力。

第三节　有序推进活动,增强语用体验

一、研究概述

教师要秉持英语学习活动观组织和实施教学。教学活动的设计与实施要以主题为引领,以语篇为依托,通过学习理解、应用实践和迁移创新等活动,引导学生整合性地学习语言知识和文化知识,进而运用所学知识、技能和策略,围绕主题表达个人观点和态度,解决真实问题,提升核心素养。

《小学英语教学设计》一书中指出,活动首先是指为了达到某种目的而采取的行动,其次是指在外界因素的刺激下,有机体做出的生理与心理反应。教育作为人类的一种实践活动,它的活动主体不是唯一的,而是包括教师和学生。小学英语教学活动就是为了达到小学英语课程与教学目标而采取的行动。因此,小学英语教学活动应具备如下特征。

（一）目标导向性

小学英语教学活动指向培育学生的核心素养这一根本目标。英语课程要培育的学生核心素养包括语言能力、文化意识、思维品质、学习能力等。这要求学生能够在感知、体验、积累和运用等语言实践活动中,发展语言能力;能够了解不同国家的优秀文明成果,形成健康向上的审美情趣和正确的价值观,加深对中华文化的理解和认同,树立国际视野,坚定文化自信;能够在学习活动中发展思维,逐步发展逻辑思维、辩证思维和创新思维,使思维具有一定的敏捷性、灵活性、创造性、批判性、深刻性,使思维品质得以提升;能够保持学习兴趣,主动参与语言实践活动,学会自主探究合作互助,提高学习能力和学习效率,做到乐学善学。

（二）主体交互性

学习的主体是学生,学生的主体性是小学英语教学活动的本质特性。小学英语教学活动是教师引导下的学生学习活动,是师生、生生的交互活动,因此,主体交互性是小学英语教学活动的另一本质特性。

在小学英语教学活动中,学生的主体性表现在进一步整理和改造已有的知识,主动探索学习英语的方法,发展自己的英语运用能力,使自己从语言的接受者变成语言的探索者和评价者。教师要把课堂活动变成一种语言运用实践活动,让学生积极思考、主动实践,并在与他人的互动中形成语用能力。

（三）过程推进性

活动是学生在教师引导下经历从不会到会的能动过程。教师是整个活动的组织者和引导者,从宏观的角度调控着整个活动,创造条件调动学生学习的积极性,最大限度地发挥学生的主体作用。学生则主动把知识内化,探索事物内在规律及其关系,不断完善自己的认知。在教学活动的推进过程中,教师经常会设计逐层递进、清晰有序的教学活动,引导学生通过观察、理解、归纳等途径知晓、理解知识内容。在听、说活动中,学生通过提炼主要信息,加深对语言的理解,并在语境中正确进行语言的运用和表达。

（四）情感体验性

人们是通过语言来表达情感、交流思想的。英语是一门语言,英语教学的过程也是师生交流互动的过程。教师在教学过程中要重视情感因素的作用和情感体验的过程,注意教学与心理的联系,促进学生的英语学习,提高学生学习英语的兴趣。教师把知识与情感、情境、情趣等有机结合起来组织学习活动,不仅能使师生建立起良好的关系,形成融洽的课堂气氛,而且能使学生始终在好奇、愉快中学习。在这个过程中,学生巩固和深化了语言学习,增强了英语思维能力。

二、设计流程

（一）聚焦主题内容,单元整体规划

我们在探索和追求单元整体教学的过程中加深了对单元整体教学的理解。我们在解读教材整体结构和板块功能的关系以及分析学情的基础上,针对每个教学单元,整体组织教学内容,选择教学方法,组织教学活动,分配教学时间,设计教学评价。单元整体规划设计流程见图4-3。

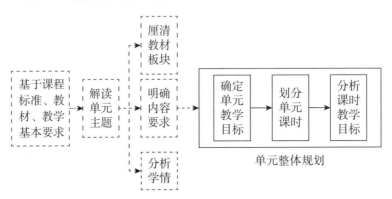

图4-3　单元整体规划设计流程

（二）基于单元整体,单课设计落实

单元整体规划下的单课教学设计是基于单元整体思考的。教师要从单元整体目标出发,合理确定每个课时的教学目标,整合教学内容,设计教学过程,使之成为单元整体设计的有机组成部分,从而促进学生学习语言知识,锻炼语言技能,形成有效学习与思维策略,逐步提高综合语用能力,增强文化意识。单课教学设计的科学合理规划,有助于单课的有效实施,也能最终促进单元目标的达成。单元整体规划设计路径见图4-4。

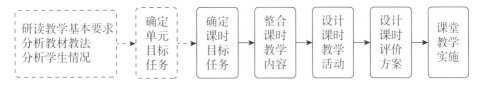

图4-4　单元整体规划设计路径

（三）基于课时目标,教学活动推进

教学目标是教学活动实施的方向和预期达成的结果,是一切教学活动的出发点和最终归宿。在设计教学活动前,教师需要仔细研读教材,整合教学内容,确定教学目标。在确定教学目标后,教师要围绕教学目标,设计适切的教学活动。

教师要借助教学活动设计表,在教学流程中有效设计与活动目标匹配的有层次和梯度的系列活动任务,依据不同的活动任务逐层推进活动。活动设计应整体思考,有序推进,最终还要检视活动设计是否达成了活动目标。教学活动设计表见表4-8。

表4-8　教学活动设计表

教学流程	教学活动推进		
	活动内容	活动方法	活动目标
Pre-task preparations			
While-task procedures			
Post-task activities			

三、典型案例

以 4BM4U1 A Music class 为例具体说明。

案例:4BM4U1 A Music class

1. 案例概述

教材:4BM4U1 A Music class。

2. 案例呈现

第一部分　单元规划

【教材分析】

表 4-9　4BM4U1 A Music class 教材分析

项目	内容		
主题	□人与自我　☑人与社会　□人与自然　（单元主题 A Music class）		
功能	☑交往　□感情　态度　（单元功能 Introduction ）		
育人价值	激发学生对音乐的兴趣,引导学生感受音乐的魅力,在美妙的音乐中陶冶学生的情操		
教材板块定位	核心板块	Look and learn	核心词汇: piano、violin、triangle、drum
		Listen and say	核心句型: What can you play? Whose ... is it? Where's ...? Is that ...?
	次核心板块	Say and act	音乐课上的猜谜活动
		Read a story	Story:The Piper of Hamelin
		Make and play	制作乐器
		Ask and answer 1	询问乐器的位置
		Ask and answer 2	询问乐器的主人
	辅助板块	Listen and enjoy	歌曲:The music man

【学情分析】

表 4-10　4BM4U1 A Music class 学情分析

内容	知识要点	教材栏目	学生基础	活动选择
词汇	piano、violin、triangle、drum	Look and learn	熟知□ 略知☑ 新知□	倾听、模仿、朗读、造句、拼读、抄写

（续表）

内容	知识要点	教材栏目	学生基础	活动选择
语法	What can you play? Whose … is it? Where's …? Is that …?	Listen and say Ask and answer 1 Ask and answer 2	熟知☐ 略知☑ 新知☐	倾听、模仿、朗读、问答、描述
语篇	Get ready for Music class In the music room The Piper of Hamelin	Listen and say Say and act Read a story	熟知☐ 略知☑ 新知☐	阅读、复述、问答、交流

第二部分 单元教学目标和单元学习任务

【单元教学目标】

☆ 知识与技能目标

① 能在相关语境中知晓、理解、运用 piano、violin、triangle、drum 等乐器类单词,并能听、读和规范书写。

② 能在相关语境中运用核心句型"What can you play?""Whose … is it?""Where's …?""Is that …?"询问信息,并能正确应答。

③ 能在相关语境中描述会弹奏的乐器并用象声词正确表达某种乐器的声音以及乐器的位置和主人。

④ 能在相关语境中理解故事内容,获取相关信息,对故事进行介绍和描述。

☆ 思维与策略目标

① 能通过文本视听、跟读模仿、看图说话等形式学习本单元的核心词汇。

② 能通过对话朗读、问答交流、看图说话等形式学习本单元的核心句型。

③ 能通过文本朗读、阅读、信息寻找、问答交流等形式读懂语篇,进行话题表达。

☆ 文化与情感目标

能产生对乐器的兴趣,感受音乐的魅力,在美妙的音乐中陶冶情操。

【单元学习任务】

能在 Read in Music class 的语境中,借助图片等信息介绍某种乐器的特征和声音等,做到语音正确,表达流利,内容达意。能感受音乐的魅力,在美妙的音乐中陶冶情操。

第三部分 分课时教学目标和文本内容

以下仅呈现第三课时的相关内容。

Unit 1 A Music class（Period 3）

Read in Music class

【教学目标】

☆ 知识与技能目标

① 能在故事语境中认读、理解 pipe、in return 等词汇。

② 能在故事语境中理解语篇，获取并梳理相关信息。

☆ 思维与策略目标

① 能通过文本视听、看图说话等形式理解相关词汇。

② 能通过文本阅读、信息寻找、问答交流等形式读懂故事，迁移运用。

☆ 文化与情感目标

能从更多方面了解音乐，从而感受音乐，欣赏音乐，享受音乐。

【学习任务】

能读懂教材上的故事，知其含义，并尝试阅读其他与音乐有关的文章。

【学习重难点】

能在故事语境中理解语篇，获取并梳理相关信息。

【学习文本】

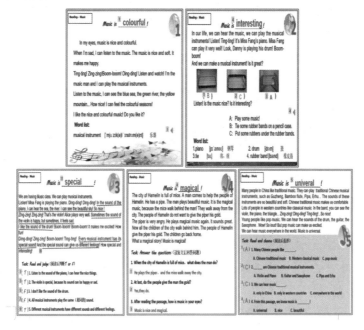

图 4-5　4BM4U1P3 Read in Music class 的学习文本

【教学资源】

教材、学习单、多媒体课件。

【教学过程】

表 4 - 11 4BM4U1P3 Read in Music class 的教学过程

教学过程	教学内容	教学方法	教学目标
Pre-task preparations	1. Video：The sound of music 2. Song：I'm the music man 3. Free talk about Music	1. Listen and enjoy 2. Try to sing 3. Ask and answer	感知语境 了解话题
While-task procedures	1. Passage 1：Music is colourful	1. Read 2. Read aloud 3. Give the name	朗读文本 初步感受 为语篇起名
	2. Passage 2：Music is interesting	1. Read fast 2. Think and match 3. Check 4. Give the name	速读文本 体验过程 为语篇起名
	3. Passage 3：Music is special	1. Read（skimming） 2. Ask and answer 3. Check 4. Give the name	略读文本 获取信息 为语篇起名
	4. Passage 4：Music is magical	1. Read（scanning） 2. Read and judge 3. Check 4. Give the name	扫读文本 选择信息 为语篇起名
	5. Passage 5：Music is universal	1. Read（surveying） 2. Read and choose 3. Check 4. Give the name	通读文本 理解内容 为语篇起名

（续表）

教学过程	教学内容	教学方法	教学目标
Post-task activities	1. The passage 2. The meaning of Music	1. Read 2. Try to know	整体感受 了解内涵
Assignments	1. Find and read more passages about music 2. Enjoy the beautiful music		
Board design	4BM4U1 A Music class(Period 3) 　　　　　　　Read in Music class 　　　　　　Colourful 　　　　　　Interesting 　　　　　　Special 　　　　　　Magical 　　　　　　Universal		

四、实践反思

（一）主题解读，整体规划

课程标准中指出，英语课程内容的选取遵循培根铸魂、启智增慧的原则，聚焦人与自我、人与社会、人与自然三大主题范畴。教师应以主题为引领，选择和组织课程内容。

单元主题"A Music class"聚焦的是人与社会这一主题，属于"文学、艺术与体育"主题群。学生在这个主题下通过学习体验，产生对音乐的兴趣，感受音乐的魅力，在美妙的音乐中陶冶情操。

教师深入研读教材核心板块和次核心板块后，针对学情进行了精准分析：四年级学生已具备在听读活动中获取信息、理解大意的能力；在增加语言积累的同时，注重体会语言的文化内涵。4BM4U1 A Music class 单元规划见图 4-6。

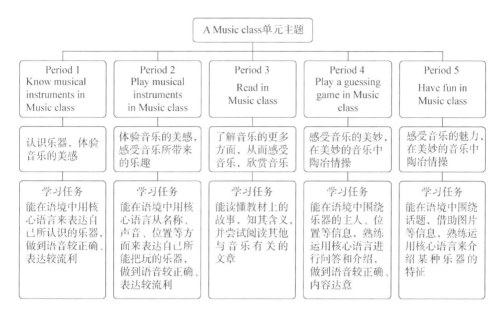

图 4 - 6　4BM4U1 A Music class 单元规划

（二）主题引领，内容整合

在单元主题 A Music class 的引领下，学生能在上音乐课的语境中，借助图片、语段文本、视频资源等简单介绍某种乐器的特征和声音等，感受音乐的魅力，学会欣赏音乐。

教师在单元整体规划中，整合多篇阅读文本供学生语篇阅读，分别为"Period 1 Know musical instruments in Music class、Period 2 Play musical instruments in Music class、Period 3 Read in Music class、Period 4 Play a guessing game in Music class、Period 5 Have fun in Music class"。这些语篇内容和形式多样，有歌谣、歌曲、韵文、对话、配图故事、记叙文、图片、视频等，既有了解和记忆类的具体知识点，也有体现态度和价值观的内容。

（三）语篇阅读，活动推进

教师要以语篇研读为逻辑起点有效开展教学设计。教师要充分认识语篇在传递文化内涵、引领价值取向、促进思维发展、服务语言学习、促进意义理解与表达等方面的重要作用。

教师要开展有序、有效的教学活动，引领学生开展语篇研读。教师要对语篇的主题、内容等进行分析;明确主题意义,提炼语篇中的结构化知识,多层次、多角度地分析语篇传递的意义,挖掘文化内涵和育人价值,把握教学主线;根据学生对主题的认知情况,确定教学目标和教学重难点,为设计教与学的活动提供依据。

教学基本要求中明确指出,小学阶段的语篇学习主要是在听和读的活动中获取信息,理解大意,增加语言积累,体验语言的文化内涵;在说和写的活动中运用语言知识进行表达,能阐明事件以及描述人或物;在学习过程中初步感知语言的多元功能,形成语篇模式的意识,提高逻辑思维能力,增强文化意识。

下面以 4BM4U1P3 Read in Music class 为例,阐述教师如何在教学过程中设计活动并组织学生开展语篇阅读。

[活动 1]正式教学活动开展前,教师播放影片 *The Sound of Music*(音乐之声)中的经典歌曲片段 *Do Re Me* 作为本课时的暖场。四年级学生在音乐课上已经学会演唱该歌曲,在跨学科的英语课上也能声情并茂地演唱起来,而用英语来演唱,更使学生有了愉悦的心理感受和学科认同感,此外,经典的歌词也有助于学生感知音符的美妙及其文化内涵。深受学生喜爱的教材配套内容 Listen and enjoy 中的 *I'm the music man* 歌曲演唱,让学生很快就融入了音乐的氛围中,深入理解主题内容。

[活动 2]通过"After enjoying and singing, please tell me: Do you like Music? How is Music in your eyes?"等问题,教师承接第二课时 Play musical instruments in Music class 的话题内容和学习语篇语境,带领学生复现主题内容,复习与巩固上一课时的语用任务,再次体会第一课时和第二课时中的文化与情感。

[活动 3]在学生对本课时的话题有了一定的了解后,教师布置了本课时的阅读任务"Let's read some passages about Music"。为了引领学生在阅读过程中提升阅读能力、增强语用能力、深化情感体验,教师提出阅读五个语篇的 Tips,同时也表明,这些语篇是具有一定的拓展性和难度的。有目的的阅读活动能更好地帮助学生达成预设的目标。

[活动 4]通过朗读文本、初步感受、为语篇起名等活动,学生对"Music is

colourful"有了更深入的理解。

图 4 - 7　活动 4 相关内容

[活动 5]通过速读文本、体验过程、为语篇起名等活动,学生完成了对"Music is interesting"的体验过程。

图 4 - 8　活动 5 相关内容

[活动 6]通过略读文本、获取信息、为语篇起名等活动,学生在阅读中理解了"Music is special"的内涵。

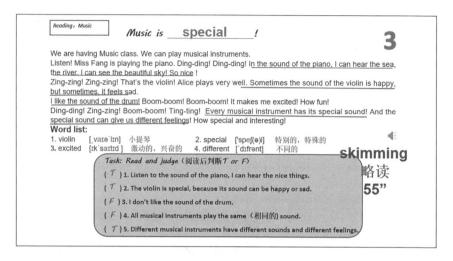

图4-9　活动6相关内容

[活动7]教师根据教学目标中语用表达与情感体验的要求，对教材中的故事文本进行适当的调整，使相关内容更符合本课时的文化与情感目标。教师带领学生扫读文本，选择信息，为语篇起名。学生在观看视频、知晓故事、理解问答、讨论内涵等活动中，对"Music is magical"有了深入的理解。

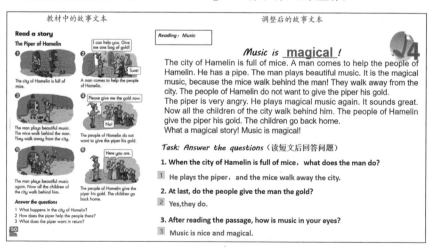

图4-10　活动7相关内容

[活动8]通读文本、理解内容、为语篇起名等活动对学生来说是具有一定难度的，因此，教师设计了较为简单的Read and choose活动去检测学生对"Music is universal"的理解情况。

> **Reading：Music**
>
> **5 Music is <u>universal</u> !**
>
> Many people in China like traditional music. They can play traditional Chinese musical instruments, such as Guzheng, Bamboo flute, Pipa, Erhu... The sounds of these instruments are so beautiful and soft. Chinese traditional music makes us comfortable.
> Lots of people in western countries like classical music. In the band, you can see the violin, the piano, the triangle... Zing-zing! Ding-ding! Ting-ting!...So nice!
> Young people like pop music. We can hear the sounds of the drum, the guitar, the Saxophone . Wow! So loud! But pop music can make us excited.
> We can hear music everywhere in the world. Music is universal.
>
> **Task: Read and choose**（阅读后选择）
>
> （A）1. Many Chinese people like _____.
>
> 　　　A. Chinese traditional music　B. Western classical music　C. pop music
>
> （C）2. _____ are Chinese traditional musical instruments.
>
> 　　　A. Violin and Piano　B. Guitar and Saxophone　C. Pipa and Erhu
>
> （C）3. We can hear music_____.
>
> 　　　A. only in China　B. only in western countries　C. everywhere in the world
>
> （A）4. From this passage, we know music is _____!
>
> 　　　A. universal　B. nice　C. beautiful

图 4‑11　活动 8 相关内容

（四）过程体验，情感升华

学生通过一系列的阅读活动，掌握了朗读、速读、略读、扫读、通读等阅读策略，对本课时与本单元的主题"Music"有了深入的理解。相关活动组织列表见表 4‑12。

表 4‑12　4BM4U1P3 Read in Music class 的活动组织列表

活动内容与形式	活动目的与要求	情感体验与获得
活动 1：Video & Song	欣赏视频，演唱歌曲	艺术欣赏，愉悦体验
活动 2：Free talk	感知语境，了解话题	了解主题
活动 3：Reading tips	明确要求，开展阅读	用活动引领体验
活动 4：Passage 1	朗读文本，初步感受，为语篇起名	Music is colourful
活动 5：Passage 2	速读文本，体验过程，为语篇起名	Music is interesting
活动 6：Passage 3	略读文本，获取信息，为语篇起名	Music is special
活动 7：Passage 4	扫读文本，选择信息，为语篇起名	Music is magical
活动 8：Passage 5	通读文本，理解内容，为语篇起名	Music is universal

第四节 优化教学环节,评价伴随过程

一、研究概述

教师要坚持以评价促进学习,以评价促进教学,注重发挥学生的主观能动性,引导学生成为各类评价活动的设计者、参与者和合作者,让学生自主运用评价结果来改进学习。教师要科学合理地运用评价手段和结果,根据学生的学习情况进行及时的反馈与指导,进而对教学过程和结果进行反思,达到教学相长的目的。教师要坚持双向融合形成性评价与终结性评价,逐步构建主体多元、方式多样、素养导向的英语课程评价体系。

(一) 教学评价的作用

在培育学生核心素养的过程中,教学评价具有重要的作用。教学评价有助于学生体验英语学习的进步和成功,从而让学生全方位、多角度地认识自我、发现自我,产生英语学习兴趣,增强英语学习信心;有助于教师获取教学过程中的信息反馈,反思教学行为和效果,持续提高教学水平和学科专业能力;有助于学校及教学行政部门及时了解英语课程的实施情况、课程目标的达成情况和人才培养的实际效果,持续改进教育教学管理,不断优化课程实施,提升课程育人质量。

(二) 教学评价的基本原则

在实施教学评价时,应遵循如下基本原则:(1)教学评价应以学生核心素养培育为切入点和着力点;(2)教学评价应充分体现学生的主体作用;(3)教学评价应采用形式多样的评价手段和方式,体现多途径、多方位、多层面、多样式的特点;(4)教学评价应关注学生的可持续发展;(5)教学评价应重点关注学生的个体差异。

评价活动有多种形式,包括课堂评价、作业评价、单元评价、期末评价。教师需要抓住核心环节,充分展现教学评价的效果。

1. 课堂评价

课堂评价主要是指对学生课堂学习行为、学习方式和学习表现的评价。

2. 作业评价

作业评价是教学过程的重要组成部分。教师应深入理解作业评价,坚持以能力为重、以素养为导向开展评价工作。

3. 单元评价

单元评价旨在检测学生完成单元学习任务后所达到的核心素养水平,包含单元学习过程评价、单元学习结果评价两方面。

4. 期末评价

期末评价是指对学生一个学期学习情况的评价。教师在进行期末评价时要综合考虑课程目标、课程内容和学业质量要求,借助综合性和表现性评价方式,全面有效地考查学生在完成一个学期的学业后核心素养发展的实际水平。

二、设计流程

图 4 - 12　评价设计流程图

如图 4 - 12 所示,教师先要研读课程标准、确定单元教学目标、分析教材和学情,在此基础上,明确单元评价目标,设计评价工具,如学习任务属性表、评价细目表等,接着设计评价内容,可选择学习兴趣、学习习惯、学业成果中的一项或几项作为单元设计维度,最后,采用符合学生年龄特点的评价方式实践评价活动,把评价结果进一步应用到改进教学和提高学生学习成效上,落实"教—学—评"一体化。

三、典型案例

教师在日常教学中要坚持"教—学—评"一体化设计与实施,以评促学,以评促教,确保教学目标、教学活动和课堂评价的高度一致性。教师要从教学内容选择、教学目标确定、教学活动设计和学生学习效果评价等方面进行统筹规划。其中,评价设计既包括对学生课堂学习表现和学习效果的评价,也包括对学生课后作业的评价;既包括单元学习过程中的持续性评价,也包括单元学习完成后的结果性评价;既包括阶段检测,也包括期末考核;在形式上,既要有教师评价,也要有同伴评价和自我评价。3BM4U3 Story time 案例中把评价的重点放在学生综合运用所学语言、知识、方法和策略解决问题的能力上,关注学生在文化意识、思维品质等方面的综合表现。

案例:3BM4U3 Story time

【所属模块与主题】

Module 4 More things to learn,Unit 3 Story time。

【课堂评价】

课堂评价主要是指对学生课堂学习行为、学习方式和学习表现的评价。教师要根据课堂教学目标,及时关注学生的学习过程,掌握学生的学习情况,了解学生的学习困难之处。因此,在课堂教学中,教师使用了评价量表,明确了评价细则,让学生清楚地知道自己的课堂表现评价标准。学生可以根据评价标准及时调整自己的课堂学习状态,努力按照评价标准来要求自己。有了评价标准,学生在语言运用中会更加投入,自觉地根据评价标准来进行语用,同时也会督促小组内的伙伴一同参与以达到评价标准。这使评价从被动转化为主动,从教师导向性的评价转化为学生可自控的评价。学生成为评价的主体,有助于他们主动地达成目标,完成语用任务。3BM4U3 第一课时的评价量表见表 4-13。

表 4－13　3BM4U3 第一课时的评价量表

教师用语		Well done，Very super，Very good，excellent... 并奖励★★★	Good，nice，cool，Yes ... 并奖励★★	OK/Yes，but ... 进行适当纠正，并奖励★
教学目标	1. 在相关语境下，学生能借助图片较为正确地说出 straw、wood、brick 三个核心词汇	A（　　） 1. 语音语调正确 2. 表达流利 3. 能清楚地区分词的音、义	B（　　） 1. 语音语调较正确 2. 表达较流利 3. 能较清楚地区分词的音、义	C（　　） 1. 语音语调错误 2. 表达不够流利 3. 不能区分词的音、义
	2. 在相关语境下，学生能在表格的帮助下，用核心词汇或句型较流利地介绍自己	A（　　） 1. 语音语调正确 2. 表达流利 3. 能正确描述时间及相应时间发生的活动	B（　　） 1. 语音语调较正确 2. 表达较流利 3. 基本能正确描述时间及相应时间发生的活动	C（　　） 1. 语音语调错误 2. 表达不够流利 3. 不能正确描述时间及相应时间发生的活动
	3. 在相关语境下，学生能正确使用核心词汇或句型，并根据图片或表格进行语段输出	A（　　） 1. 语音语调正确 2. 语义连贯 3. 表达流利	B（　　） 1. 语音语调较正确 2. 语义较连贯 3. 表达较流利	C（　　） 1. 语音语调错误 2. 语义不够连贯 3. 表达不够流利
小组合作		A（　　） 1. 分工明确 2. 合作默契 3. 表达流利	B（　　） 1. 分工较明确 2. 合作较默契 3. 表达较流利	C（　　） 1. 分工不够明确 2. 合作不够默契 3. 表达不够流利
作业评价		A（　　） 1. 能正确地朗读课文内容，语音语调优美 2. 能熟练地完成课后朗读	B（　　） 1. 能较正确地朗读课文内容，语音语调较优美 2. 能较熟练地完成课后朗读	C（　　） 1. 不能正确地朗读课文内容，语音语调不够准确 2. 无法顺利完成课后朗读
总评		A（　　） 能顺利达成本课时的学习目标	B（　　） 能基本达成本课时的学习目标	C（　　） 无法有效到本课时的学习目标

这个评价量表可以清晰地检验学生对学习活动的兴趣、学生参与学习活动的专注度和投入度、学生在课堂中的思考过程和观点的合理度。当在课堂教学中通过评价量表发现学生当前的学习发展水平与预设学习目标存在差异时，教师应及时了解学生在学习过程中遇到的困难及其形成原因等，以便有针对性地采取措施，及时调整课堂教学内容，优化教学环节，确保课堂教学目标的落实。

本单元为故事教学，故事教学中每个表演环节都是评价的内容，即使学生没有参与表演，学生所承担的评价任务也会促使其注意力高度集中。教师要合理使用评价结果，发挥评价的功能，使评价与故事教学相结合，加深学生的语用体验。教师要通过评价来检测学习目标的达成度，引导学生积极参与合作探究。

三年级的学生处于语言能力学段一级，教师要突出听说，重视模仿。教师可以依据学生在问题回答、小组讨论、自评互评等环节的具体表现，采用口头语言、肢体语言等评价方式，借助评价量表等评价工具，给予学生及时、有针对性的鼓励、指导、建议。同时，教师要结合学生在具体任务中的表现反馈，调整下一阶段的教学目标，改进教学方式和方法，提高教学效率。

【作业评价】

作业评价是教学过程的重要组成部分，教师可以通过作业评价及时了解学生对所学知识的理解程度和语言能力的发展水平，为检验教学的成效、发现和诊断学生在学习过程中存在的问题、调整和改进教学方式提供依据。

设计本单元三个课时的作业时，教师以学生的认知特点和学习需求为基础，以单元教学目标为出发点进行整体设计。教师通过层层递进的三个课时来体现单元的整体性，使学生形成积极的情感体验，提升自我效能感。三个课时的作业均要在情境中完成。教师还设计了复习巩固类、拓展延伸类、综合实践类三种类型的作业。如第一课时和第二课时通过朗读、复述的方式引导学生复习巩固本课时的核心内容，结合尝试表演的方式进行了实践类的设计；第三课时通过角色扮演、戏剧表演等方式引导学生拓展延伸和综合实践，从而提升学生的语言和思维能力，促进学生自主学习。

教师在布置作业时要求明确。第一课时的作业为学生提供了示例,降低了学生完成作业的难度,有利于学生巩固语言知识和技能;第二课时和第三课时的作业通过朗读、表演等形式促进学生有效运用所学内容,增强了学生的学习动机。

与此同时,教师采用集体讲评和书面评语的方式跟踪评价学生作业,提供有针对性的反馈,激励和指导学生不断取得进步。教师鼓励学生进行自主拓展学习,关注学生的成长过程,力求帮助学生养成良好的英语学习习惯。

【单元评价】

在小学英语学习阶段,单元评价以等第和评语相结合的方式开展。单元评价重在考查学生完成单元学习后达到的核心素养水平,包括单元学习过程评价和单元学习结果评价两方面。单元学习过程评价重点考查学生各项具体学习活动的参与情况和系列学习任务的完成情况,重点评价学生核心素养形成和发展过程中其语言知识与技能发展情况、文化知识建构情况、核心策略与方法掌握情况、思维能力表现等。单元学习结果评价重点考查学生在完成单元学习后,能否综合运用所学的知识、技能、方法、策略和核心观念,能否有逻辑地表达思想、观点和看法,并对事物做出正确的价值判断,重点评价学生核心素养的综合表现。

1. 确定评价目标

评价目标属性见表 4-14。

表 4-14 评价目标属性

步骤	项目	内容
确定评价目标	评价性质	□诊断性评价　☑形成性评价　□终结性评价
	评价类型	□纸笔测试　☑表现性任务　☑学习记录单　□其他_____
	评价目标	1. 能按时完成学习任务,积极参加学科活动 2. 能介绍故事内容,尝试进行故事表演 3. 能参与课堂活动,与同伴交流互动

教学基本要求中对语篇的要求见表 4-15。

表 4-15   教学基本要求中对语篇的要求

学习内容		学习要求	学习水平		
			知道(A)	理解(B)	运用(C)
5.1 记叙文	5.1.1 基本信息	简单讲述对话、故事等记叙文中的时间、地点、任务、事件等基本信息	✓		
	5.1.2 基本结构	描述人或物,阐明事件的起因、过程和结果		✓	

本单元形成性评价目标凸显了年段"语篇"学习重点,强调对"语篇"含义及其基本结构的理解。该评价目标中,学生对于语篇模式的认识应达到教学基本要求学习水平所规定的 B 级。通过学习,学生的听、说、读、写技能不断提升,基本能达到 B 级水平要求。

对于三年级的学生来说,使其保持浓厚的学习兴趣、乐于参与课堂活动是教学的重点,因此,"情感与态度"也是该评价的目标之一。

本单元形成性评价的目标与教学目标保持一致,教师通过形成性评价全面评价学生的学习兴趣和语言交际能力。

2. 设计评价工具

表 4-16   学习结果评价量表

评价维度	观察点	等第标准 形式:☑星数 □字母 □文字 □其他____			评价主体	评价方式	评价时间
学业成果	能扮演文中人物,讲述故事	语音语调	语音清晰	★	学生	口头评价	课内
			语调优美	★			
		表达交流	仪态自信 动作优美	★			
学习习惯	能听懂他人的表达,并做出评价	倾听	仔细倾听	★	学生	口头评价	课内
		思考	合理评价	★			

（续表）

评价维度	观察点	等第标准 形式：☑星数 □字母 □文字 □其他____		评价主体	评价方式	评价时间
学习兴趣和学业成果	对于介绍故事起因、过程与结果这一任务的参与情况	能在家长或教师的提醒下完成课外准备任务	★	学生、教师	作业分析	课外
		能利用故事图片，尝试口头介绍故事的起因、过程与结果	★★			
		能将故事的起因、过程与结果表演出来并将表演过程拍摄下来，上传到班级钉钉群	★★★			

在本案例的评价中，学生和教师可对不同的观察点进行评价，凸显评价主体的多元性，确保评价结果的科学与公正。

在本单元的形成性评价中，观察点一"能扮演文中人物，讲述故事"和观察点二"能听懂他人的表达，并做出评价"分别对表演的学生和观看表演的学生提出了明确要求。观察点一关注学生在表演过程中的语音语调以及动作是否得体，主要是从学业成果维度对学生的表演进行评价。观察点二则是从学习习惯维度，侧重评价学生的倾听习惯。这样的课堂评价是有效的，能从多个维度评价学生。它既侧重于学生良好习惯的培养，如让学生学会倾听、学会尊重他人的劳动成果，又能鼓励学生积极参与活动，还能检测学生是否较好地掌握了所学的内容，从而促进教师的"教"和学生的"学"。观察点三"对于介绍故事起因、过程与结果这一任务的参与情况"通过学生课外完成任务的情况评定学生的学习兴趣和学业成果。三个观察点的评价可以分散在单元教学的过程中，如第一课时结束可以让学生结合观察点一和观察点二实施互评，在单元教学的最后一个课时可以让学生围绕观察点三开展语用交流活动，并开展学生自评和教师评价。

本单元形成性评价用学生在各观察点实际所得星数表示其学习结果。星数越多，表示学生的学习兴趣越浓厚、学习习惯越好、运用语言进行交际的能力越强。

3. 设计评价内容

表4-17 评价内容属性表

步骤	项目	内容	
设计评价内容	评价维度	☑学习兴趣　□学习习惯　☑学业成果	
	评价内容	1. Try to act out the story(尝试表演故事) Hello, my name's ... ... are brothers. Our house is ... I want to ... Look! This is ... It's ...	
		我能看懂故事图片	自己评:★★★
		我能根据图片讲述故事	自己评:★★★
		2. Act the story(表演故事) 选做:Enjoy the story "Three little pigs" and act it out on Children's Day. 将故事的起因、过程与结果表演出来并将表演过程拍摄下来,上传到班级钉钉群	
		我能流利地完成介绍任务,语音清晰,语调优美	自己评:★★★ 教师评:＿＿＿＿＿
	结果呈现	□等第　☑评语　□其他＿＿＿＿	

　　本单元形成性评价重在学习兴趣和学业成果两个维度的评价,评价内容与评价目标、单元学习内容一致。

　　本单元形成性评价充分利用了教材配套的练习册资源,任务单的设计图文并茂,符合学生的年龄特点,任务要求表述较清晰。

四、实践反思

　　在课堂教学中,实践反思是将教、学、评融为一体的环节。教师基于学生特点、教材内容等,把形成性评价与终结性评价结合起来,在注重结果的同时又对过程予以关注,从而使对学习过程的评价和对学习结果的评价融合统一,凸显学科育人价值。本单元评价机制的使用能很好地促进学生全面、健康而有个性的发展。

（一）预设评价，体现课堂有效性

评价是教学中的一个重要环节，英语教学离不开评价。在基于课程标准的教学与评价背景下，我们重视单元评价、课时评价和课堂评价。因此，在本单元备课初期，我们就树立评价意识，对教学结果提出预期，并基于学生在课堂中完成实际任务的情况，有目地观察学生的讨论、交流等过程。我们会对学生的思维情况、理解程度、交流技能等进行有根据的及时评价。学生在每次回答问题或小组表演之后，得到相应的奖励，课后统计。我们借助具体的、明确的、可操作的评价标准，随时、频繁地进行评价，使得评价真正贯穿教学过程。

（二）优化评价，增加课堂魅力

教师在组织语言时应注重课堂用语与媒体语境相结合。教师不是通过简单的教学口令，让学生一遍遍地机械朗读、复述，而是通过问题"What can he make?"引导学生在语境中正确运用词组。教师通过生动的语境，赋予学生的语言学习以思维和意义，创设了一种和谐融洽的语言环境，让学生进行思想交流，使课堂充满魅力。

（三）多维评价，提高课堂参与度

基于课程标准的教学与评价使我们目前的课堂中，课程标准、教学、评价三者之间形成"铁三角"关系，相互支撑，课程标准是三角形的顶点，教学与评价是三角形的两个底角。因此，借助主题故事演绎的故事教学更要注重对学生进行系统性、多维度的评价。

在故事表演中，我们多以小组合作的形式开展活动，成员之间要通过合理的分工合作来完成表演任务。在主题故事演绎的故事教学中，教师要通过对小组进行评价，使学生学会合作，提高学生的交往能力，深化学生对语用的体验。

（四）适度评价，提升课堂有效性

通过评价，教师能有效地对学习目标的达成度进行检测，促使学生积极参与合作探究。但评价需要适度，既要有质，又要有量。本单元的评价量表有具体的评价细则，学生在学习前就已明确了自己的课堂表现评价标准。学生可以根据评价标准及时调整自己的课堂状态，努力按照评价标准来要求自己。这样能有效地激励学生主动去达成目标，完成语用任务。

　　教学评价既是一种教学方法，又是一种教学手段。教师要及时调整教学评价方式，改进教学，提升学生语言学习的有效性。语言学习的最终目的是让学生用所学的语言在一定语境中交流思想和获取信息。借助故事语境演绎的教学手段符合小学生的年龄特点。教师采用有效的评价机制不仅能检测学习目标的达成度，也能激励学生主动参与合作探究。

　　教师要在故事教学中对学生进行系统化、多维度的评价，引导学生学会合作，提高交往能力，深化语用体验。形成性评价在故事教学中也能很好的体现。如在《英语》（牛津上海版）教材 3BM4U3Story Time 的 Three little pigs 的故事教学中，教师注重检测学生的学习目标达成度，重视对学生学习态度、故事演绎参与度、小组合作能力等方面的评价。在学生自我评价的基础上，还要进行生生互评与教师评价，以形成多维度、综合性评价。学习结果评价量表见表 4 - 18。

表 4 - 18　学习结果评价量表

Name：	Date：
Listening I listen to the teacher and classmates carefully. （我认真、仔细地聆听了老师和同学所说的内容。）	☆☆☆☆☆
Voice I speak loudly enough and clearly. My voice goes up and down. I say with feelings. （我的回答清楚响亮，抑扬顿挫，充满感情。）	☆☆☆☆☆
Eye contact I keep eye contact with my partners and audiences most of the time. （我大部分时间都与伙伴及观众有眼神交流。）	☆☆☆☆☆
Expression My expression is changeable and it makes the audience enjoy the show. （我多变的表情让观众更享受表演。）	☆☆☆☆☆
Feelings I enjoy the class with my friends happily. （我和伙伴都很享受这堂课。）	☆☆☆☆☆

第五节　梳理语义结构，板书支持学习

一、研究概述

（一）研究缘起

有学者认为，精湛的板书是撬开学生智慧的杠杆，是知识的凝练和浓缩，是教师的微型教案，能给人以志得神怡的艺术享受，它是课堂教学的缩影。学生通过板书资源的支撑，在潜移默化中接受知识的传递，从而发展核心素养与能力。教师要合理利用各种教学资源，提高学生的学习效率；教师要根据实际教学条件，创造性地利用黑板等传统媒体。然而，随着社会经济和多媒体技术的发展，部分教师弱化了对板书的使用。多媒体课件虽制作精良，但大部分是事先制作好的，生成性内容体现不足，此外，课件翻转迅速，部分学生无法及时巩固消化。所以，在充分利用多媒体技术的同时，恰当使用板书资源，让技术与传统融合，能更好地培育学生的核心素养。

（二）研究的目的与意义

课程标准中指出，学生应通过本课程的学习，达到如下目标：发展语言能力、培育文化意识、提升思维品质和提高学习能力。这四方面互相渗透，融合互动，协同发展。板书是课堂教学的相关要素，是资源支持的一部分，对学生学习语篇、语言知识、文化知识、语言技能、学习策略等有着重要的作用。教师要通过板书中的语义结构图等，发展学生的逻辑思维能力，培育学生的核心素养。

课堂教学中，每一节课的文本都含有一个核心概念，并以一定的逻辑关系表达其主要观点或主题。针对语篇的这一特征梳理语义结构，用于研究语篇内部的意义衔接，能有效提升教学效率。笔者尝试从单元整体设计入手，梳理语义结构，通过深入研究文本内容、文本逻辑、文本语言、文本内涵等，优化板书设计，让其有根可依、有法可循、有迹可思。

（三）研究现状

板书是指教师根据教学的需要在黑板上以书面语言或符号的形式,给予学生视觉上的书面信息或符号信息,进行表情达意、教书育人的活动。

在中国知网文献库,以"英语板书"为关键词进行检索,筛选出百余篇相关文献。根据已有的资料,对英语板书的研究现状进行描述,板书是教师在教学过程中,配合语言、多媒体等,运用文字、符号、图表向学生传播信息的教学行为。以"英语语义结构"为关键词进行检索,仅筛选出少量的相关文献。相关学者多研究单个句子的语义结构。一个句子的理解是指从句子表面结构获得句子的深层意义,从而获得句子的真正意义,即句子要表达的真实意思。把"语义结构"与"英语板书"相结合进行检索,得到的相关文献数量更少。

综上所述,学者对板书设计研究较多,说明板书在课堂教学中具有重要的作用。而语义结构的研究大多以语言学为基础,以单个句子研究为主,没有将其科学有效性辐射到更大的范围,如语段、语篇等。笔者认为,梳理语义结构是提升板书设计水平的有效措施,它可以帮助教师在备课时梳理文本,厘清逻辑关系,并将清晰明确的板书通过动态的过程呈现给学生。因此,笔者把梳理语义结构作为提升板书设计水平的有效措施来深入研究,帮助学生开展学习、理解、应用、实践、迁移、创新等活动,不断促进学生核心素养的培育。

二、设计流程

语义结构是句子的内容核心,反映了对句子由形式到意义的研究。教师设计的板书要简明扼要,详略得当,目标明确,便于学生理解、掌握和记忆。教师不仅要对单独的句子进行语义结构梳理,更需要对单元整体中的文本话题、内容、语言和情感等进行梳理重整。教师要在梳理的过程中构建语义结构图,把语篇信息转化为可视的图像信息,并以整体结构的形式帮助学生感知语篇的内在语义关系,把握语篇的内容。

图 4 - 13　设计流程图

如图 4-13 所示,教师先要研读课程标准,进行单元整体设计,分析教材和学情,再围绕单元主题,对各板块内容进行划分梳理,挖掘单元育人目标和教学主线,确定分课时话题,在潜移默化中让学生逐步建构起对单元主题的完整认知。在此基础上,梳理语义结构,从文本内容、文本逻辑、文本语言、文本内涵等方面入手,构建语义结构图,生成课堂板书,最后实践板书活动。其中,梳理语义结构主要分为四个步骤。

一是分析文本内容,厘清结构,全面精准布局。教师要依托单元整体设计,确定分课时话题,基于教材资源整合文本,对文本内容中的语义结构进行梳理,提取文本内容中的信息、话题和主题语境,分析语篇的全貌,为板书的整体架构做好准备。

二是探寻文本逻辑,搭建框架,促进学生思维发展。教学传递给学生的不仅仅是课程内容,更应该是一种美与爱的感受,板书亦然。教师要寻找文本内在的逻辑关系,如时间顺序、步骤顺序、因果关系等,为学生提供信息连接点,为学生有逻辑地运用语言表达搭建支架,促进整个板书骨架的形成。

三是梳理文本语言,凝练信息,提升学生的学习能力。教师要结合文本内容、文本逻辑进行语义结构的梳理,关注文本语言,点面相辅,凝练出板书需要呈现的关键信息。教师要根据高效板书简洁性和美观性等特征,合理排版,清晰布局,提高学生的课堂学习效率和学习能力。

四是挖掘文本内涵,素养导向,凸显育人价值。板书设计要坚持素养本位,以育人为本。梳理文本逻辑的过程中,教师要挖掘文本内涵,挖掘文本蕴含的情感与文化,让情感推动活动,用活动创造价值。

三、典型案例

笔者在日常教学过程中对板书设计进行了深入的探索,以下结合两个课时不同体裁的语篇课例进行分析研究。笔者从梳理语义结构出发,通过对单元及语篇中文本内容、文本逻辑、文本语言、文本内涵的分析,甄别语篇中各种概念所表达的意义的内在衔接及概念之间的内在逻辑关系,从不同的角度构建语义结构图,生成课堂板书,培养学生的学习能力,提升学生的思维品质。

案例1：3AM3U2 Shopping 板书设计

【所属模块与主题】

Module 3 Places and activities，Unit 2 Shopping。

【板书设计】

1. 单元整体设计

单元整体设计中，整体性蕴含着关联性，关联性是整体性的保障。以《英语》（牛津上海版）教材 3AM3U2 Shopping 为例，整个单元通过 Kitty 与 Peter 等人物的活动关联起来，形成了任务网络，千丝万缕，尽在其中。学生通过教材中的七个板块学习如何购物。教师可以从教材中的知识点开始，建构有知识结构的"线团"，再将其变成学生喜爱的、漂亮的"毛衣"。基于单元内容进行关联解读时，笔者对单元内的相关板块进行了重组优化，合理安排课时（见表4-19）。三个分课时以"Kitty's birthday party"为引领，从 Kitty 制作购物单开始，引导学生制作购物清单并学会合理消费。三个分课时从教材到生活，从表层到深入，既相对独立，又紧密关联。

表 4-19　单元课时划分

单元	课时	话题	板块
3AM3U2 Shopping	Period 1	Making a shopping list for Kitty's birthday	Learn the sound Look and learn
	Period 2	Shopping at the fruit shop	Learn the sound Play a game Look and say Say and act
	Period 3	Shopping for the party	Learn the sound Listen and enjoy Read a story

在此，笔者以 Period 1 "Making a shopping list for Kitty's birthday"为例介绍如何进行板书设计。该课时为对话体裁，以 Kitty 与 Mum 的对话为主。

2. 梳理语义结构

(1) 分析文本内容,厘清结构,全面精准布局

文本内容分析是指教师根据自身的背景知识,与文本进行对话,在对话的过程中体会语篇中蕴含的内容。教师透过文本中显性的文字,从不同的视角,以不同的思维方式,用"what"的形式对语篇内容进行客观分析。

主体学习文本:Look,this is the shopping list for my birthday. I want to make some juice. But I only have one apple and one orange. I want to buy nine apples and nine oranges. Oh,we love bananas. I want to buy six bananas. Peaches look so nice,but I can't eat them. Let's buy five peaches. How funny!

课程标准中指出,学习过程可分为学习理解、实践体验、构建运用和迁移转换。在 Period 1 Making a shopping list for Kitty's birthday 中,笔者以 Look and learn 为主,创设了给生日派对制作购物清单的情境并对文本内容进行了语义结构的梳理(见表 4-20),为板书设计做好了铺垫。

表 4-20 语义结构的梳理

项目		内容
文本内容	信息	主人公:Kitty and Mum 活动过程:Kitty 通过分析家人和朋友的喜好,先确认需要的物品,再观察家中已有的物品,确定需要购买物品的名称和数量
	话题	Making a shopping list for Kitty's birthday
	主题语境	人与社会

(2) 探寻文本逻辑,搭建框架,促进学生的思维发展

文本逻辑包含时间顺序、步骤顺序、因果关系等。根据 Making a shopping list for Kitty's birthday 语境发展过程,笔者把文本的逻辑定位为步骤顺序。

步骤推进过程中,如何制作购物清单成为我们需要思考的问题。直接提问"How to make a shopping list?"可以引发学生思考,但是难度太大,效果甚微。这就需要分解问题:What does Kitty need? What does Kitty have? What does Kitty want to buy? 如图 4-14 所示,笔者根据步骤顺序设计板书,先展示 Kitty

需要的物品,"I need...",再通过观察家中已有的物品,"I have...",最后留下问题"I want to buy...",让学生不断去探寻。学生在整个学习活动中,根据问题和动态生成的板书内容进行了思考,厘清了思路,提升了思维品质。

图 4 - 14　过程性语义结构

　　笔者通过对过程性语义结构的理解和分析,赋予文本色彩与艺术,生成过程性板书(见图 4 - 15)。

图 4 - 15　过程性板书

　　(3) 梳理文本语言,凝练信息,提升学生的学习能力

　　板书应随着教学进程和学生学习过程不断生成,以培养学生发现问题、分析问题和解决问题的能力。随着学习的推进,学生开始思考"What do you want to buy?",此时,板书上出现了一个大问号,激发了学生的兴趣,让学生的思维得到发展。接着,笔者对该课时的文本语言进行了梳理,对上部分留下的悬念进行揭示,文本语言梳理见表 4 - 21。

表 4 - 21　文本语言梳理

项目		内容
文本语言	名词	核心词汇：an apple、an orange、a banana、a peach、apples、oranges、bananas、peaches
	句型	How many...
	语法	可数名词的数量表达 单数：an apple，an orange，a banana，a peach 复数：apples、oranges、bananas、peaches
	语用	在 Kitty 和妈妈制定购物清单的语境中，初步运用单元核心词汇 apple，orange，banana，peach 等，运用"How many..."句型对一些事物进行数量方面的提问并能回答他人的提问，做到语句相对通顺，语义相对连贯，表达基本正确

　　通过分析表格中的内容，笔者发现"Kitty wants to buy some fruit and a birthday cake."中，fruit 包括 apples、oranges、bananas、peaches，内容过多，不易操作，需要进行分解梳理，与情境相匹配，形成过程性语义结构（见图 4 - 16）。语境中需要制作的是购物清单，所以笔者在板书中提供了一张 Shopping list 的框架图，让其更加形象。然后，凝练关键信息 what 与 how many，把购买的物品名称和数量分为两列，清晰明了。最后，把新授核心词汇 apples、oranges、bananas、peaches 用图片标注出来，图文结合，形成过程性板书，帮助学生记忆巩固和复现。

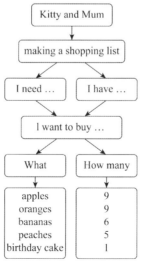

图 4 - 16　过程性语义结构

(4) 挖掘文本内涵,素养导向,凸显育人价值

学习如果具有思想、感情、创造、美和游戏的鲜艳色彩,那它就能成为孩子们深感兴趣和富有生命力的事情。板书运用亦是如此。把知识学习与生活联系起来,既能巩固知识,激发兴趣,提高学生的学习热情和思维水平,又能培育学生的核心素养,促进学生全面发展。笔者通过剖析该课时的文本内涵,对文本中蕴含的文化与情感进行了总结,见表4-22。

表4-22 文本内涵

项目		内容
文本内涵	文化与情感	根据实际情况,初步形成有计划的购物意识,体验购物的快乐

在 Kitty 与 Mum 整体对话的过程中,学生通过讨论、思考和观察等形成了良好的学习氛围,体验着合作的快乐和通过自己努力完成购物清单制作的成就感。情感的发生和升华贯穿整个学习过程,学生从感受、体验到产生共鸣。笔者在语义结构中呈现"How fun"(见图4-17),生成板书中的爱心与文字,让学生体验从抽象到具象的过程。

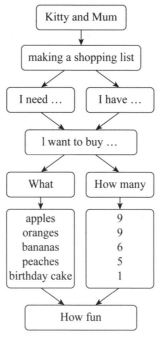

图4-17 过程性语义结构

案例 2:5AM1U3 My future 板书设计

【所属模块与主题】

Module 1 Getting to know you,Unit 3 My future。

【板书设计】

1. 单元整体设计

本单元的教学内容为《英语》(牛津上海版)教材 5AM1U3 My future。该单元话题属于人与自我范畴,功能为交往。因此,笔者把单元育人目标确立为:意识到职业不分贵贱;认识到可以依据自己的爱好和特长去选择理想的职业,并为之努力。如表 4-23 所示,笔者通过单元整体设计,有机融合各元素,充分发挥各课时语篇内容的育人功能,逐步递进,形成单元育人蓝图。在此,笔者以Period3 "Froggy's new job"为例介绍如何进行板书设计。

表 4-23 单元课时划分

单元	课时	话题	板块
5AM1U3 My future	Period 1	Different jobs in my family	Look and learn Learn the sounds Think and write
	Period 2	My dream job	Look and say Do a survey Learn the sounds
	Period 3	Froggy's new job	Learn the sounds Read a story Look and learn
	Period 4	Different dream jobs	Say and act Do a survey Learn the sounds
	Period 5	My future job	Learn the sounds Think and write Look and say

2. 梳理语义结构

（1）分析文本内容，厘清结构，全面精准布局

主体学习文本：

Froggy wants to be a pilot. He wants to fly an aeroplane. But he is afraid of flying.

Froggy wants to be a singer. He wants to be a star. But he is not good at singing.

Froggy is sad. Suddenly he hears a cry. A chick is in the lake. Froggy jumps into the lake with the lifeguard and saves the chick.

'You're brave!' says the lifeguard, 'And you're good at swimming too. Do you want to be a lifeguard?' 'Yes, I do!' says Froggy. He likes his new job.

　　笔者分析主体学习文本，了解故事的体裁后，关注不同的篇章结构和衔接手段，从而厘清了结构，作用于板书。该课时呈现了主人公 Froggy 解决问题（找工作）的过程，通过文本内容引导学生依据爱好、特长、工作的意义来进行职业规划，让学生用变化发展的眼光去看待事物，不断观察，不断思考。文本内容梳理见表 4-24。

表 4-24　文本内容梳理

项目		内容
文本内容	信息	主人公：Froggy and other animals 起因：主人公 Froggy 是一只青蛙，想找一份工作 经过：他想当一名飞行员，但他恐高。他想当一名歌手，但他不擅长唱歌。一只小鸡落到了湖里，他听到呐喊声后，奋勇跳进湖里救起了小鸡 结果：救生员夸赞 Froggy 英勇非凡，并擅长游泳。Froggy 认识到了自身的特长，成了一名救生员
	话题	Froggy's new job
	主题语境	1. 人与社会 2. 人与自我

就语篇教学的故事教学而言,板书的设计应体现语篇教学的整体性和交际性等特征,有利于实现语篇教学的目的。

(2)探寻文本逻辑,搭建框架,促进学生的思维发展

有学者认为,语言不是存在于零散的词或句中,而是存在于语篇中。语篇教学的重要特征就是整体性,把语篇肢解成一个个知识点、词组或句子都不符合语篇教学的整体性要求。因此,作为故事教学内容灵魂的板书,其设计也要具有整体性。笔者在"Froggy's new job"文本内容分析构建出板书的基础上,进行文本逻辑的分析,寻找文本内在的整体性和逻辑性。

在梳理语义结构的基础上,教师要关注板书的合理布局。通过之前的学习,学生已经掌握了本课时故事中出现的关键词和词组,但对整体文本逻辑和情节发展的过程没有深入的体会。在文本逻辑分析阶段,笔者围绕故事的 Title、Characters 和 Plot 进行语篇划分,并把相关情节按照 Beginning、Middle 和 Ending 的顺序进行排列,一目了然,主次分明,从而形成主体脉络,在复述、表演等环节发挥提示和记忆辅助的作用。过程性语义结构见图 4-18。

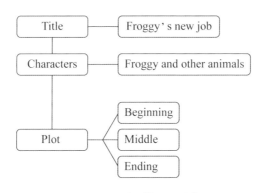

图 4-18　过程性语义结构

(3)梳理文本语言,凝练信息,提升学生的学习能力

几乎每个学生都比较喜欢这个故事的题材,学习兴趣浓厚。随着故事情节的发展,学生脑海中会出现无数个为什么。在理解、分析和思考的过程中,学生的批判性思维得到了发展,这也是故事教学的一个重要目的。笔者在梳理文本内容、文本逻辑的基础上,梳理了文本语言,见表 4-25。

表 4 - 25　文本语言梳理

项目		内容
文本语言	词汇	pilot、singer、lifeguard、help、job、cry、brave
	动词词组及句型	be afraid of flying、not good at singing、be good at jumping、be good at swimming
	语法	一般现在时
	语用	用一般现在时讲述 Froggy 找到新工作的故事

　　好的故事教学板书不仅具有清晰的脉络和完整的结构,还能借助精准的词汇、语句串联起整个故事,引导学生进行思考,从而培养学生的思维品质。在故事情节发展的过程中,笔者提取出 Froggy 想从事的职业、是否擅长等关键因素,梳理过程性语义结构(见图 4 - 19)。在此基础上,增加图片和色彩,让学生更好地感知相关内容,从而提升搜集关键信息的能力。

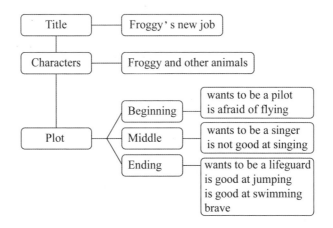

图 4 - 19　过程性语义结构

　　(4) 挖掘文本内涵,素养导向,凸显育人价值

　　课堂教学面对的是活生生的学生个体,他们具有情感的体验和感悟。好的板书必须具备文化情感。笔者基于教材和学情,对故事的文本内涵进行了挖掘,见表 4 - 26。

表 4 - 26　文本内涵

项目		内容
文本内涵	文化与情感	依据爱好、特长、工作的意义来进行职业规划,用变化发展的眼光看待事物,在不断寻找、不断观察、不断思考、不断尝试中规划自己的职业

本课时中通过 Froggy 寻找工作来推进情节的发展。整个情节的发展过程中,Froggy 的心情由低落到伤心,再到开心。教师要引导学生逐步体会。根据对文本内涵的分析,过程性语义结构见图 4 - 20。

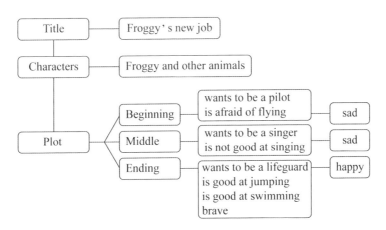

图 4 - 20　过程性语义结构

四、实践反思

(一) 案例 1 实践反思

随着阅读材料难度的加大,部分学生难以在规定的时间内阅读、理解、分析语篇内容,这时,教师需要梳理语义结构,发现文本的逻辑性,挖掘文本的内涵,让其内在关系结构显性化,渗透于板书之中,让学生通过板书资源的支持,提高阅读的速度,增强理解的能力。

本案例板书设计时,笔者把单元作为教学的最小单位,让单元整体教学贯穿其中,实现其价值与意义,同时为知识的理解搭建支架,引导学生理解知识内在的脉络结构。

在课堂实践后,笔者对部分学生进行了访谈,访谈围绕板书资源的支持对发展学生语言能力、培养学生思维品质和提高学生学习能力的作用展开。综合访谈内容与实践反馈,笔者整理了如下访谈结果。

第一,大部分学生认为本节课中板书的呈现让他们清晰地理解了本节课的标题和主要内容。板书在大语境中学习新授单词和句型时发挥了提示辅助的作用,有助于学生形成思维逻辑。

第二,部分学生认为本节课中动态板书的呈现趣味十足。板书上出现的"I need … I have … I want to buy …"等表达,让他们的思考能力得到了提升,让他们对制作购物清单有了深入的理解。

第三,大部分学生觉得经过语义结构梳理的板书,脉络更清晰明了。通过理解和观察,他们能寻找到适合自己的学习方式,关注重点和难点,合理规划时间。部分学生建议用指示性的标志来体现制作过程的发展。

(二)案例 2 实践反思

随着科技的发展,多媒体板书的应用越来越普遍。但由于课件内容精美,信息量大,通常只有部分内容留在学生的脑海之中。这就要求教师把现代多媒体与传统的板书结合起来。

案例 2 中的故事题材与案例 1 截然不同。案例 1 中,教师在构建出的大情境中,用问题引导学生一步一步理解制作购物清单的流程。案例 2 中,故事有其特定的起因、经过和结果,教师需要通过语义梳理,对文本内容、文本逻辑、文本语言和文本内涵等进行分析整理,精心设计符合文本特征的板书,引导学生透过现象看本质,对故事有更深入的理解。笔者将故事的要素显化为 Title、Characters、Plot,并把故事发展的主题流程划分为 Beginning、Middle、Ending,通过图片展示,让学生观察 Froggy 想要从事的职业,并用关键词提示原因和结果。同时,笔者通过板书资源的支持引导学生阅读故事,掌握阅读的方法,在学习理解的基础上,进行实践体验,在体验的过程中构建运用,从而在阅读其他故事时迁移转换。整个过程中呈现的信息量较大,但不必追求面面俱到,而是要突出重难点。

第六节　设计单元作业,提升思维品质

一、研究概述

(一) 界定

作业是指为完成学习方面的既定任务而进行的活动,是教学活动的重要组成部分。单元作业是指为完成单元学习任务而进行的,具有明确指向性的系列化思维和实践活动。英语课程要培育的学生核心素养包括语言能力、文化意识、思维品质、学习能力等。思维品质是指学生的思维个性特征,反映学生在理解、分析、比较、推断、评价、创造等方面的层次和水平。思维品质的提升有助于学生学会发现问题、分析问题和解决问题,对事物做出正确的价值判断。

(二) 原则

英语单元作业设计是基于学科特点的,既要有作业的一般特征,又必须体现英语的学科特点和单元特点。单元作业应与单元教学内容、单元教学目标、单元教学重难点和学生学习水平保持一致,还应体现作业的多样性和分层性。

1. 一致性原则

作业是教学的重要组成部分,是教学的延续与补充,这就要求教师系统地思考教学与作业的关系。一致性原则具体包括:(1)教师要保证单元作业内容与单元教学内容的一致性;(2)教师要保证单元作业内容与单元教学目标的一致性,确保两者在"知识与技能""过程与方法""情感、态度与价值观"等维度上的一致性;(3)教师要保证单元作业内容与单元教学重难点的一致性;(4)教师要保证单元作业的要求、难易度与学生学习水平的一致性。

2. 分层性原则

课程改革的目的是促进每个学生的发展。学生是完成作业的主体,每个学生都是不同的个体,英语课后作业的分层主要分为学习水平分层和任务角色分层。

学习水平分层是指教师对同一内容进行不同的设计，体现作业形式与作业难易度的不同层次，学生可以根据自己的学习水平自由选择。这样的作业分层能让学生各取所需。

任务角色分层是指对一些交际性、运用性的小组合作作业，教师可以设计不同的任务角色，让学生通过小组合作完成某项课后作业，让不同水平的学生都能在小组合作活动中发挥自己的作用。

3. 多样性原则

多样性原则是指单元作业应力求丰富多样，以促进学生听、说、读、写多种技能的发展，提高学生完成作业的兴趣。单元作业的多样性包括作业内容的多样性和作业形式的多样性。

作业内容的多样性可以表现为教师在设计单元作业时，应充分开发课程资源，把课本上的语言知识转换为学生生活中的语言活动。

作业形式的多样性可以表现为教师针对相同的作业内容设计不同形式的作业，以培养学生听、说、读、写多种技能，提高学生完成作业的兴趣。

（三）分类

教师在作业设计过程中除了要遵循一定的原则，还要考虑作业的分类。可以按照作业的形式进行分类，也可以按照作业的水平进行分类。

1. 按作业的形式分类

教师可以通过不同形式的作业来激发学生挑战不同语境下作业任务的积极性，发展学生听、说、读、写多种技能，切实提高学生语言综合运用能力。低年级的作业形式以听、说为主，中、高年级在此基础上逐步加入读、写作业。

2. 按作业的水平分类

教学基本要求中对学习内容提出了相应的学习水平分层：A（知道）、B（理解）和C（运用）。作业水平由低到高分别是记忆性作业、理解性作业、运用性作业。

二、设计流程

（一）流程

就单元作业活动设计与实施而言，起点是确定单元作业目标，而单元作业目标的确定要基于对教材内容的分析、单元学习目标的确定和对单元学习要求的梳理。单元作业活动设计与实施的几个步骤是有序递进、环环相扣的，每个环节都是不可或缺的。单元作业活动设计与实施的流程见图 4 - 21。

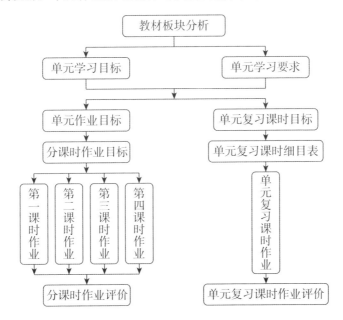

图 4‑21　单元作业活动设计与实施的流程

（二）属性表

属性表依据作业设计流程而制定，包含作业设计的基本要素。属性表包括三类：一是单元作业目标设计表；二是单元新授课作业题目属性表和单元复习课作业题目属性表；三是单元新授课作业题目属性统计表和单元复习课作业题目属性统计表。

（三）评价单

作业评价是教学过程的重要组成部分，是教师及时了解学生对所学知识的理解程度和语言能力的发展水平、发现和诊断学生的学习问题、调整和改进教学的重要依据。

三、典型案例

以 4BM3U3 Days of the week 为例进行说明。教师根据学生的认知特点和学习需求，基于单元教学目标，兼顾个体差异，进行了单元作业的整体设计，具体包含乐听畅说、乐读勤思、乐写创作三个板块，并设计了与之配套的新授课和复习课评价量表，即乐学趣评板块。单元信息（含单元作业目标）见表 4 - 27。

表 4 - 27　4BM3U3 Days of the week 单元信息(含单元作业目标)

<table>
<tr><td rowspan="2">基本信息</td><td>学科</td><td>年级</td><td>学期</td><td>教材版本</td><td>章</td><td>起止页</td><td>单元名称</td></tr>
<tr><td>小学英语</td><td>四年级</td><td>第二学期</td><td>《英语》
(牛津上海版)</td><td>3.3</td><td>第 42 至
46 页</td><td>Module 3
Unit 3
Days of
the week</td></tr>
<tr><td rowspan="6">课时信息</td><td>序号</td><td colspan="4">课时名称</td><td colspan="2">对应教材内容(页码)</td></tr>
<tr><td>1</td><td colspan="4">Look and learn
Learn the sounds
Listen and enjoy</td><td colspan="2">第 42 页、第 46 页</td></tr>
<tr><td>2</td><td colspan="4">Look and say</td><td colspan="2">第 43 页</td></tr>
<tr><td>3</td><td colspan="4">Do a survey
Read and say</td><td colspan="2">第 44 页、第 46 页</td></tr>
<tr><td>4</td><td colspan="4">Read a story</td><td colspan="2">第 45 页</td></tr>
<tr><td>5</td><td colspan="4">Revision</td><td colspan="2">第 42 至 46 页</td></tr>
<tr><td rowspan="6">单元作业目标</td><td>编码</td><td colspan="3">目标描述</td><td>学习
水平</td><td>其他
要求</td><td>适用范畴</td></tr>
<tr><td>YYAA042B
B03301</td><td colspan="3">能知道字母组合 ay、ai 的发音规则,并运用发音规则朗读相关单词,诵读相关儿歌,判断所给单词的发音</td><td>A1</td><td>1.1</td><td>新授课和
复习课</td></tr>
<tr><td>YYAA042B
B03302</td><td colspan="3">能用正确的语音语调朗读基本句式和所学语篇</td><td>A1</td><td>1.3</td><td>新授课和
复习课</td></tr>
<tr><td>YYAA042B
B03303</td><td colspan="3">能运用 always、usually、often、sometimes、never、Monday、Tuesday、Wednesday、Thursday、Friday、Saturday、Sunday 等核心词汇完成主题相关任务</td><td>A3</td><td>2.1</td><td>新授课和
复习课</td></tr>
<tr><td>YYAA042B
B03304</td><td colspan="3">能知道频度副词等词法现象及其用法</td><td>A1</td><td>3.3</td><td>新授课和
复习课</td></tr>
<tr><td>YYAA042B
B03305</td><td colspan="3">能运用 "... always / usually / often / sometimes / never ..."等进行表达,并用疑问句进行问答</td><td>A3</td><td>4.2</td><td>新授课和
复习课</td></tr>
</table>

（续表）

	编码	目标描述	学习水平	其他要求	适用范畴
单元作业目标	YYAA042BB03306	能听懂、读懂与本单元话题"Days of the week"相关的语篇信息,并完成相应的阅读理解任务	A2	5.1	新授课和复习课
	YYAA042BB03307	能运用所学语言,围绕与"Days of the week"相关的话题进行表述	A3	—	新授课和复习课
	YYAA042BB03308	能知道"I'm busy but happy every day."的含义,体会繁忙而有规律的学习生活带给自己的充实和快乐的感受	B1	—	新授课或复习课
	YYAA042BB03309	能主动观察所学语篇中使用的不同频度副词,并识别频度副词之间的差异	C1	—	新授课或复习课
	YYAA042BB03310	能初步了解频度副词使用的特点和规律,在理解和表达时关注它们的联系和区别,从而提高学习效率	D1	—	新授课和复习课

以下分单元新授课作业和单元复习课作业进行具体说明。

（一）单元新授课作业

以第一课时为例进行说明,具体包括以下几方面。

【乐听畅说】

Z1001. Look and read(看图 4 - 22,朗读含有字母组合 ay、ai 的单词)

图 4 - 22　Z1001 题目

设计意图：让学生巩固含有字母组合 ay、ai 的单词。

表 4 - 28　Z1001 题目说明

题目编码	所属课时	对应目标1编码	对应目标1学习水平	对应目标2编码	对应目标2学习水平	题目类型	题目完成方式	题目难度	预计完成时间	题目来源
Z1001	1	YYAA042BB03301	A1	——	——	听说类	听说类	较低	4分钟	创编

【乐读勤思】

Z1002. Look and match（根据图 4 - 23 中的提示进行配对）

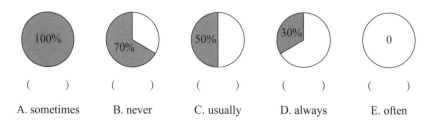

（　）　　　（　）　　　（　）　　　（　）　　　（　）
A. sometimes　　B. never　　C. usually　　D. always　　E. often

图 4 - 23　Z1002 题目

设计意图：根据饼状图的提示，巧用跨学科的知识和技能来理解频度副词，用饼状图呈现频率的高低，挖掘数据背后的意义，以跨学科的知识应用为载体，培养学生通过观察图表来理解词义的能力。

表 4 - 29　Z1002 题目说明

题目编码	所属课时	对应目标1编码	对应目标1学习水平	对应目标2编码	对应目标2学习水平	题目类型	题目完成方式	题目难度	预计完成时间	题目来源
Z1002	1	YYAA042BB03304	A1	YYAA042BB03310	D1	选择题	书面	较低	5分钟	创编

Z1003. Read and complete（看图 4 - 24 并补全句子）

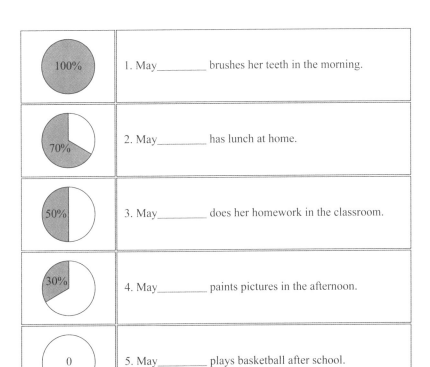

图 4 - 24 Z1003 题目

设计意图:把饼状图与语句结合起来,让学生运用跨学科的知识分析、解读信息,通过填空的方式复习所学的核心词汇,培养学生观察图表和理解语句的综合能力。

表 4 - 30 Z1003 题目说明

题目编码	所属课时	对应目标1编码	对应目标1学习水平	对应目标2编码	对应目标2学习水平	题目类型	题目完成方式	题目难度	预计完成时间	题目来源
Z1003	1	YYAA042B B03304	A1	YYAA042B B03303	A3	填空题	书面	中等	6分钟	创编

【乐写创作】

Z1004. Read and write(看图 4 - 25,模仿 May's busy day 写一写 My busy day)

May's busy day

May always goes to school on foot in the morning.

She usually plays badminton in the afternoon.

She sometimes reads storybooks after school. What a busy day!

My busy day

I always _____.

I _____.

I _____. What a busy day!

图 4 - 25　Z1004 题目

设计意图:本题是本单元长作业的第一部分,是本课时的综合运用作业,旨在帮助学生理解和初步运用频度副词。教师把本单元的核心词汇融入语篇,让学生通过阅读 May's busy day,结合文本框架来描写 My busy day,做到语句通顺连贯,从而达成本课时的学习目标。

表 4 - 31　Z1004 题目说明

题目编码	所属课时	对应目标1编码	对应目标1学习水平	对应目标2编码	对应目标2学习水平	题目类型	题目完成方式	题目难度	预计完成时间	题目来源
Z1004	1	YYAA042B B03307	A3	YYAA042B B03310	D1	开放题	书面	中等	6分钟	创编

4BM3U3P1 单元作业评价量表见表 4 - 32。

表 4 - 32　4BM3U3P1 单元作业评价量表

评价板块	乐学趣评	
乐听畅说	＊能看图并尝试朗读含有字母组合 ay、ai 的单词	☆☆☆
乐读勤思	＊能初步理解 always、usually、often、sometimes、never 等频度副词之间的差异,并选择合适的词完成图文配对	☆☆☆
乐写创作	＊能模仿 May's busy day 简单介绍 My busy day,学会合理安排自己一天的生活	☆☆☆

（二）单元复习课作业

以第五课时为例进行说明，具体包括以下几方面。

【乐听畅说】

F0001. Listen and choose（听录音，选出正确的应答句）

1. A. Monday 　　　　 B. Sunday 　　　　 C. Friday

2. A. twelve 　　　　 B. four 　　　　 C. seven

3. A. Saturday 　　　　 B. Wednesday 　　　　 C. Tuesday

4. A. What does Peter do at seven o'clock?

　 B. It's seven o'clock. What is Peter doing?

　 C. What can Peter do at seven o'clock?

5. A. I'm fine. 　　　　 B. Thank you. 　　　　 C. How do you do?

设计意图：围绕本单元的核心句型，让学生听懂文本录音内容并进行应答，从而提升语言运用能力。

表 4-33 　F0001 题目说明

题目编码	对应目标1编码	对应目标1学习水平	对应目标2编码	对应目标2学习水平	题目类型	题目完成方式	题目难度	预计完成时间	题目来源	是否为某一大题拆分	备注栏
F0001	YYAA042BB03303	A3	—	—	选择题	听说类	较低	1.5分钟	创编	否	

F0002. Listen and choose（听语篇，选出正确的应答句）

1. A. Happy 　　　　 B. Sad 　　　　 C. Busy

2. A. On Wednesday afternoon

　 B. On Tuesday afternoon

　 C. On Thursday afternoon

设计意图：让学生在对话语境中理解文本内容和从文本中提取信息，提高学生的理解、分析、比较、推断能力，促进学生思维品质的发展。

表 4 - 34　F0002 题目说明

题目编码	对应目标 1 编码	对应目标 1 学习水平	对应目标 2 编码	对应目标 2 学习水平	题目类型	题目完成方式	题目难度	预计完成时间	题目来源	是否为某一大题拆分	备注栏
F0002	YYAA042B B03306	A2	—	—	选择题	听说类	中等	1 分钟	创编	否	—

【乐读勤思】

F0003. Read and classify(朗读短文,根据提示的音标,对画线部分发音相同的单词进行归类,对含有音素/eɪ/的单词进行归类是必做题,其他为选做题)

J<u>ay</u> has a regular（有规律的）life.

He alw<u>ay</u>s has some br<u>ea</u>d and v<u>e</u>getables for br<u>ea</u>kfast.

On sunny d<u>ay</u>s, he usually goes to school on foot. When it r<u>ai</u>ns, his father drives h<u>i</u>m to school.

J<u>ay</u> is a good boy. He always l<u>i</u>stens carefully in cl<u>a</u>ss.

He often f<u>i</u>nishes h<u>i</u>s homework before dinner.

J<u>ay</u> is a sunshine boy.

He always pl<u>ay</u>s ball g<u>a</u>mes with his classmates on W<u>e</u>dnesday <u>a</u>fternoon.

He often t<u>a</u>kes a walk in the p<u>ar</u>k on Saturday afternoon.

<u>A</u>fter dinner, Jay sometimes h<u>e</u>lps his mother do the housework.

He n<u>e</u>ver goes to b<u>e</u>d l<u>a</u>te.

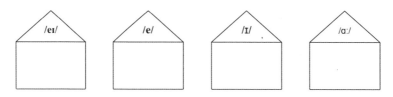

图 4 - 26　F0003 题目

设计意图:本单元的目标是能知道字母组合 ay、ai 的发音规则,并运用发音规则朗读相关单词,诵读相关儿歌,判断所给单词的发音。本课时的目标为正确判断所给单词的发音并进行分类。通过该题,让学生巩固本单元的核心语言内容,对自己一周的生活进行描述。

表 4 - 35　F0003 题目说明

题目编码	对应目标1编码	对应目标1学习水平	对应目标2编码	对应目标2学习水平	题目类型	题目完成方式	题目难度	预计完成时间	题目来源	是否为某一大题拆分	备注栏
F0003	YYAA042B B03301	A1	YYAA042B B03302	A1	填空题	书面	中等	3分钟	创编	否	—

F0004. Read and Match(读一读,连线配对)

1. What day is it today?   It's on the fifth of May.

2. When is your birthday?   I'm getting up.

3. It's eight o'clock. What are you doing?   It's Wednesday.

4. When do you go to the library?   I get up.

5. What do you do at seven o'clock?   It's the fifth of May.

6. What's the date today?   On Wednesday.

设计意图:让学生围绕本单元主题理解核心句型,分析、比较不同的问句,并进行正确应答。

表 4 - 36　F0004 题目说明

题目编码	对应目标1编码	对应目标1学习水平	对应目标2编码	对应目标2学习水平	题目类型	题目完成方式	题目难度	预计完成时间	题目来源	是否为某一大题拆分	备注栏
F0004	YYAA042B B03305	A3	—	—	其他	书面	较低	1.5分钟	创编	否	—

F0005. Fill in the blanks(根据表 4 - 37 的内容填空)

表 4 - 37　F0005 题目

周日	周一	周二	周三	周四	周五	周六

May is a student from Rainbow Primary School.

1. She goes to school from _____ to _____ .

2. She likes painting. She _____ goes to the Art Club on _____ and _____ afternoon.

3. She _____ .

4. She _____ . She plays chess with her friend.

5. She _____ .

6. _____ _____ , May's family _____ .
They always have a good time there.

设计意图：通过图表直观呈现相关内容，帮助学生理解频度副词，同时为最后一项作业绘制图表做铺垫；让学生理解图片内容，获取信息，尝试书写 May 的一周生活。

表 4 - 38　F0005 题目说明

题目编码	对应目标1编码	对应目标1学习水平	对应目标2编码	对应目标2学习水平	题目类型	题目完成方式	题目难度	预计完成时间	题目来源	是否为某一大题拆分	备注栏
F0005	YYAA042B B03307	A3	YYAA042B B03309	C1	填空题	书面	较高	5分钟	创编	否	—

F0006. Read comprehension（阅读文章并回答问题）

A day of my week

Morning is when the sun rises. My day begins early in the morning when the sun rises.

I get up, wash my face, brush my teeth, and get dressed. I eat some bread and drink milk. Then I get ready for school. I take the bus to school. Sometimes I get a ride with Mom.

I am always busy at school. I learn a lot of things with my classmates. We learn Chinese, Math, English, Art, etc. Art is my favorite subject（学科）. I am good at drawing and painting.

Noon is when the sun is high in the sky. It is lunchtime at school. It is bright, and it is warm. I eat lunch, and I play with my friends. We have a huge playground where we all students play different games like badminton, basketball, etc.

Afternoon is when the sun begins to go down. I come home from school, and I often eat a snack. I usually finish my homework before dinner.

After dinner, I like to watch television. I like to read my favourite books. Then I get ready for bed.

I go to sleep in my bed. Teddy goes to sleep in my bed, too.

1. What do you have for breakfast? _____

2. How do you go to school? _____

3. Do you like drawing and painting? _____

4. Where do you have lunch? _____

5. How's the weather at noon? _____

6. What do you do after dinner? _____

设计意图：本篇阅读材料改编自"Reading A to Z"系列丛书中 D 级的一篇文章，让学生结合本单元的主题介绍"我"一天的学习生活。文本内容既基于教材又高于教材，为学生提供了不同的视角，打开了学生的思维。

表 4 - 39 F0006 题目说明

题目编码	对应目标1编码	对应目标1学习水平	对应目标2编码	对应目标2学习水平	题目类型	题目完成方式	题目难度	预计完成时间	题目来源	是否为某一大题拆分	备注栏
F0006	YYAA042B B03306	A2	—	—	简答题	书面	中等	5分钟	创编	否	—

【乐写创作】

F0007. Think, design and introduce(同学们,你们已经对自己的周中和周末活动进行了合理的安排,接下来请你们制作统计表,并在钉钉群"班级圈"口头分享自己一周的学习生活,最后完成一周活动的汇报,获得小红花最多的十位同学的作品将在教室"收获园"中展示)

1. 请运用所学的信息技术,选择一种统计图记录自己一周的学习生活,并填写相应的活动。

2. 请在钉钉群"班级圈"中发布自己绘制的统计图并口头介绍自己一周的学习生活。评选出你最欣赏的作品并献上小红花!

3. 请书面介绍自己一周的学习生活及感受。

设计意图:本题整合跨学科知识,帮助学生从不同的渠道,以不同的形式复习、巩固、运用语言,促进学生核心素养的发展。本题把统计图表和语篇书写结合起来。学生在二年级数学课程中习得条形统计图的绘制方法,在三年级信息技术课程中习得如何在 Word 文档中插入图片,绘制表格。学生可以结合已有的技能,尝试在电脑上绘制条形统计图,呈现自己一周的学习生活。最后,学生书面介绍自己一周的学习生活,体会繁忙而有规律的学习生活带给自己的充实和快乐的感受。

表 4 - 40 F0007 题目说明

题目编码	对应目标1编码	对应目标1学习水平	对应目标2编码	对应目标2学习水平	题目类型	题目完成方式	题目难度	预计完成时间	题目来源	是否为某一大题拆分	备注栏
F0007	YYAA042B B03308	B1	YYAA042B B03310	D1	开放题	跨学科	较高	18分钟	创编	否	—

4BM3U3P5 单元作业评价量表见表 4 - 41。

表 4 - 41 4BM3U3P5 单元作业评价量表

评价板块	乐学趣评	
乐听畅说	* 能知道字母组合 ay、ai 的发音规则，并运用发音规则朗读相关单词，诵读相关儿歌，判断所给单词的发音 * 能用正确的语音语调朗读基本句式和所学语篇	☆☆☆
乐读勤思	* 能运用 always、usually、often、sometimes、never、Monday、Tuesday、Wednesday、Thursday、Friday、Saturday、Sunday 等核心词汇完成主题相关任务 * 能知道频度副词等词法现象及其用法 * 能听懂、读懂与本单元话题 Days of the week 相关的语篇信息，并完成相应的阅读理解任务 * 能主动观察所学语篇中使用的不同频度副词，并识别频度副词之间的差异	☆☆☆
乐写创作	* 能运用所学语言，围绕与"Days of the week"相关的话题进行表述 * 能知道"I'm busy but happy every day."的含义，体会繁忙而有规律的学习生活带给自己的充实和快乐的感受 * 能初步了解频度副词使用的特点和规律，在理解和表达时关注它们的联系和区别，从而提高学习效率	☆☆☆

四、实践反思

单元作业是指为完成单元学习任务而进行的、具有明确指向性的系列化思维和实践活动。本案例选取教材 4BM3U3 Days of the week 这一单元进行剖析。教师根据学生的认知特点，设计了多感官参与的语言实践活动，让学生在谈论一周学习生活的情境中，围绕主题意义，通过感知、模仿、观察、思考、交流和展示等活动，体验学习英语的乐趣，感受一周学习生活的丰富多彩。设计本单元的作业时，教师系统地思考了教学与作业的关系，兼顾知识、能力、情感、态度等方面的目标，力求提升学生观察与辨析、归纳与推断、批判与创新等思维品质。

（一）设计蕴含逻辑的递进式作业，提升学生的思维品质

英语课程要培育的学生核心素养包括语言能力、文化意识、思维品质、学习

能力等。教师要合理设计作业,由浅入深,逐步引领学生学会发现问题、分析问题和解决问题,对事物做出正确的价值判断,使学生在语言学习中发展思维,在思维发展中推进语言学习。

英语学习是一个循序渐进、螺旋上升的过程,是由简单到复杂不断积累的过程。本案例各板块充分考虑了学情,遵循知识目标,由浅入深,由易到难,关注了各课时作业的衔接性和递进性。

(二) 设计基于主题的综合性长作业,提升学生的思维品质

本案例中的长作业围绕本单元主题"Days of the week"展开。单元长作业由两个部分组成,第一部分分布在四个新授课的最后一道大题,第二部分分布在复习课的最后一道大题。学生在完成每一部分任务的过程中,既获得了语言上的支撑,又厘清了思路。

本案例中长作业的五个部分围绕"My Day""My Weekdays""My Weekends""My Week"等话题展开。在单元长作业的第一部分(第一课时)中,学生通过阅读语篇,理解和尝试使用频度副词,并根据文本框架仿写 My busy day;在第二部分(第二课时)中,学生根据自己的实际情况,在表格中自由选择,并根据所选信息尝试语用,自选几句话写一写,作为下一课时完整表达 My weekdays 的阶梯;在第三部分(第三课时)中,学生借助思维导图中的相关信息,尝试使用所学的语言知识和技能,按照记叙文的语篇结构,有条理地描写自己周中的学习生活;在第四部分(第四课时)中,学生运用所学语言进行交际,合作完成作业,并根据归纳的语篇结构进行迁移创新,写一写家人在周末的活动。学生在完成前四部分长作业的基础上,能正确使用频度副词描述自己一周的活动。在第五部分(复习课时)中,学生能使用跨学科知识完成相关任务。学生在完成作业的过程中,知识与技能兼顾,学得与习得并进,训练与思维共存。

长作业设计在目标上与单元作业目标保持一致,在内容上与各课时作业相呼应并有所提升,是对本单元语言知识的综合运用。学生运用所学语言进行有意义的思考、建构、交流和表达,呈现和展示最终的学习成果,提升了思维品质。

(三) 设计突出实践性的跨学科融合作业,提升学生的思维品质

跨学科融合作业对相关的学科内容进行整合,有利于打破学科界限,拓展学生的视野,体现了作业的交汇性和应用性,能较好地培养学生的应用实践能力。

1. 数学学科与英语学科的巧妙整合

学生在二年级学习了条形统计图的绘制,在四年级学习了折线统计图和饼状图的绘制。本案例中,数学统计相关知识在各课时中均有体现。如第一课时 Z1002 和第二课时 Z2002 中,学生观察饼状图或条形统计图,理解频度副词之间的差异。在此基础上,第三课时 Z3003 和第四课时 Z4004 中,学生借助图表理解频度副词使用方法,并在语境中正确使用相关内容,完成主题相关任务。通过前四课时的铺垫,在复习课 F0007 中,学生自主绘制统计图并分享介绍自己一周的学习生活。

2. 信息技术与英语学科的自然融合

课程标准中指出,重视教育信息化背景下英语课程教与学方式的变革,应充分发挥现代信息技术对英语课程教与学的支持与服务功能,鼓励教师合理利用信息技术辅助教学,为满足学生个性化学习需要提供支撑。

学生在信息技术课程中已习得如何在 Word 文档中插入图片,绘制表格。本案例设计中,将信息技术与英语学科相融合,在复习课 F0007 中,学生运用信息技术绘制统计图,以音频或视频的形式呈现自己一周的学习生活,在钉钉群"班级圈"中进行展示。学生在基于网络完成自己作业的同时,需要浏览其他同学的作品,并通过点赞、送小红花和写评语的方式给予评价。

信息技术的融入丰富了学生的学习方式,改进了学生的学习过程,能有效提高学生的积极性和参与度,培育学生的创新性思维。本案例整合跨学科知识,帮助学生从不同的渠道,以不同的形式巩固和运用语言,促进了学生核心素养的发展。

第七节　关注学习情绪,激发学习热情

一、研究概述

英语教学不仅要重视"学什么",更要关注学生是否"喜欢学",以及是否知道

"如何学"。教师在教学中要关注学生的学习情绪，包括动机、兴趣、信心等。教师要根据学生的认知水平，坚持素养导向和育人指向，关注英语学科的人文性，引导学生在丰富有趣的情境中感知英语学习的乐趣。

（一）关注不同学生的学习需求，确定恰当的单元教学目标

单元教学目标的确定必须从课程标准、教材和学生三个角度出发。学生是行为的主体，教师需要更多地关注学生的学习情绪，注重学生的学习体验、感知、实践，建立良好的学习氛围，引导学生积极主动表达，激发学生的学习兴趣。

（二）坚持 TCLLU 原则，创设真实情境，文本贴合学生实际

教师整合教材内容时要坚持 TCLLU 原则：T（Topic）体现教材主题的教学话题；C（Content）体现教材内容的安排；L（Level）符合学生语言水平；L（Length）符合课堂所能容纳的篇幅；U（Unit）符合单元教学整体。教师在设定教学文本的过程中，要基于教材蓝本，依据学情，贴近学生日常生活，创设有趣的情境来调动学生的学习情绪，激发学生的学习积极性。

（三）实施智育，渗透德育，保持学生学习的注意力

为了落实课时教学内容，完成课时教学任务，教师要根据课时教学目标进行相应的教学过程设计，其中包括多样化的教学活动和伴随性的活动评价。多样化的教学活动有助于学生保持学习兴趣，主动参与语言实践活动，从而让学生养成乐于交流、大胆尝试的学习习惯，做到乐学善学。伴随性的活动评价能够辅助教师及时反馈，调动学生的学习情绪，与丰富的教学活动有机结合，共同推动课堂活动有序开展。

（四）采用科学合理的评价方式，促进学生学习

为了满足学生自我发展和教师教学调整的需要，教师要依据课时目标合理设计课时评价方案，对学生的学习过程和结果进行判断和评定。评价时不仅要关注学生的学业成绩，还要关注学生的全面发展，帮助学生认识自我，提升自我，建立自信心，形成积极向学的良好心态。

（五）合理利用教学资源，调动课堂学习氛围

小学生的思维具有直观化、形象化的特点，教师要合理利用多媒体、板书等教学资源，活跃课堂气氛，调动学生的学习情绪。

二、设计流程

教师以课程标准、教学基本要求、教学设计指南为依据,结合学情,解读教材板块,分析教材,并梳理内容要求,以此确定单元教学目标。基于单元教学目标,围绕单元话题,划分课时和分解课时教学目标。根据课时教学目标的设计,梳理主要板块,整合教学内容,设计教学文本,设计相应的教学过程,依据课时教学目标匹配性地设计课时评价方案。

三、典型案例

低年级学生在课程标准中处于预备级,语言学习以视、听、说为主。教师要注意在理解意义的前提下,积极开展简单的日常交流,培养学生的学习习惯。

在单元学习过程中,教师要关注学生的学习情绪,激发学生对英语学习的兴趣。教师要在单元教学的整个过程中引导学生的学习情绪,激发学生的学习热情,帮助学生形成乐学善学的学习态度。

案例:2BM2U3P1 Animals in the zoo

【所属模块与主题】

Module 2 My favourite things,Unit 3 Animals I like,Period 1 Animals in the zoo。

【单元教学目标】

语言能力目标包括:(1)能在语境中识别并在单词中正确朗读辅音字母 Ff、Vv;(2)能在语境中背记、理解和运用核心词汇 giraffe、zebra、elephant、snake,描述动物的特征,做到内容基本准确,语音标准;(3)能在语境中运用核心句型"What are they? They are ...",简单描述动物的特征;(4)能在语境中运用一般疑问句"Do you like...? Yes,I do,/ No,I don't.",表达对动物的喜爱;(5)能读懂本单元中的语篇,并获取、提炼相关信息,了解语篇结构,进行主题表达。

思维品质目标包括:(1)能根据照片或者关键词归纳语篇的关键信息,形成语言框架,进行文本表达;(2)能在师生问答中,保持积极性,认真思考,辨别各种动物的特征和喜好。

　　学习能力目标包括:(1)能通过朗读、儿歌吟唱等形式学习语音,掌握其发音规律;(2)能通过文本视听、跟读模仿、看图说话等形式学习本单元的相关词汇;(3)能通过识别、判断词义、对话、简单描述等形式学习词法规则;(4)能通过对话朗读、问答交流、看图说话等形式学习本单元的核心句型;(5)能通过文本朗读、文本视听、信息寻找、问答交流等形式读懂语篇,并根据信息、语言结构等提示进行表达。

　　文化意识目标包括:能通过了解动物的外貌特征以及爱好,明白动物是人类的朋友,要爱护动物,保护动物。

　　【课时教学目标】

　　语言能力目标包括:(1)能在单词中正确认读辅音字母 Ff、Vv;(2)能在 In the zoo 的语境中理解并朗读核心词汇 giraffe、zebra、elephant、snake,了解语音标准,了解动物的外貌特征和喜好;(3)能在 In the zoo 的语境中,用“They are ... They like ...”描述动物的外貌特征和喜好;(4)能读懂对话,简单表达对动物的感觉。

　　思维品质目标包括:(1)能通过观察照片、文本视听获取各种动物的主要特征和相关信息;(2)能对语篇中获取的信息进行简单的梳理和分类。

　　学习能力目标包括:(1)能通过模仿正确认读辅音字母 Ff、Vv;(2)能通过文本视听、跟读模仿、看图说话等形式学习动物相关词汇;(3)能通过语篇朗读、问答交流、看图说话等形式学习核心句型,做到语音语调正确;(4)能通过文本朗读、信息寻找等形式读懂语篇,尝试表达动物的外貌特征和喜好。

　　文化意识目标包括:能感知每种动物都有不同的特征和习性,感受大部分动物对于人类都是友好和善的,是人类的朋友。

　　在本课时中,教师力求在课堂上展示不同动物的外貌特征和习性,通过层层递进的方式,引导学生通过模仿、角色扮演、歌曲仿唱等方式进行语言学习,让学生在学习的过程中感受动物的不同特征、能力和食性,走进动物的世界。教师要引导学生感知大部分动物对于人类都是友好和善的,树立正确的价值观。

　　【课时教学内容设计】

　　本课时教学内容是基于教材中的 Look and say 板块进行改编的。考虑到学生的年龄特点和语言水平,教师对情节进行了扩充,在原本的教材中衔接了学生已有的知识,结合学生的最近发展区,进行了些许拓展。教师用情境衔接了一个个文本,更具有趣味性,并且贴近学生的日常生活,能够调动学生的学习积极性。以下为文本再构的过程。

一是进行内容整合。本课时的教学内容涵盖 Look and say、Look and learn、Learn the sounds、Play a game 四个板块,涉及本单元的核心词汇 giraffe、zebra、elephant、snake 以及句型"What are they? They are … Do you like …? Yes，I do./ No，I don't.",还复现了"They like …"句型。教师在整合教材内容时进一步拓展,把学生以前学习到的单词和句型进行了滚雪球式的再现,实现了螺旋式上升的学习目的。

二是进行内容设计。考虑到学生的语言水平和年龄特征,基于单元教学目标,教师确立了课时话题 Animals in the zoo。如图 4 - 27 所示,动物园的情境贴近学生的生活。在主体人物的带领下,学生置身于动物园的情境中,感知不同动物的特征和喜好,并对接下来出现的动物有所期待。整个教学过程充满趣味性,能够推动教学活动在积极的学习氛围中进行。虽然文本涉及内容比较多,但大部分是简单句,符合学生的语言水平,也能激发学生主动表达、参与互动的积极性。

图 4 - 27　教学情境设计图

【文本设计】

教师精心设计课堂教学文本,能够激发学生主动参与的热情,调动学生的学习情绪,激发学生的学习兴趣。为了调动学生的学习积极性,文本的趣味性设计格外重要。在本课时中,逛动物园是贴近学生生活实际的场景,对于动物,学生有一定的了解,教师可以借助问题链来构建文本,从名称、颜色、食性等角度来构建文本。教师在构建框架的同时,要增加活动的趣味性,激发学生的学习兴趣。教师在设计文本时,可以引导学生通过多方面感官来了解相关动物。在设计动物园的浏览路线时,教师通过不同的方式来导入每个动物并展示其特征。如在展示长颈鹿时,先露出远处高大树木后面高高的脑袋,让学生猜测这是什么动物,不仅调动了学生的学习情绪,还体现了它高大的形象。又如通过远处隐隐传来的叫声,丛林间一闪而过的黑白影子让学生思考这是什么动物,在展示斑马的颜色同时,也让学生感知了它的速度和声音,让学习过程充满了乐趣。除了展示动物,还可以通过游戏的方式来设计文本,如教学文本设计图(见图 4 - 28)中的Guessing game 就把动物特征与谜语结合起来,在向学生展示动物特征的同时,提升了学生的思维能力,激发了学生的学习热情。

图 4 - 28　教学文本设计图

【教学资源】

基于学生的年龄特点,教师在设计教学活动时,大量使用了图片、视频和歌曲资源。低年级学生年龄小,自控力相对较差,注意力容易分散,但模仿力强,喜欢动态视频和歌曲。教师在教学中精选视频和歌曲资源能够调动学生学习的积极性,引导学生倾听模仿,培养学生主动表达的学习习惯,引导学生开展积极简单的日常交流。视频资源中所包含的知识信息也能让学生在愉快的学习气氛中积累知识,从而达到乐学善学的学习目的。在课堂中,教师通过 giraffe 相关歌曲、zebra 相关视频等引导学生了解不同动物的习性和外貌特征,激发学生的学习兴趣,提升学生的表演能力。

【教学过程设计】

1. 活动设计

在 Pre-task 环节,教师通过歌曲和情境导入快速地引出本课的主题

Animals in the zoo。学生结合自身参观动物园的经历,增加了语境的真实感。在 While-task 环节,教师设计了地图参观的方式,在强化语境的同时,激发了学生的学习兴趣。教师在教学过程中反复用问题引领,如"What are they?""What colour are they?""What do they like?""How are they?""Do you like …?",帮助学生搭建语言框架。根据情境的发展,教师用角色扮演、尝试表演、猜谜语、互问互答、完成调查表格等活动方式,激发学生的学习热情,使学生形成积极的学习情绪。在 Post-task 环节,教师让学生结合自己的实际情况来进行表达,注重学生的体验、感知和实践,促进了学生思维的发展,引导他们积极投入语言学习和实践。

2. 作业设计

教师在进行作业设计时要系统地考虑教学与作业的关系,基于单元教学目标确定单元作业目标。

表 4 - 42　单元作业目标示例

项目	内容
教材内容	2BM2U3 Animals I like Look and say、Look and learn、Say and act、Learn the sounds、Play a game
单元作业目标	1. 能在语境中识别并在单词中正确朗读辅音字母 Ff、Vv 2. 能在语境中背记、理解和运用核心词汇 giraffe、zebra、elephant、snake 3. 能在语境中运用核心句型"What are they？They are …",简单描述动物的特征 4. 能在语境中运用一般疑问句"Do you like…？Yes, I do. / No, I don't.",表达对动物的喜爱 5. 能读懂、听懂有关动物特征和喜好的语篇,并获取、提炼相关信息,了解语篇结构,进行主题表达 6. 能通过模仿朗读、儿歌吟唱、文本视听、看图说话等形式了解动物的外貌特征和喜好,并有条理地进行简单描述 7. 能积极参加小组活动,积极发言,保持注意力集中,主动参与课堂活动,大胆展示自我 8. 能通过了解动物的外貌特征以及爱好,明白动物是人类的朋友,要爱护动物,保护动物

表4-43　作业内容属性表

步骤	项目	内容
课时作业内容	评价维度	☑学习兴趣　☑学习习惯　□学业成果
	作业内容	大家在生活中看到过许多动物,大部分动物对于人类都是友好和善的。你们喜不喜欢这些动物呢? 请大家为自己印象最深刻的一种动物制作一张图鉴,然后和其他同学一起交流一下。 They are… (name) They are… (colour) They like… (food) They are… (feature) 积极主动地观察动物的特征　自己评:★★★ 自主贴/画相关内容,完成图鉴　自己评:★★★ 积极与同学交流自己的图鉴,语音清晰,语调优美　自己评:★★★　教师评:_____
	结果呈现	□等第　☑评语　□其他_____

教师在确定单元教学作业的过程中,注重激发学生的英语学习兴趣,关注学生能否积极主动地参与课堂活动,积极引导学生的学习情绪,帮助学生树立自信心,形成良好的学习习惯。本课时的作业是结合学生实际设计的,旨在让学生畅所欲言,自信表达,让学生具有参与感。教师关注学生的情绪反馈,在接下来的课时中慢慢引导其发现动物的可爱之处以及人与动物和平相处的重要性。本课时作业以获得星星为基本评价标准,注重培养学生的学习习惯,注重培养学生自主完成作业的能力。

3. 板书设计

板书能有效地向学生传递信息,是教学的重要媒介之一。低年级的学生喜欢直观、形象、有趣的学习内容。本课时板书设计时,教师通过可爱的图片和色彩分类的方式,吸引学生的注意力,调动学生的学习情绪和学习热情,引导他们积极投入语言学习和实践活动。本课时板书设计见图4-29。

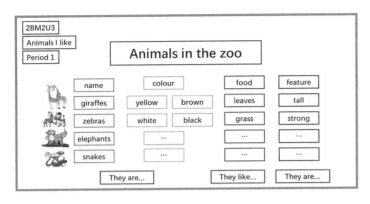

图 4 - 29　板书设计

【评价设计】

为了鼓励学生大胆开口、乐于参加学习活动,教师在课内进行了伴随性评价,采用小星星积分和口头评价的方式,调动学生的积极性,促使其保持浓厚的学习兴趣。在本单元的评价中,教师不仅关注语言知识的学习,还关注学习习惯和学习兴趣的养成。学习习惯一栏可以调动学生倾听和主动参与课堂活动的积极性,学习兴趣、学业成果的评价对于端正学生的学习态度、培养学生良好的学习情绪和学习习惯有积极的导向作用。本课时评价目标属性表见表 4 - 44,评价工具属性表见表 4 - 45。

表 4 - 44　评价目标属性表

步骤	项目	内容
确定评价目标	评价性质	□诊断性评价　☑形成性评价　□终结性评价
	评价类型	□纸笔测试　☑表现性任务　□学习记录单　□其他_____
	评价目标	1. 能注意力集中,积极参加课堂活动 2. 能借助语言框架介绍动物的外貌特征和喜好 3. 能积极参与团队活动,与同伴交流互动 4. 能积极模仿,进行角色扮演

表 4−45　评价工具属性表

评价维度	观察点	等第标准 形式:☑星数□字母□文字□其他____			评价主体	评价方式	评价时间
学业成果	能借助框架描述动物的外貌特征和喜好	语音语调	语音清晰	★	学生	口头评价	课内
			语调优美	★			
		表达交流	仪态自信 动作优美	★			
学习习惯	能注意力集中,积极参与课堂活动	倾听	仔细倾听	★	学生	口头评价	课内
		参与	积极主动	★			
学习兴趣和学业成果	能完成课后制作图鉴的口头作业	能在家长或教师的提醒下完成课后口语任务		★	学生、教师	作业分析	课外
		能和同学简单交流一种动物的外貌特征,完成口语任务		★★			
		能主动观察某种动物,查阅相关资料,细心完成图鉴制作并上传到"班级群",积极与同学交流自己的图鉴		★★★			

四、实践反思

该课时是经过英语组团队反复推敲、精心设计、不断反思和修改后完成的,以下为多次教学过程中的一些反思。

(一) 完善情境设计,激发学生的好奇心

本课时的情境设计为普通动物园,学生对于本次所学的动物已经十分熟悉,所以,在试教过程中,学生对于直观看到动物并回答这些动物的名称并不感兴趣。为了激发学生的学习兴趣,笔者尝试将这些动物"隐藏"起来,比如将长颈鹿隐藏在大树后面,远远望去只看见其头部,这样不仅能体现长颈鹿高的特征,还能让 Danny 和 Eddie 顺理成章地使用文本"What are they? They are …"进行问答。听到斑马的声音后,让 Kitty 提问"What are they?",让学生来猜一猜。对于斑马的声音,学生是比较陌生的,因此,接下来的角色对话充满了趣味性。采

用听声音、观局部、猜谜语等方式后，学生的学习积极性有所提高，整个课堂的学习氛围也变得更好。有团队教师建议设计一些特色动物园，如夜间动物园，让整个情境设计更加生动活泼，充满吸引力。

（二）完善活动设计，引导学生学习

试教中，笔者把大量的时间花费在核心词汇、核心句型的操练上，课堂氛围有点沉闷。改进之后，笔者在教学活动中设计了一些趣味游戏，如听声音辨别动物，增加了整个课堂的趣味性，提升了学生的学习热情。我们在教学活动中发现部分框架太过僵硬，不利于学生学习。因此，我们调整了教学活动，由扶到放，让学生从模仿到自主表达，在演绎中获得了更多的乐趣。

（三）合理利用板书，增加学习乐趣

板书可以清晰地呈现课堂教学的脉络，具有直观性、条理性和系统性，能够有效帮助学生搭建框架，理解和记忆重点知识，辅助学生进行口语表达。本课时中对于动物的描述包括名称、颜色、食性、特征等方面。四个要素逐步呈现在板书中，帮助学生进行记忆和描述。在试教中，笔者把每个要素一一呈现在板书上，固定的板书导致学生只能基于指定的信息进行表达，限制了学生的思维。在后期的教学中，笔者尝试给学生提供各类板贴（包括空白板贴），让学生根据自己的实际生活体验来选择和完成板书，并对板书中的某种动物进行描述。课堂实践中，每个学生眼中的动物形象都是不同的。这种活动利用了板书的辅助功能，启发了学生的思维，也活跃了课堂气氛，让学生充满了学习热情和活动参与感。板书中，笔者用不同的颜色表示不同的特点，用色彩帮助学生进行分类记忆。在谈到对某种动物的感情时，笔者通过笑脸和苦脸进行表示，上来表演的学生也可以贴上自己的笑脸或者哭脸，有效进行情感态度的输出。

（四）关注作业的整体性，设计递进式作业

单元视角下，各课时的作业具有整体性和递进性，在试教中，笔者仅关注本课时的作业情况，没有考虑到整个单元作业的重要性。后期教学中，笔者把每一课时的作业前后关联，促进学生综合能力的发展。第一课时鼓励学生制作某种动物的图鉴，对动物的名称、颜色、食性、特征等进行介绍分享。第二课时鼓励学生做调查，调查同学们身边的动物，感知动物与人类的相处方式。第三课时鼓励学生探究一些不常见或者有趣的动物，与同学们进行分享交流。活动时以小组为单位。丰富的作业活动可以激发学生的热情，调动学生的积极性。

第八节　培养学科情感，促进学科育人

一、研究概述

英语学科是国际交流与合作的重要沟通工具，是传播人类文明成果的载体之一，对中国走向世界、世界了解中国、构建人类命运共同体具有重要作用。基于以上内容，在小学阶段学习英语有助于学生了解不同文化，比较文化异同，汲取文化精华，逐步形成跨文化沟通与交流的意识和能力。换言之，英语学科不仅要培育学生的核心素养，还要促进学生在心智能力、情感态度、思想品德、社会责任感等方面的发展，使学生形成关键技能和必备品格，实现全面发展。

（一）培育学科情感，落实核心素养

在英语学科中，有效落实情感策略，可以更好地培育学生的核心素养。情感策略是指学习者单独完成任务或者与他人一起完成任务时，把情感作为辅助工具的策略。课程标准强调在英语课堂中促进学生情感的培养、正确价值观的形成、综合素质的提高。小学英语学科的情感教学是指在授课时，教师积极调动学生的情感因素，让学生喜欢学习、愿意学习，从而提高学生的学习效果。

在单元主题的语境下，教师要不断深挖教材，深度解读文本，激发学生情感，促进学生身心健康发展，才能达成英语学科育人的重要目标。学科情感是指在跨文化语境中，培养学生的跨文化知识理解能力，加深学生对本土优秀文化和其他优秀文化的认同，并在此基础上帮助学生形成跨文化意识的学科素养。

教师在小学英语教学中应用情感教学，能为学生英语学习效果的提升提供重要保障。学生只有保持积极的情感状态，才能主动投入学习，在英语学习中感受到乐趣，并且丰富自身的情感体验。教师要充分理解英语学科所承载的人文因素和情感关怀，向学生传递一种不同于汉语的文化和思维方式。依托小学生身心发展规律和年龄特点，教师在英语课程中要渗透积极的情感态度，体现"以人为本"的人文主义教育观，充分运用情感策略，培养全面发展的人。英语学科情感教学是单元主题下的分课时教学,每一课时的内容都基于单元主题细化,促进学生能力向素养的转化。

(二) 促进学科育人,践行课程目标

小学英语学科的育人价值不仅是让学生学习英语知识和发展英语技能,还包括促进学生在心智能力、情感态度、思想品德等方面的发展。它承担着提高学生综合人文素养的任务,即学生通过英语课程能开阔视野,丰富生活阅历,形成跨文化意识,增强爱国主义情感,发展创新能力,形成良好的品格和正确的人生观与价值观。基于英语学科特点,教师要尝试发现、挖掘、提炼小学英语教材中蕴含的育人元素,与英语知识进行有机融合。小学阶段是学生品德养成的重要阶段。学生良好的学习习惯、行为习惯、社会责任感的培养要从遵章守纪做起。

课程标准中强调素养导向和育人指向,即发展语言能力,培育文化意识,提升思维品质,提高学习能力。掌握英语语言技能和培育良好的情感态度、人文素养是相辅相成的,教师必须同时关注两者,才能培养出符合社会发展需求的人才。

二、设计流程

根据单元整体教学设计路径图,教师先要确定教学依据,接着规划单元教学,最后设计单课教学,形成完整的单元教案,理论联系实际,围绕具体内容进行相应设计。

(一) 确定教学依据

第一,教师要研读课程标准。课程标准中强调坚持育人为本,加强单元教学的整体性,深入开展语篇研读,秉持英语学习活动观组织和实施教学,引导学生乐学、善学,推动"教—学—评"一体化设计与实施,提升信息技术使用效益。这些建议围绕教学实施,从指导思想到教学设计思路、教学内容分析、教学方式选择,再到对学生的学习指导和教学与评价的关系,最后落到信息技术的有效利用,涵盖了课程的方方面面,形成了一个全方位的指导体系。教师在规划教学设计时,需要强化素养导向,围绕单元主题,充分挖掘育人价值,确定单元育人目标和教学主线,从而更好地整合、关联、发展单元的育人蓝图,引导学生对单元的学习和对主题意义的探究。

第二,教师要分析教材和学情。教材分析包括对单元教学内容的分析,以及横向、纵向的分析,把握教材重难点内容、教学模式等。教师需要考虑教材的内容和特点,结合学情,进行全面分析,从而确定教学依据。

(二) 规划单元教学

教师要以单元整体设计为教学规划,进行相关内容的设计。教师要积极有效地推进单元整体教学的实践,从主题出发,深入分析单元教学内容之间的关联,剖析单元育人价值,确定单元教学目标,落实单元教学评价,把单元学习完成后学生的核心素养综合表现作为单元教学的落脚点。

英语学科核心素养强调以语言能力的发展带动核心素养的发展。单元整体教学设计要注重从整体的角度规划学生核心素养的发展与落实,即从单元的角度整体创设语境,为学生的语言学习提供必要的条件;整合单元教学内容,让学生逐步进行语言学习;从单元的角度设计语用任务,为学生提供完整的语用体验。有效的语境是学生学科核心素养培育的土壤,基于课程标准的语境设计与单元整体设计密不可分。基于单元整体视角的语境具有整体性和递进性,贯穿单元教学始终,能为学生核心素养发展提供完整的环境,有助于学生核心素养的发展和落实。

单元教学目标和单元语用任务的确立有助于教师明确单元教学的主线,以单元语境为出发点,细化每一课时的话题、教学目标、语用任务等。教师通过单元整体教学设计,将同一主题的内容分成不同课时进行呈现,达到循序渐进的效果,学生在学习时能更充分地认识和理解主题意义,提升价值认同感,产生情感共鸣。

(三) 设计单课教学

单课的教学设计要关注教学过程。教师在设计教学过程时应基于课程标准,把握教学基本要求,依据教学内容与学情,以目标为导向,设计教学活动,通过教学过程实现教学目标。教师还需要综合考虑话题、语境、目标、内容、板书、语用、评价等要素,按照循序渐进的原则,通过合理且多样的教学活动,帮助学生获取新知识,从而促进学生多种能力的发展。在过程推进中,教师要遵循学生认知发展规律和语言学习规律,在内容和形式上体现递进性与层次性,关注学生兴趣的培养、技能的发展、思维的提升,关注语言与情感的融合。教师要始终聚焦学生的学习兴趣、知识与技能、思维发展和情感体验。在教学过程中,教师要结合内容要素,有机整合学科情感,使其贯穿在每一课时中。

三、典型案例

为了在英语课堂教学中融入人文关怀、渗透情感,教师要以文化为背景,以跨文化交际为目标,对教材进行情感处理,对教学内容进行情感升华。教师可以从人文角度出发,认真分析、吃透教材,对教材内容进行再加工、深加工,巧妙设计教学环节,使教学内容产生多元的情感效应。

我们在日常教学过程中进行了许多实践与研究,从以下案例中可以发现,教师设计的单元教学目标中文化情感与分课时目标在形式上是相辅相成的,在内容上是层层递进的,符合学生的学习特点,在单元主题下,学科情感得到渗透与升华。

案例:4AM2U3 I have a friend

【所属模块与主题】

Module 2 Me,my family and friends,Unit 3 I have a friend。

【单元教学设计】

教材分析属性表见表4-46。

表4-46 教材分析属性表

项目		内容	
主题		□人与自我 ☑人与社会 □人与自然 (单元主题 I have a friend)	
功能		☑交往 □感情 □态度 (单元功能 Introduction)	
育人价值		了解不同朋友的外貌特征,理解朋友需要相互帮助,在学习中感受朋友的意义	
教材板块定位	核心板块	Look and learn	核心单词:coat、shirt、blouse、T-shirt、skirt、sweater、jeans、shorts
		Look and say	核心句型:He/ She has …
		Learn the sounds	字母组合 br-、cr-的读音规则
	次核心板块	Read a story	故事
	辅助板块	Listen and enjoy	儿歌
		Play a game	游戏
		Think and write	写话

该单元选自《英语》(牛津上海版)教材 4AM2U3 I have a friend,通过研读教材,基于对单元的整体设计,教师以课程标准和教学基本要求为依据,以教学设计指南为备课方向,进行教材结构分析,厘清了教材各板块的学习内容与学习特征,为确定单元教学目标做好了准备。

在模块主题和单元主题下,教师确定了本单元的主题属于人与社会,语言功能为交往,育人价值为了解不同朋友的外貌特征,理解朋友需要相互帮助,在学习中感受朋友的意义。教师在单元教学中循序渐进地让学生理解朋友的意义,体会与朋友相处的快乐。

在文化与情感方面,各课时教学目标既指向单元教学目标,又相辅相成、循序渐进。单元教学目标为了解不同朋友的外貌特征,理解朋友需要相互帮助,在学习中感受朋友的意义。第一课时"My good friend"的教学目标为初步学会观察不同朋友的服饰特点,体验与朋友互相欣赏的乐趣。第二课时"We're good friends"的教学目标为了解朋友的体貌特征,并体会与朋友一起做事的乐趣。第三课时"Story time with friends"的教学目标为懂得欣赏不同性格的人,乐于与他们成为朋友。第四课时"Talking about my friend"的教学目标为学会欣赏朋友的外貌特征,并尝试表达朋友和自己的共同经历,描述珍贵的友谊。下面以本单元第三课时"Story time with friends"为例,具体阐述如何借助学科情感达到学科育人目标。

小学英语教学中,教师在进行语言活动设计时需要考虑语境,关注学生的学习兴趣和情感体验。好的学习活动不仅可以契合主题和话题,还能强化情感生成和体验,对教学起到助推作用。有学者认为,理想的外语课堂教学能营造更多直接使用目标语言的环境供学生交流沟通,并通过相关的活动任务,让学生提升语言交际和解决问题的能力。因此,教师要重视学生思维和情感体验的提升,将英语的词和句融入生动的故事中,使其具有完整性、趣味性和语境性等特点,符合小学生的年龄特点和认知水平。通过对故事教学的实践与研究,我们发现,在小学英语课堂中采用故事教学往往能更好地发展学生的综合语言运用能力,促进学生情感体验的提升。

(一) 聚焦语境创设,激活育人情感

在英语教学中,词汇和语篇的学习是非常重要的。教师可以通过创设语境来帮助学生整体地、有逻辑地理解某一单词或词组的特定含义;可以通过创设语境让学生直面真实的或接近真实的场景,深入理解某一单词或词组的含义,在真实的交际任务中学会正确运用特定的表达;还可以通过创设语境让学生了解某一特殊文化背景对语言的影响,从而更好地树立跨文化交际意识。在小学英语教学中,借助完整的故事教学,有利于加深学生的情感体验。教师通过故事语境构建语言框架,有利于学生深度体验语境内容。

故事教学中往往会采用大量的图片,学生从浏览图片开始了解故事情节,再关注细节内容,进一步思考。他们会率先调动已有的知识储备观察每一幅图片,然后展开一定的想象。在教学过程中,教师应有意识地引导学生关注故事的题目、人物、背景等,让学生对故事有一个初步的感知。

如在4AM2U3第三课时"The lion and the mouse"的故事教学中,教师在课件中出示故事封面,让学生观察图片并对故事框架进行梳理,故事的题目为"The lion and the mouse",故事中的人物是狮子和老鼠,故事的背景是在森林中。教师在导入环节调动学生的积极性,提升学生感知故事的能力。随后,教师提出预测性问题"How are the lion and the mouse?",让学生基于已有的知识储备描述狮子和老鼠的形象特征与性格特点,学生通常认为狮子是大而强壮的,老鼠是小而弱小的。从封面内容中,学生知道了故事的背景,并且能根据已有的信息推测故事中的人物。该单元的主题为"I have a friend",本课时的文化与情感目标是体会朋友会在危难的时候帮助自己,患难见真情。介绍完故事封面后,教师提出思考性问题"Are they friends?",学生根据已有的认知水平进行回答。大部分学生认为,它们体格悬殊、性格不同,不能成为朋友。小部分学生认为,他们互相帮助,能成为朋友。学生通过导入环节对封面人物的分析以及对动物世界的了解,深度卷入故事语境。

（二）聚焦故事导向,感悟育人深度

教学内容要以生活为主阵地。教师要创设真实的语言交际情境来提升学生的语言运用、交际能力。在小学英语教学中,教师应关注学生特点,设计相应的活动,丰富学生的学习体验,引导学生灵活地学习故事的内容。以模仿表演为支架,学生表演的情绪和语调,可以较准确地体现他们对故事的理解。故事文本内容往往对学生的学习起到关键作用。教师要激发学生主动学习的兴趣,让学生产生积极的情感体验,消除对语言学习的焦虑。

1. 改编故事，丰富学生的情感体验

本课教材为叙述式文本，单一的陈述性表达略显枯燥，不能体现人物特点，学生也无法根据叙述式文本进行模仿表演。

教材部分内容如下：

This is a lion. It is big. It is strong. It has big teeth.

This is a mouse. It is small. It has small but sharp teeth.

基于学情分析，教师从形式和内容上对教材进行了改编，保留了原有教材内容，加入了 Lion 和 Mouse 的自我介绍。

改编后的内容如下：

Lion：Look at me. I'm big and strong. I have big and sharp teeth. I can eat little animals. I'm the king of the forest.

Mouse：Look at me. I'm small. I have small but sharp teeth. I can bite many things.

学生根据录音和图片体会人物的性格，从听觉、视觉等方面感知动物的性格特点，尝试模仿动物的情感，进行故事的演绎，使得故事灵动且有趣。教师在教学过程中，引导学生分析两种动物的性格特点并说明理由：狮子作为森林之王，它是勇敢且骄傲的；老鼠身体瘦小，它是胆小的。学生模仿两种动物的语音语调，运用肢体语言和声音强弱把狮子的勇敢、老鼠的胆小表现得淋漓尽致。表演既可以深化学生对故事文本的理解，又可以提升学生的体验感和表达能力。通过表演，教师可以防范学生理解的偏差，深化学生的理解，在无形中验证学生的心理活动。

2. 问题导向，挖掘学生的深层情感

故事教学中较常见的活动之一就是提问，好的问题可以加深学生的情感体验。课堂中常见的提问方式分为两种，即教师引导式提问和学生求知式提问。教师在推进故事情节时，往往采用提问的方式。在设计问题时，教师要从学生已有的生活经验和知识水平出发，把握好提问的难度和层次。

随着故事情节的推进，教师要有意识地引导学生理解朋友关系。教师在故事的每个环节都设计了一些思考性问题，对文本中的一些细节进行挖掘，引发学生的共鸣。如在学生模仿狮子和老鼠进行自我介绍后，教师提出"Does the lion have a friend?"和"Does the lion need a friend?"两个问题，让学生进行猜测。学生根据狮子的性格特点进行猜测：狮子没有朋友，狮子不需要朋友。在课文中，狮子和老鼠的心理活动都发生了变化，两者都产生了害怕的心理，教师引导学生提出问题"Why are they afraid?"，让学生根据故事上下文进行思考，得出观点"Because the lion is in the net. Because the lion wants to eat the mouse."。通过故事，学生知道了老鼠的仗义帮助，也理解了狮子最后并没有以貌取人。故事的最后，教师提出问题"The lion has sharp teeth too. It can eat animals. Why can't it bite the net? Is it silly?"，让学生展开深层次的思考，学生回答"The lion is too afraid. It forgets to bite the net."。教师和学生通过一系列的问答推进故事发展，学生有了较为明确的思考方向，更为深入地体会、分析、思考人物关系的变化，提升了共情的能力。

3. 聚焦文本创作，增强学生的情感体验

故事教学能培养学生的发散性思维，增强学生的情感体验。故事教学是一种学习的方式，能帮助学生构建知识体系。虽然在小学阶段，学生的词汇量达不到创作故事情节的水平，但学生能根据故事的发展写出较为合理的拓展情节或结尾。

在本课时故事推进过程中，教师就文本中的人物关系提出了问题："为什么老鼠一开始不愿意帮助狮子？"有的学生说"The lion will eat the mouse."，有的学生则说"They are not friends."。学生能根据故事情节去揣测、想象老鼠不帮助狮子的理由。当教师出示它们之间的"过节"时，情节既让人意外又在情理之中，学生的学习更为投入。

图 4-30　创编文本内容

对于"狮子看见正在求饶的老鼠时会说什么"这个问题，每个学生都给出了自认为符合故事情节的回答，如"You are too small. You can't help me.""Are you kidding? I'm the king of the forest. I don't need you."。学生运用已有的知识，巧妙地表现了狮子的自大。学生能根据教师给出的框架，围绕人物的心情变化融入自己的理解演绎故事，使得表演更具有层次性。

4. 聚焦故事品评，提升学生的情感高度

随着故事的发展和情节的深入，学生能根据已有信息进行归纳和总结，并生成自己的理解。不同学生对故事有着不同的体验，开放式的问题不仅能加深学生对故事的理解，还能锻炼学生的思维能力。

以单元主题"I have a friend"为框架，在故事教学前，教师会通过对故事中人物性格、外形的描述，让学生对主要人物建立最初的印象。在故事情节的发展中，教师会结合故事情节提出问题，培养学生独立思考的能力，同时引导学生提出问题。在故事的结尾，教师循序渐进地引导与提问，让学生试着分析故事的结局。在教学中，教师让学生从旁观故事到走进故事，再到感受故事，慢慢理解故事的意义。

对于学生熟知的故事，教师可以设计丰富的活动来支撑故事教学。对于学生没有接触过的故事，设计悬念则是点睛之笔，教师可以提出问题引发学生的思考，让学生进行一系列的讨论，加深情感体验，以此达到学科育人的目的。

四、实践反思

语言是人类表达情感的有效途径之一。英语作为一种沟通交流工具，发挥着传递信息与情感的功能，因此，英语自身体现出独特的情感特征。语言学习主要涉及重点单词和句型的理解掌握、复杂语法结构的熟知运用。英语教学中，教师要创设以生活为主阵地的语境，使学生对学习内容有足够的情感体验与情感共鸣，进而提升语言运用、交际能力。

故事教学模式能降低语言学习的难度，调动学生的主观能动性，激发学生的学习兴趣，让学生主动完成学习任务。学生通过故事学习，产生情感共鸣，能为以后的学习奠定基础，为未来的求学之路做好铺垫。

主要参考文献

[1] 万晓婷.巧用灵动板书助推语言运用[J].教育,2023(11).

[2] 中华人民共和国教育部.义务教育英语课程标准(2022年版)[S].北京:北京师范大学出版社,2022.

[3] 梅德明.正确认识和理解英语课程性质和理念——基于《义务教育英语课程标准(2022年版)》的阐述[J].教师教育学报,2022(3).

[4] 刘潇.新旧版义教英语课标中文化意识的比较——兼论新版课标文化意识的教学建议[J].小学教学设计,2022(30).

[5] 凌云.实现小学英语学科育人价值的路径研究[J].新课程导学,2022(18).

[6] 王蔷.新版课程标准解析与教学指导(小学英语)[M].北京:北京师范大学出版社,2022.

[7] 韩培华.基于学习能力的小学英语单元整体教学目标设计研究[D].天津:天津师范大学,2022.

[8] 马燕婷,胡靓瑛,等.核心素养导向的作业设计[M].上海:华东师范大学出版社,2021.

[9] 张静,刘亚龙.与小学英语单元整体教学同行——田园外语实验小学英语教学研修与教师发展[M].上海:东华大学出版社,2021.

[10] 王瑛.初中英语学习活动设计、实施与评价[M].上海:华东师范大学出版社,2021.

[11] 李宝荣.基于主题意义的英语单元整体教学设计[J].英语学习,2020(3).

[12] 朱浦,祁承辉.单元整体教学的设计[M].上海:上海教育出版社,2020.

[13] 颜黎华,唐晓燕.小学英语基于单元整体教学设计的课程资源构建[M].上海:上海教育出版社,2019.

［14］杨建中.核心素养背景下的单元评价设计［M］.上海：上海科学普及出版社，2020.

［15］上海市教育委员会教学研究室.小学作业设计与实施指导手册［M］.上海：华东师范大学出版社，2019.

［16］鲁子问.小学英语教学设计［M］.上海：华东师范大学出版社，2018.

［17］上海市教育委员会教学研究室.小学英语单元教学设计指南［M］.北京：人民教育出版社，2021.

［18］上海市教育委员会教学研究室.教学与评价的风向标：上海中小学各学科核心素养研究［M］.上海：上海科技教育出版社，2018.

［19］上海市教育委员会教学研究室.上海市小学英语学科教学基本要求［M］.上海：上海教育出版社，2017.

［20］朱浦.小学英语教学关键问题指导［M］.北京：高等教育出版社，2016.

［21］刘茜茜.交际语言教学在高中英语语法教学中的应用研究［D］.成都：四川师范大学，2014.

［22］焦扬.交际性口语测试与中学英语互动式口语教学［J］.校园英语，2012(24).

［23］赵专.运用多元评价体系促进小学英语教学［J］.英语广场(学术研究)，2012(10).

［24］王瑞雪.落实"高效课堂教学"的三个基本要素［J］.当代教育论坛(教学研究)，2011(4).

［25］刘瑞.交际语言教学及其发展趋势［J］.赤峰学院学报(汉文哲学社会科学版)，2011(8).

［26］李得武.语义结构图策略在阅读教学中的运用［J］.中小学外语教学(中学篇)，2011(4).

［27］谢芳.整体语言教学法对我国英语教学的启示［J］.中国城市经济，2010(11).

［28］施嘉平.小学英语课堂教学设计［M］.上海：上海教育出版社，2010.

［29］邱建华.整体语言教学观在英语语法教学中的应用［J］.山东师范大学外国语学院学报(基础英语教育)，2009(5).

［30］朱浦.教学理论探究［M］.上海：上海教育出版社，2008.

［31］朱浦.教学专题透析［M］.上海：上海教育出版社,2008.

［32］朱浦.教学问题思考［M］.上海：上海教育出版社,2008.

［33］贺宇涛,靳哲.角色扮演在小学英语教学中的作用［J］.教育理论与实践(中小学教育教学版),2008(12).

［34］安桂清.西方"整体语言教学流派"述评［J］.教师教育研究,2007(5).

［35］王继平.建构主义教学模式在高中英语教学中的应用研究［D］.桂林：广西师范大学,2005.

［36］董蓓菲."全语文"教学研究［J］.全球教育展望,2005(7).

［37］王希华.现代学习理论评析［M］.北京：开明出版社,2003.

［38］汪霞.课程研究：现代与后现代［M］.上海：上海科技教育出版社,2003.

［39］戴炜华.关于整体语言教学［J］.外语界,2001(1).

［40］高文.建构主义与教学设计［J］.全球教育展望,1998(1).

［41］何克抗.建构主义——革新传统教学的理论基础［J］.北京师范大学学报(社会科学版),1999(7).

［42］刘淼炜."素质型"课堂教学基本要素浅析［J］.开封教育学院学报,1998(3).

［43］Rogers T S. Approaches and methods in language teaching［M］. Cambridge：Cambridge University Press,1988.

［44］Widdowson H G. Abstraction, Actuality and the Conditions of Relevance［J］.外语教学与研究,1986(4).

［45］夸美纽斯.大教学论［M］. 傅任敢,译.北京：教育科学出版社,1999.

［46］Vygotsky L S. Mind in society：the development of higher psychological process［M］. Cambridge：Harvard University Press,1978.

后　　记

　　《超越语篇——基于要素融合的小学英语单元整体教学实践与研究》是"顾敏敏小学英语学科基地"全体成员的智慧结晶,凝聚着全体成员的满腔热忱。在书稿完成之际,我们充满感激,分外欣喜。

　　我们在工作室研究项目"基于单元整体设计的小学英语'融合式'教学实践与研究"的基础上,联合区域内优秀骨干教师,按照英语教学知识体系整合各种资源,优化教学过程,营造了一种新型的英语教学环境。我们积极探寻一种既能充分发挥教师主导作用,又能充分体现学生主体地位,以提升英语核心素养为特征的教学方式。在项目研究的过程中,我们积极开展各种理论学习、聆听专家报告、研读课程标准、商议单元整体教学的各种要素、研讨教学细节、打磨展示课堂等,并把所行所思分享给各自所在学校的英语教师,促进区域小学英语教学的整体发展。

　　本书各章节执笔人员如下:第一章第一节和第三节执笔人为上海市嘉定区封浜小学顾敏敏,第二节执笔人为上海市嘉定区教育学院袁勇浩;第二章第一节执笔人为上海市嘉定区封浜小学顾敏敏,第二节执笔人为上海市嘉定区曹王小学季晓岑,第三节执笔人为上海市嘉定区实验小学北水湾分校吴慧洁,第四节执笔人为上海市嘉定区马陆小学陆建松,第五节执笔人为上海市嘉定区实验小学李诗雯,第六节执笔人为上海市安亭师范附属小学万晓婷,第七节执笔人为上海市嘉定区德富路小学潘艳,第八节执笔人为上海市嘉定区南翔小学李雪妹;第三章第一节执笔人为上海市嘉定区外冈小学杨佛兰,第二节执笔人为上海市嘉定区曹王小学王依凡;第四章第一节执笔人为上海市嘉定区封浜小学蒋梦婷,第二节执笔人为上海市嘉定区金鹤小学唐莹,第三节执笔人为上海市嘉定区教育学院颜黎华,第四节执笔人为上海市嘉定区新城实验小学陆青,第五节执笔人为上海市嘉定区封浜小学陈婷,第六节执笔人为上海市嘉定区普通小学王卡娜,第七节执笔人为上海市嘉定区曹王小学何曦照,第八节执笔人为上海市嘉定区封浜小学陈许佳。

我们在理论学习中思维碰撞,在磨课教研中智慧交流,在课堂展示中不断历练……诚然,我们的研究仍有一定的局限性,在产出的成果上也有诸多不足之处,恳请各位专家、同行提出宝贵建议,以使我们的研究更趋成熟、完善。

感谢上海市嘉定区教育局为我们搭建平台,提供行政支持和资金保障;感谢上海市英语特级教师朱浦、顾立宁、祁承辉等专家,有了你们的关心和指导,本项目才能规范、科学、深入地开展;感谢项目组的每位成员,你们的倾情研究和无私奉献确保了我们研究的质量;感谢在研究过程中给予我们帮助和支持的每个人。

我们在磨砺中成长,在实践中收获,每个奋斗的日子都熠熠生辉。心中有热爱,眼里有学生,我们将在小学英语教学之路上不懈努力!

上海市嘉定区封浜小学校长

2024 年 5 月